ABUNDANCIA
DE LOS ÁNGELES

"En su nuevo libro, los Doce Arcángeles dejan claro que, para resolver los problemas que enfrentamos como seres humanos, debemos transformar nuestro propio dolor, tanto el que conocemos como el que está oculto en el subconsciente profundo. En esta guía práctica, canalizada con la frecuencia pura del amor, los Ángeles nos muestran el camino para liberarnos a nosotros mismos y al colectivo del desamor y el sufrimiento. Comienza conectando con la Fuente a través de lo femenino para que podamos traspasar las limitaciones impuestas por el antiguo patriarcado masculino. ¡Aplausos para Belinda y los Ángeles, por revelar la verdad sobre el dinero y mostrarnos el camino hacia la verdadera abundancia!".

REGINA MEREDITH, PRESENTADORA DE *OPEN MINDS* EN GAIA TV

"*Abundancia de los Ángeles* es fascinante. Escrito con la sabiduría que viene de enfrentar los desafíos financieros de la vida real, inspira al lector a conocer y sentir su verdadera conexión con Dios y los Ángeles. La abundancia es nuestro derecho de nacimiento, y este libro te guiará hacia esa realidad".

CHRISTIANE NORTHRUP, M.D., AUTORA DEL SUPERVENTAS DEL NEW YORK TIMES *LAS DIOSAS NUNCA ENVEJECEN*

"El trabajo de Belinda y los Doce Arcángeles en este libro es, cuando menos, profundo. *Abundancia de los Ángeles* es una luz que guía a todas aquellas almas que quieran conectar con la riqueza interior en esta era de despertar masivo en todo el mundo".

ALEX FERRARI, PRESENTADOR DEL PÓDCAST *NEXT LEVEL SOUL*

ABUNDANCIA DE LOS ÁNGELES

REVELACIONES DE LOS DOCE ARCÁNGELES

SOBRE LA RIQUEZA VERDADERA

Belinda J. Womack

Traducción por Victoria Rojas

Inner Traditions en Español
Rochester, Vermont

Inner Traditions en Español
One Park Street
Rochester, Vermont 05767
www.InnerTraditions.com

Inner Traditions en Español es un sello de Inner Traditions International

Título original: *Angel Abundance: Revelations on True Wealth from the 12 Archangels* publicado por Bear & Company, sello de Inner Traditions International.

ISBN 979-8-88850-107-8 (impreso)
ISBN 979-8-88850-108-5 (libro electrónico)

Impreso y encuadernado en Estados Unidos por Lake Book Manufacturing.

10 9 8 7 6 5 4 3 2 1

Diseño del texto de Kenleigh Manseau y diagramación por Mantura Kabchi. Este libro se ha tipografiado en Garamond Premier Pro con Bookmania y Gotham como fuentes de visualización.

Para enviar correspondencia a la autora de este libro, envíele una carta por correo c/o Inner Traditions • Bear & Company, One Park Street, Rochester, VT 05767, y le remitiremos la comunicación, o póngase en contacto directamente a través de **www.BelindaWomack.com**.

Escanea el código QR y ahorra un 25 % en InnerTraditions.com. Explora más de 2.000 títulos en español e inglés sobre espiritualidad, ocultismo, misterios antiguos, nuevas ciencias, salud holística y medicina natural.

Para Michael, mi Alma gemela,
y nuestras mascotas que nos cuidan,
Bella, Galaxy y Grace

❖❖❖

Índice

PARTE I

Aceptar la invitación

PARTE 2

Elevar tu vibración

PARTE 3

Recibir tu riqueza

PARTE 4

Crear una nueva realidad financiera

PARTE 5

¿Qué sigue faltando?

PARTE 6

Liberar del sufrimiento la Escuela Tierra

Vivir en abundancia con los Doce Arcángeles

Vivir en abundancia con los Doce Arcángeles del Sol Central comenzó mientras luchaba contra la falta de dinero y de confianza en mí misma. Retrocedamos unos treinta años, cuando me invitaron a un taller para "conocer a mis Ángeles guardianes". Meses antes del taller, recibí una visita sorpresa del Arcángel Gabriel que puso mi vida patas arriba. Gabriel me dijo que pronto dejaría mi trabajo como técnica de investigación de cáncer pediátrico para ayudar a los seres humanos a reconectarse con su divinidad. Estaba completamente confundida. Todo lo que creía saber, y por lo que tanto había trabajado, se estaba disolviendo ante mis ojos. Al asistir al taller, esperaba comprender un poco lo que me estaba ocurriendo.

El profesor de la clase nos guio en la meditación. Nos dijeron que podríamos tardar noventa minutos en encontrarnos con nuestros dos Ángeles. Me estallaba la cabeza; yo no era meditadora, era bióloga. ¿Qué rayos hacía yo en esta clase? Cerré los ojos y conecté con mi niña interior, y, de algún modo, supe concentrar mi mente en sentir su presencia. Ella me ayudó a ignorar la distracción que me producía el fuerte dolor en el medio de la cabeza, que mucho más tarde aprendí que era el despertar de la visión interior. La "pequeña Belinda", como yo la llamo, me tomó de la mano y nos adentramos en un círculo de luces de colores. Al principio solo veía remolinos de colores y luego los vi a ellos: Doce Ángeles enormes, cada uno con un regalo en la mano. De inmediato pensé que había hecho algo mal, porque se suponía que iba a conectar con dos Ángeles, no con doce. Recuerdo cuando Gabriel entró en el círculo y me entregó el don de la comunicación. Miguel fue el siguiente, con el don de la verdad en la vibración más alta del amor. No recuerdo los otros diez regalos que recibí ese día, pero confío en que la pequeña Belinda los recibió por mí y que los hemos utilizado y compartido durante décadas.

Unos meses después de conocer a los Doce Arcángeles del Sol Central, dejé mi trabajo y, un poco después, me di cuenta de que tenía un gran problema: no tenía ahorros ni empleo y mi hipoteca estaba por ejecutarse. Me ahogaba el pánico y, para ser honesta, tenía esta idea infundada y completamente loca de que, cuando trabajas para Dios, el dinero aparece como por arte de magia en tu cuenta bancaria. Desesperada, pregunté a los Ángeles, quienes asumí que no sabían nada sobre ganarse la vida, qué se suponía que debía hacer para ganar dinero. Descubrí que habían estado esperando a que les preguntara. Rápidamente, los Ángeles me hicieron entender que sabían mucho sobre cómo ayudar a los seres humanos con recursos económicos, sobre todo cuando se les llama a trabajar en el servicio espiritual. Me ordenaron que me sentara ante la computadora y redactara los mensajes que me transmitieran. Entregarme a ser un canal fue mi primer paso, el segundo fue impartir una clase a un pequeño grupo de amables y pacientes amigos espirituales, utilizando la guía que había recibido. Cada alumno pagó veinticinco dólares, ¡y cada céntimo fue un milagro!

Al día siguiente del taller, una de las participantes me hizo una pregunta sobre su negocio de venta de maquinaria de manufactura. Ten en cuenta que yo no sabía nada sobre maquinaria de manufactura, pero de mi boca salieron las palabras: "Puedo ayudarte. ¿Quieres una sesión con los Doce Arcángeles y tus guías?".

En aquellos días, no existían los sitios web, las redes sociales ni el *marketing* por internet y, sin embargo, un cliente tras otro llegaba a mi puerta. Los Ángeles me enseñaron a confiar en la Fuente y a cambiar mi realidad financiera desde adentro. Tuve que aprender a creer en mí misma como un conducto de su amor y honestidad directa y ellos tuvieron que llenarme de fe en mí misma. Aprendí que el ego no puede darle al yo lo que no tiene. Debemos pedir a Madre y Padre Dios y al Alma (el yo superior) que nos den lo que nos falta y, en mi caso, esto era el sentido de la autoestima.

Durante más de treinta años, he seguido viviendo (y compartiendo con los demás) este entendimiento de los Ángeles. Para aquellos que son valientes y están dispuestos a entregarse a plenitud a la vocación de su Alma, el amor puro es la riqueza que fluye de la Fuente y que se convierte en recursos financieros en el plano material. He sido testigo de que, a medida que se profundiza la confianza en el Alma, disminuye el control del ego y crece la abundancia real y duradera.

Es esencial que mantengamos nuestra vibración tan clara y amorosa como sea posible a lo largo del día para ayudar al ego a soltar el miedo y el control. Por esta razón, cuando registro los mensajes de los Ángeles, ellos se aseguran de que yo utilice palabras que, a nivel vibracional, transmitan la verdad y nada menos. Tanto si comunico sus enseñanzas por escrito como si lo hago de forma oral, monitoreo mi vibración y permanezco anclada en el amor puro. Este suele ser el caso cuando traduzco la energía de los Ángeles a un texto escrito. Durante el proceso de edición de *Abundancia de los Ángeles,* les pedí a los Ángeles que confirmaran la frecuencia vibratoria de las ediciones realizadas por mi gentil y brillante agente, Jane Lahr.

Para ayudar al lector a experimentar un cambio positivo en la vibración y sentir la energía, ponemos en mayúsculas a propósito ciertas palabras como "Ángel", "Verdad", "Corazón" y "Alma". ¡Cuando tus ojos prestan atención a la letra mayúscula al principio de la palabra, tu cerebro intuitivo femenino sabe que debe elevar la frecuencia de la Tierra a la del Cielo! Permíteme darte un ejemplo de cómo funciona esto: ¿sientes la diferencia vibracional cuando ves las palabras "ángel" y "Ángel" o "unidad divina" y "Unidad Divina"? Por una razón similar, los Ángeles te entregan un glosario de términos para ayudarte a sentir la Verdad en las ricas enseñanzas de *Abundancia de los Ángeles*. Siéntete libre de pasear por el jardín del glosario y experimentar el amor sanador allí plantado. Lleva siempre contigo a tu divino niño interior porque este niño es la llave que abre la bóveda a las mayores riquezas del Creador. Mi pequeña Belinda me lo demuestra cada día.

Los Doce Arcángeles nos piden que vivamos dentro del Corazón, una vibración de amor puro que es poderosa y cambia la vida. Desde este santuario del Cielo dentro de nosotros, podemos recibir todo lo que deseamos y que nos proporciona verdadera felicidad. Ellos nos animan a hacerlo elevando nuestros pensamientos, sentimientos, percepciones y expectativas de baja vibración del miedo a la Confianza. Vivir en abundancia con los Ángeles es la mejor manera de crear una infancia interminable y feliz en la que nos sintamos seguros, valorados y libres. Que tú también descubras tu auténtico Ser y descubras el ingenio creativo que eres. Al intercambiar tus vastas riquezas con los demás, es ley divina que la prosperidad fluya hacia ti. Los Doce Arcángeles esperan guiarte en el descubrimiento acelerado de tu verdadera riqueza.

¡DISFRUTA DE LA AVENTURA!
BELINDA

PARTE I

Aceptar la invitación

Te invitamos a utilizar la luz cantora del Alma para recibir tu riqueza del Gran Universo.

LOS DOCE ARCÁNGELES DEL SOL CENTRAL

La invitación

Somos los Doce Arcángeles del Sol Central, Alma de la Fuente. Somos fuerzas de amor infinito, de cambio positivo, y nuestras Almas están deseosas de enviarte sanación desde el Sol Central. El Sol Central está compuesto de la energía que llamamos amor. La energía del amor es creativa y expansiva; la energía del amor puro es la Fuente, energía que es Dios y que es Creadora de todo. El amor es el poder alquímico más grande y más fuerte que existe en cualquier parte del Gran Universo, incluyendo tu fascinante planeta azul que llamamos "Escuela Tierra".

Como ayudantes del diseño de la Escuela Tierra, queremos que la humanidad sepa cuánto valoramos a la Arcángel Gaia. Junto con el Creador, infundimos nuestro amor puro con cada aliento que ella les da. Gaia, el planeta Tierra, es un destino donde se te da la oportunidad de experimentar las infinitas diluciones de energía de amor conocidas como miedo. Con cada encarnación, recibes nuestra invitación a utilizar los rayos cantores del Sol Central para transformar el miedo que te hace dudar de tu verdadero valor y de tu fenomenal capacidad creativa. Deseamos ayudarte a soltar las muchas capas de duda y miedo que te arrastran a una realidad vibratoria que el colectivo humano ha superado. Siempre has tenido la habilidad de recibir directamente del Creador y tienes el poder dentro de ti para conducir a la humanidad de la carencia a la abundancia.

Utilizaremos el Poder del amor puro para ayudarte a sentir y saber que eres un hijo divino de Dios, igual en calidad a un Arcángel y eternamente digno de experimentar la abundancia. Tú también eres un ser divino y tu Alma, como nuestras Almas, se originó a partir del Alma Única. Puede que quieras saber nuestros nombres; tenemos muchos, algunos entendidos

2

y otros malentendidos, por sus hermosos egos. En lugar de distraerte con nombres y títulos, te pedimos que nos conozcas por nuestro amor y amistad. ¿Por qué somos un equipo de doce? Nuestro número es metafórico y simboliza los ciclos de evolución que mueven a la humanidad hacia arriba en vibración con cada revolución de la espiral sagrada de la energía del Creador. Doce es un número que fusiona el Sonido y la Luz para crear el Poder del Corazón, la fuerza que mantiene a todas las Almas unidas en la Unidad Divina. Nuestro Sonido mueve tus emociones y nuestra Luz eleva la frecuencia de tus pensamientos. Mientras te conectas con nuestro Sonido y Luz a través de nuestras palabras, debes saber que el lenguaje utilizado en este texto está diseñado a propósito para mostrarte los caminos seductores del miedo que quieren volverte a dormir. Necesitamos que despiertes y liberes la inteligencia espiritual, creativa y emocional encerrada en tu cerebro intuitivo femenino.

Permítenos explicarte cómo funciona la Escuela Tierra: tú, al igual que el Creador, creas tu realidad positiva (experiencias felices) con amor expresado a través de lo que crees, piensas y sientes; pero, a diferencia del Creador, tú creas la carencia y la decepción en tu vida a partir de creencias impregnadas de miedo, alojadas más que todo en tu subconsciente. Puede que hayas heredado estas creencias de baja vibración, que las hayas traído desde vidas pasadas para transformarlas, o que hayas aceptado asumirlas por el Cuerpo Humano Único (colectivo). En cada encarnación, aceptas transformar el sufrimiento a través de tu propia transformación personal y ascensión (liberándote de la limitación).

Los miedos subconscientes más profundos y dañinos de la humanidad son: que Madre y Padre Dios te han abandonado para sobrevivir en un planeta peligroso e injusto y que serás castigado si le pides ayuda a Dios. Estos miedos, íntimamente entretejidos con las moléculas de tu ADN, liberan las toxinas emocionales de la indignidad empapadas de culpa, vergüenza, reproche y tristeza. Estas dos creencias subconscientes (la creencia de que has sido abandonado y la de que no eres digno de pedir y recibir) producen el paradigma fundacional del miedo. Este paradigma central se manifiesta en tu realidad como la falta de algo que necesitas, en especial seguridad emocional y seguridad física.

Podemos mostrarte el camino para liberarte de la mentira de que no eres lo bastante bueno como para recibir del Creador. La mentira se origina en el miedo y, cuando el miedo se infiltró en las religiones y gobiernos de la humanidad, se formaron estructuras jerárquicas dominadas por el ego masculino para controlar a la gente a través del miedo y la separación de Dios. El subconsciente del Cuerpo Humano Único contiene múltiples capas de creencias que te dicen que no eres digno de recibir de Dios. El subconsciente del Cuerpo Humano Único cree que la Fuente no puede ofrecer lo que se necesita en la vida diaria. Cambiamos los nombres que la humanidad suele darle a "Dios" para facilitar una reacción en tu subconsciente que purgue las mentiras y los miedos que te limitan. Utilizaremos los siguientes nombres cuando nos refiramos a la energía vibratoria más elevada del amor puro: Creador, Dios, Madre y Padre Dios, Fuente, Unidad Divina, Sol Central, Alma Central, Fuente Divina y Gran Universo.

Tu dotado cerebro humano responde al lenguaje de formas complejas. Algunas palabras ayudan al subconsciente humano a desprenderse del miedo, mientras que otras le animan a aferrarse con fuerza. El lenguaje que utilizamos en nuestra comunicación ha sido elaborado con mucho cuidado para revelar el miedo enterrado dentro de ti. Nuestras palabras están impregnadas de energía sanadora específica que ayuda a tu mente a ser consciente de los hábitos de pensamiento negativos que te transmiten el mensaje de que no puedes tener lo que deseas. Elegir conscientemente cambiar la vibración de tu mente del miedo al amor te ayuda a reconocer lo que el Alma está tratando de darte. A medida que los pesos pesados en tu subconsciente son liberados y perdonados, sabrás sin lugar a dudas que eres digno de pedir y de recibir lo que falta en tu realidad.

Divino ser humano, necesitas dirigir el poder positivo de tu increíble fuerza receptora para transformar tu vida y cambiar el sufrimiento que experimenta el Cuerpo Humano Único. Afirmamos que has sido condicionado a verte como carente de valor. Creer que no eres suficiente se manifiesta en tu vida diaria como la experiencia de recibir un sueldo de un trabajo que no te hace feliz o en la escasez de recursos para vivir con libertad. Se trata de un problema de recepción, ¡y este problema tiene solución!

El amor es el Poder del Gran Universo. El amor llama al miedo, y el miedo anhela transformarse en amor. A medida que vivas esta verdad y permitas que tu humanidad reciba la energía del amor puro que se materializará como lo que necesitas para ser feliz, tu vida cambiará de forma milagrosa. Te invitamos a erradicar la carencia de tu experiencia y a ser testigo de que el Alma tiene el poder de moverte hacia una nueva realidad de riqueza. La riqueza, desde nuestra perspectiva, es la felicidad que viene con seguridad y protección, libertad, relaciones amorosas, respeto a sí mismo y cualquier otra cosa que se traduzca en una infancia feliz, sin importar tu edad.

Compartiremos experiencias sanadoras en forma de visualizaciones que catalizarán una rápida transformación y descubrimiento. Por favor, lee estas experiencias sanadoras despacio y deja que la energía de las palabras mueva tus átomos. Utilizar tu imaginación creativa para ver las escenas de la experiencia acelera la activación de la sanación. Puedes hacerlo visualizando las escenas mientras las lees y diciendo las palabras sugeridas en voz alta o en silencio para ti mismo. Mantener la intención de que la visualización te ayude es tan valioso como ser capaz de "ver" lo que se describe. Esperamos que disfrutes de nuestra primera experiencia para tu yo amado.

Experiencia sanadora
Recibe la invitación

Cierra los ojos, inhala profundo y exhala por completo. Repítelo hasta que te sientas tranquilo y centrado.

Visualízate atravesando la puerta púrpura que hemos abierto para ti. Te invitamos a entrar a nuestro sereno bosque.

Camina hacia el círculo de árboles gigantes cuyas ramas tocan las estrellas. Tu divino niño interior te está esperando. Llama a los árboles gigantes: "¡Doce Arcángeles, acepto su invitación!".

Los árboles se volverán dorados y comenzarán a cantarte. Empápate de nuestro amor puro en cada célula y repite: "¡Doce Arcángeles, acepto su invitación!".

Quédate aquí, en Unidad Divina, hasta que te sientas esperanzado y emocionado de recibir tu nueva vida.

Te invitamos a RECIBIR. Al recibir, estás aceptando la energía y el amor de la Fuente en tu realidad. Te damos las gracias por ayudarnos, a través de tu valiente Yo, a transformar el sufrimiento del Cuerpo Humano Único. Permítenos comenzar enseñándote que la vibración es la clave para sobrevivir en el infierno o prosperar en el Cielo, aquí en la Tierra.

El Creador estableció leyes que son inquebrantables y permanentes para proteger la vibración y el uso del amor puro que fluye hacia la Escuela Tierra desde el Sol Central. ¿Estás dispuesto a ser testigo de cómo estos límites vibratorios más elevados pueden cambiar tu vida diaria? ¿Cómo sería tu vida si fueras feliz, seguro, decidido y libre?

Leyes espirituales que te ayudarán

Las leyes divinas son la protección del Creador puesta en marcha para ayudar a guiar al Cuerpo Humano Único a través de las lecciones de la Escuela Tierra. Todos los estudiantes están de acuerdo en aprender las cualidades del amor puro experimentando el miedo en muchas formas, vibraciones y eventos. Para aprender qué es la energía del amor puro y cómo utilizar el amor como poder sanador, transformador y manifestador, el ego debe estar dispuesto a practicar el amor incondicional hacia sí mismo y hacia los demás. Aprender a valorar que tu Alma está hecha de energía de amor puro restaurará tu valor interior y sacará tu mente de las arenas movedizas del miedo. El miedo es una energía negativa que se manifiesta de forma opuesta en vibración al amor y que se magnifica a sí misma para generar una ilusión negativa. Esta ilusión negativa se manifiesta en tu escuela como sufrimiento, drama y separación de Dios. Estás en la Tierra para utilizar energía de amor puro para transformar el miedo en amor. Al hacer esto, elevas tu vibración y te abres para recibir del Gran Universo.

Lo que tu ego no sabe, hasta que lo descubres, es que tu ego y tu consciencia son la creación y expresión del Alma. Todas las Almas pertenecen a la Unidad Divina, incluso cuando los egos cargados de miedo hacen todo lo posible por separarse de sus Almas. Por favor, piensa en el Alma como la madre absoluta del ego joven y rebelde que quiere gratificación instantánea de todo lo que desea y control sobre todo lo que experimenta. El Alma tiene unos recursos inmensamente profundos. Hasta que el ego acepte respetar a su madre, el ego (y el ser humano al que representa) puede experimentar todo lo que el miedo pueda manifestar, como pobreza, enfermedad, vergüenza, odio a sí mismo y a los demás, soledad e inseguridad. Cuando el ego cede el control y entrega las riendas al Alma, el ser humano experimenta una mayor fluidez en la vida en cada momento.

Pudiera parecer que algunos egos toman todo lo que quieren y que si decidieran destruir la Escuela Tierra, podrían hacerlo. Queremos asegurarte que hay un límite al miedo que estos egos pueden usar como su poder preferido. El Creador estableció unos límites que todo ego, por muy desconectado que esté del Alma, debe respetar en última instancia. La primera de las leyes divinas primarias es: como es arriba es abajo, como es adentro es afuera.

LA LEY "COMO ES ARRIBA ES ABAJO, COMO ES ADENTRO ES AFUERA"

La Escuela Tierra fue diseñada para funcionar como un espejo perfecto. La vibración del Cielo (amor puro) también puede existir en la Tierra (amor diluido con miedo). La serenidad y la compasión del Cielo están a tu alrededor. Cuando te sumerges en la serenidad y la impresionante belleza de la Madre Naturaleza, eres testigo de cómo el Cielo (arriba) se refleja en la Tierra (abajo). La ley no permite que ningún miedo de abajo contamine el Cielo. Para asegurar esto, los diseñadores de la Escuela Tierra crearon el filtro astral para capturar todas las manifestaciones y frecuencias del miedo. Esta superesponja energética también funciona como un espejo que refleja en el entorno de la Tierra los miedos mentales y emocionales de la humanidad. Tus pensamientos y emociones negativas o temerosas internas, conscientes o subconscientes, se muestran en tu "afuera". Tus vibraciones se reflejarán en lo que experimentes en tu vida. Según la frecuencia de lo que estés haciendo, pensando y sintiendo, el filtro astral absorberá parte del miedo por ti. Cuando sea necesario, lo que has enviado al filtro astral se reflejará en tus sueños nocturnos (sobre todo en las pesadillas).

La superesponja astral que tienes dentro de ti es la vasta red de cavernas subconscientes donde almacenas el miedo absorbido de experiencias pasadas, incluyendo recuerdos infelices de padres, ancestros y vidas pasadas. El subconsciente, como el filtro astral, es poroso y puede atraer el miedo del colectivo humano y de la Escuela Tierra, del pasado y del presente. Esta esponja "interna" también absorbe la energía negativa y limitante de pensamientos y sentimientos generada por tu ego. Si alguna vez entras a una habitación llena de gente infeliz, pudieras absorber su infelicidad (y del mismo modo, si eres feliz y estás lleno de amor, entonces tu "adentro" se refleja "afuera" en la habitación). La vibración del Cielo "arriba" obliga a la esponja astral a absorber el miedo; sin embargo, el miedo no distingue entre la esponja astral de la Tierra y tu subconsciente. Muchos seres humanos poseen telepatía y empatía; absorben los pensamientos negativos y las emociones pesadas de otros (el "afuera") en su propio ser porque su subconsciente (el "adentro") tiene un recuerdo de una vibración similar. Los Ángeles y otros seres amorosos del Cielo limpian el filtro astral y el subconsciente del Cuerpo Humano Único con frecuencia y lo llenan de amor puro. Esta ayuda de "arriba" eleva la vibración de la Tierra y de los humanos "abajo".

La gran inteligencia de tu Alma quiere entrar en tu ego. A medida que conectas con la Verdad intuitiva del Alma y escuchas la guía ofrecida, la traes a tu ego y cambias lo que experimentas en la vida diaria (como es adentro, es afuera). Con cada capa de miedo que transformas en amor, también estás llenando de amor puro el espacio donde el miedo solía esconderse. Al levantar y transformar las capas de miedo y negatividad que crean confusión y sufrimiento dentro de ti, ayudas a transformar el miedo y la negatividad que causan tanta destrucción en la Escuela Tierra. Tu elección de vivir en el amor del Cielo tanto como sea posible impacta de manera positiva en cada aspecto de tu vida y ayuda a todos los demás que sufren mucho más de lo que tu ego puede comprender.

En el Gran Universo, todas las Almas son una. Si piensas en el Alma Central como un lago infinito de agua pura, entonces cada gota de agua en el lago está conectada y está tocando otra gota de agua. Y cuando un Alma regresa al Alma Central, la gota vuelve a formar parte de todo el lago. Cada Alma siempre retiene lo que ha aprendido al alejarse del núcleo del Alma Central y trae su sabiduría a casa cada vez que regresa a la Unidad Divina. Esta interconexión no puede experimentar una verdadera separación: ningún Alma está sola; cada Alma está siempre incluida en la totalidad del Sol Central y, debido a esto, el abandono por parte de Dios es imposible. En la Escuela Tierra, esta Verdad es la base de la cohesión de tu educación. Permítenos ayudarte a comprender la segunda ley primaria, la Ley del Uno, que guía y protege a todas las Almas y sus egos en la Tierra.

LA LEY DEL UNO

Todas las partículas de la energía del Creador existen dentro del cuerpo del Creador, al igual que todas tus células existen dentro de los límites de tu cuerpo. Todas las partículas de la energía de Dios se perciben unas a otras, sin importar lo lejos que puedan estar en el espacio físico y cualquier separación energética entre partículas es ilusoria. Lo mismo ocurre contigo. De inmediato, tu riñón siente lo que ocurre en el lóbulo de tu oreja izquierda. Si no nos crees, pregúntale a cualquier célula de cualquier parte de tu cuerpo, incluso a un diminuto folículo piloso, y validará lo que los Ángeles saben que es verdad. Has sido creado a imagen del Creador y esta imagen es la Unidad Divina. La milagrosa interconexión entre las moléculas de tu cuerpo funciona igual que la interconexión entre las estrellas y los planetas y los Ángeles y los seres humanos. Todos estamos hechos de partículas de la energía del Creador. Todos vivimos dentro del Gran Universo y es ley divina que esto sea así.

Cuando se siente una perturbación dentro de ti o en cualquier lugar de la Escuela Tierra, la Unidad Divina responde enviando amor puro a donde se necesita. Cuando cualquier célula dentro de tu cuerpo muestra una caída en la vibración y una pérdida de fuerza vital, todas las células sanas de tu cuerpo envían energía a la célula que ha perdido la vibración. De igual forma, la Madre Naturaleza también responde a esta disminución de la vibración. Cuando te golpeas el dedo gordo del pie, las cordilleras, los bosques y los océanos comienzan a enviar la sanación de tu dedo. Cuando hay cualquier forma de sufrimiento en cualquier ser o disminución en la vibración de cualquier partícula de energía en la Tierra, la Unidad Divina responde con ayuda. Cuando llamas voluntariamente a la Unidad Divina para promulgar la Ley del Uno, tienes más poder disponible para transformar el trauma o el dolor, incluyendo lo que se ha empapado en las capas esponjosas de la subsconsciencia. A medida que cambias el sufrimiento almacenado en tu interior, ayudas a todos los demás seres humanos a transformar su trauma, incluso si no son conscientes del trauma e incluso si tú no eres consciente de que les estás ayudando.

Muchos seres amorosos y sanadores han regresado a la Tierra, asumiendo intencionadamente el sufrimiento mental, emocional e incluso físico en algún momento de su vida. Las Almas de estos seres amorosos comprenden que sus historias de dolor y sufrimiento son compartidas, de manera vibracional, con las historias subconscientes que se encuentran dentro del Cuerpo Humano Único. Estos sanadores incógnitos eligen transformar el miedo y perdonar el dolor de sus propias historias sabiendo que hacen esta transformación por el mayor bienestar de todos. Te damos las gracias, lector, por elegir ser una de estas Almas generosas y amorosas.

La Ley del Uno dice que, cuando reconoces que eres parte de la Unidad Divina, tienes el poder de usar el amor puro para manifestar, a través de la Fuente, lo que sea para el mayor bienestar y máxima felicidad para todos. Incluso si la devastación y el dolor que como ser humano has experimentado es enorme, la Ley del Uno dice que nunca eres menos que divino. A medida que continúes descubriendo tu divinidad innata, todo el sufrimiento de todas tus vidas se transformará y todas tus cicatrices se borrarán. A medida que esta evolución ocurre, apoya la sanación y la evolución de todos los seres humanos, sin importar cuán dañados o hundidos en el miedo se hayan encontrado. A medida que sanas y encuentras tu bondad, la Madre Tierra responde con milagros de sanación planetaria y la Unidad Divina celebra.

Todas las partículas de energía se benefician cuando la Tierra se eleva en vibración. Debido a que la energía no puede ser destruida, en definitiva solo la sanación, la transformación y la evolución perduran en el panorama general del viaje de tu Alma. Estás hecho de energía y es imperativo que entiendas lo que esto significa.

LA LEY DE LA ENERGÍA

Dios/la Fuente/el Creador/la Unidad Divina/el Gran Universo es energía de la más alta vibración de amor puro. El amor es la vibración de energía que ha creado todo lo que existe en forma y no en forma. En la Escuela Tierra, incluso el miedo más oscuro guarda en su interior el recuerdo de la vibración del amor. El amor puro tiene el poder de neutralizar el miedo y elevarlo a su misma vibración. Te decimos una vez más que el miedo quiere cambiar de vibración y ser libre. Arcángel Gaia, junto con todos los Ángeles de los Reinos Angélicos, es cambiadora de vibración y siempre busca reparar los egos desconectados e inconscientes. Te invitamos a unir tus vibraciones más elevadas con nuestra energía y a ayudarnos a transformar el miedo en amor para el beneficio de todos.

Aunque la energía no se destruye, puedes sentir que estás perdiendo o desperdiciando tu energía. Los pensamientos y las emociones están hechos de energía y cuando tienes pensamientos de una vibración más baja, incluso si no eres consciente de lo que estás pensando, pudieras perder tu energía. Las emociones enterradas o ignoradas también te costarán energía. Obligarte a ganarte la vida haciendo un trabajo que no te hace feliz, sin duda disminuirá tu energía; lo mismo ocurre con cualquier actividad que sientas como un acto de trabajo en lugar de un acto de amor.

La buena noticia es que puedes recuperar la energía incluso más rápido de lo que la pierdes. Pensar en gratitud y bondad, sentir emociones y perdonar el pasado te ayuda a recuperarla. Tener una vocación en la que disfrutes siendo creativo te ayuda a elevar tu vibración de energía a la vibración del Sol Central. Ser respetuoso con la Madre Tierra y todos sus habitantes, incluyéndote a ti mismo, elevará la vibración de tu energía y automáticamente la llamará hacia ti. Estas simples acciones en la vida cotidiana te darán más energía.

El tiempo y el dinero no son la energía del Creador; sin embargo, tanto el tiempo como el dinero pueden reflejar dónde está tu vibración en un momento dado. Observar en qué inviertes tu tiempo y preguntarte si lo haces sabiamente muestra lo que está sucediendo con tu energía. Lo mismo ocurre con el dinero: prestar atención a qué piensas sobre el dinero, así como notar dónde está presente el miedo relacionado con recibir, ganar, gastar o dar dinero, puede serte útil. A los seres humanos nos han enseñado que perder el tiempo nos costará dinero y viceversa. Nosotros te decimos que ganar dinero de una manera que te haga infeliz agotará tu energía, y también puedes sentir que te quita demasiado tiempo. Gastar tu dinero de manera que sientas que te falta algo puede dejarte agotado o ansioso. Mantener la vibración del amor puro en tu mente y en tu humanidad te ayudará a sentir que tienes más tiempo y a confiar en que siempre tendrás lo que necesitas cuando lo necesites.

El dinero puede convertirse en una herramienta importante para aprender el valor del amor puro. Parte de la experiencia terrenal consiste en experimentar sustituyendo a Dios por dinero y descubrir si el dinero te da todo lo que necesitas para prosperar como ser humano equilibrado. Vivir la vida como si el amor tuviera menos valor que el dinero es muy costoso y baja rápidamente tu vibración y tu autoestima. ¿Alguna vez te han seducido haciéndote creer que tener riqueza y estatus financiero (o no tenerlos) determina el valor que tienes, para ti mismo y para los demás? En definitiva, esta evaluación subconsciente y consciente provoca la rápida disminución de la vibración de tu energía, por lo que te sentirás como si estuvieras perdiéndola.

Ser consciente de cómo te controlan el tiempo y el dinero puede ayudarte a responsabilizarte de lo que le ocurre a la vibración de tu energía. Cuando tu vibración desciende, te alejas más de la vibración del Cielo. Crear distancia vibracional es lo mismo que hundirse en las bajas vibraciones del miedo. La vibración de tu energía es magnética y la Unidad Divina la sentirá. Atraes experiencias y situaciones que coinciden con tu vibración de forma natural, así que necesitas energía en la vibración más alta para atraer aquello que deseas, que también obedece a la Ley del Uno. Mantener la vibración del amor puro te ayudará a sentir que tienes más tiempo y te ayudará a recibir todo lo que necesitas cuando se trata de dinero, o de cualquier otro recurso. ¿Te suena familiar? Los Ángeles consideran que la ley más famosa de la Escuela Tierra, la Ley de la Atracción, son las tres leyes divinas que trabajan al unísono.

Pedir recibir amor puro de la Unidad Divina en cada átomo de tu humanidad hace milagros para atraer el abundante flujo del Cielo a tu vida cotidiana en la Tierra. Cuanto más le pidas al Gran Universo, más te dará Dios lo que pides o algo mucho mejor. Puede que desde tu perspectiva humana no te parezca normal pedirle al Creador tus necesidades mundanas como dinero, comida o el trabajo que te gusta; sin embargo, cuanto más hagas esto en conjunto con la transformación del miedo dentro de ti, más eficiente será tu manifestación y más feliz te sentirás.

La expectativa natural de que tus necesidades serán satisfechas por otra persona se establece en la infancia, cuando el bebé espera que los padres cuiden de él. Cuando el padre o la madre no pueden proporcionarle lo que necesita para sentirse seguro, querido y feliz, el ser humano inicia su camino con una sensación de duda. A medida que el bebé crece, este hermoso hijo de Dios puede volcar la decepción y el miedo a la supervivencia hacia su interior y empezar a dudar de su propio valor y a creer que es menos porque no recibe la atención y el afecto que necesita. Estos pensamientos y sentimientos bajan rápidamente la vibración de la energía del ser humano y empiezan a atraer más de la misma historia de decepción, negligencia y miedo. A medida que crecen y se convierten en adultos, haber experimentado que la vida no es segura puede quedar fijado y pueden verse a sí mismos como carentes o como víctimas a las que se les está privando de una buena vida sin poder cambiar su situación. Recuerda, el miedo se magnifica y crea más miedo a menos que sea transformado con amor. El amor es siempre el poder sanador que necesitas para elevar de forma instantánea tu vida fuera de la ilusión del miedo y de vuelta a una vibración más alta que te traerá lo que quieres, no más de lo que no quieres.

Nuestra misión es enseñarte a elevar la vibración de tu energía desde dentro hacia fuera y a pedir a la Fuente todo lo que necesites. Iluminaremos el camino para que descubras dónde se esconde dentro de ti el miedo del colectivo humano. Te ayudaremos a elevar la vibración de las viejas historias de sufrimiento e indignidad para que pienses en pedir a Dios todo lo que necesitas y recibas incluso más de lo que esperas. La forma en que los Doce Arcángeles trabajan con la Ley de Atracción está totalmente enfocada en elevar tu vibración; hay mucho más detrás de ella de lo que te imaginas. Entendemos que el ego humano quiere resultados rápidos y la forma más rápida de recibir de la Fuente es hacer que tu ego se entregue por completo a la sabiduría del niño divino que vive dentro de ti. Tu divino niño interior es tu verdadera esencia y vibra en la frecuencia del amor puro, no importa lo que puedas haber experimentado en tu infancia humana en esta vida o en cualquier otra vida. A medida que crece tu confianza en tu divino niño interior, atraerás naturalmente a tu realidad la abundancia del Cielo en todas las formas en que necesitas que se manifieste de forma tangible. A medida que practicas la entrega a tu divinidad, el Cuerpo Humano Único se despierta a través de ti. Puedes estar seguro de que experimentarás milagros que te asombrarán. ¿Qué es un verdadero milagro? Los milagros son las leyes divinas del Gran Universo que trabajan a través de tu divino niño interior y tu equipo de Ayudantes en el Cielo para tu beneficio y evolución.

Experiencia sanadora
Un nuevo comienzo

Cierra los ojos e imagina que te miras al espejo. La cara que te sonríe es la tuya a la edad de cinco o seis años.

Mientras te concentras en los ojos del niño que eres tú, di: "Eres el amor puro del Corazón de Dios". Repite esto hasta que sientas que una sensación de fundición y euforia llena tu cuerpo. Entonces di: "Unidad

Divina, yo soy amor puro, por dentro y por fuera, y yo estoy llamando a mí aquello que es para mi mayor bienestar y máxima felicidad. Estoy dispuesto a evolucionar hacia un ser humano más completo y, a través de la Ley del Uno, deseo que todos los demás seres humanos y toda la Madre Tierra se beneficien de mi evolución y libertad".

PARTE 2

Elevar tu vibración

Cuando el miedo te seduzca, di: "No, gracias, miedo.
¡Prefiero invertir mi energía en recibir abundancia!".

LOS DOCE ARCÁNGELES DEL SOL CENTRAL

Definición de riqueza

No definimos la riqueza como tu capacidad de adquirir una cantidad de dinero que le dé seguridad a tu ego. La riqueza es tu capacidad de recibir de la Fuente todo lo que necesitas para sentirte seguro, sano, libre y feliz. La riqueza verdadera y duradera viene del Sol Central, a través de tu Alma y hacia ti. Las inagotables riquezas de tu Alma se derraman en tu experiencia humana como inteligencia creativa y, a medida que tu ego escucha a tu divino niño interior, aprendes con precisión cómo canalizar este ingenio en tu experiencia terrenal. A medida que tu inteligencia creativa se transforma en algo útil para el mayor bienestar de todos en la Escuela Tierra, entonces lo que deseas manifestar, o algo incluso mejor, te será concedido. El Sol Central, a través de tu Alma, no le negará nada a tu divino niño interior. Te pedimos que repitas esto en tu mente: "El Sol Central, a través de mi propia Alma amorosa y generosa, nunca me negará lo que deseo para mi mayor bienestar y máxima felicidad".

Tu divino niño interior es el Yo interno que no puede ser seducido por el miedo. Este Yo es el comunicador de tu Alma y utiliza el poder del amor divino centrado en el Corazón y la confianza para elevar la vibración de tu energía mental y emocional cuando tu ego y humanidad caen en la limitación y la carencia. El divino niño interior necesita el combustible constante y consistente del amor puro que proviene del Alma en la forma de los padres del niño, la divinidad femenina y la divinidad masculina. Estas tres frecuencias vibratorias elevadas: amor incondicional (divino niño interior); seguridad, protección y creatividad (divinidad femenina); y acción positiva, claridad y enfoque (divinidad masculina), son la Fuente (Alma) que cuida de ti durante tu estancia en la Escuela Tierra. Es muy posible que hayas experimentado una oleada de esperanza y una nueva perspectiva que te sacan de un estado de ánimo oscuro. Este es tu divino niño interior, la divinidad femenina y la divinidad masculina en acción.

Tu divino niño interior es también el mensajero más fiable para tu equipo de Ayudantes en el Cielo. El Alma expresa inocencia, sentimiento intuitivo y confianza a través del divino niño interior y este Yo es el Corazón espiritual simbólico, el "arriba" de tu humanidad. La madre de tu divino niño es la Madre Divina del Gran Universo, la parte femenina de Madre y Padre Dios/Creador/Fuente. La Madre Divina del Gran Universo, junto con tu divino niño interior, eleva la vibración de tu energía y recibe amor puro que luego se manifiesta como lo que tu humanidad necesita y quiere. Tu ego no puede bloquear esta recepción cuando viene de la Madre Divina. ¿Qué verás manifestarse en tu vida terrenal? El divino niño interior, junto con la Madre Divina del Gran Universo, atraerán en tu vida aquello que sea para tu mayor bienestar personal y máxima felicidad y el de la Unidad Divina.

¿Quiere tu divino niño interior incluir la libertad financiera como una parte importante de tu riqueza? Nosotros decimos que sí, por supuesto, pero no tanta prosperidad financiera como para quedar atrapado por el dinero y las posesiones y olvidar la verdadera Fuente de tu felicidad y libertad. Puede ser adictivo para los seres humanos sustituir el amor divino por el dinero, al creer que el dinero te dará el amor y todo lo demás que necesitas para prosperar como una persona satisfecha. La verdad es que solo el amor puro y constante puede hacerlo.

El Alma le recuerda a tu ego que la verdadera riqueza es hacer que tu ego dependa de la habilidad del Alma para conectarse a la energía de la Madre Divina del Gran Universo y recibir todo lo que necesitas. Te sugerimos que comiences una práctica diaria de invitar a la Madre Divina y a tu divino niño interior para recibir riqueza duradera en tu realidad hoy mismo. ¿Cómo puedes elevar la vibración de tu energía y recibir abundancia? Permítenos presentarte los hermosos y cantores colores de Madre y Padre Dios, de la Madre Divina y el Padre Divino del Gran Universo. Estos colores sanadores de amor puro son iguales a tus chakras, baterías de la más alta energía vibratoria y rayos del Sol Central.

Los colores cantores del Sol Central

Madre y Padre Dios son a la vez emoción-sonido (canto) y pensamiento-luz (color). El Creador utiliza los rayos de los colores cantores de más alta vibración del Sol Central para hacer crecer y cuidar el Gran Universo. Los rayos de amor puro que brotan del Sol/Alma Central, el Corazón de la Unidad Divina, vienen en una paleta infinita y los Reinos Angelicales usan estos rayos como pinceles que se sumergen en colores variados para crear nuevas escenas. Nos encanta crear nuevos sistemas estelares y planetas con vegetación exuberante y seres hermosos. ¿Te gustaría aprender a pintar con nosotros utilizando los colores del Sol Central? Ven, te enseñaremos a crear una nueva vida en la que no falte nada. Te enseñaremos a pintar una puerta que te conecte con la Fuente para que te abras a recibir más con cada pensamiento y sentimiento.

Los receptores para recibir el amor divino de la Fuente se llaman chakras y estos receptores existen en toda la Creación. Cuando un ser humano visualiza los colores de los chakras o mantiene la intención del chakra dentro de su Corazón, la energía se activa y comienza a expandirse e intensificarse. Aunque los chakras vienen en una amplia gama de colores, demasiados para que el ego los comprenda, puede ser más fácil experimentar los chakras como los colores primarios del arcoíris: blanco, violetas y púrpuras, azules, verdes, amarillos y dorados, corales y naranjas, y rosas y rojos. Puedes conectar con tu divino niño interior al visualizar el color del chakra del corazón, esmeralda, y luego recibir de la Madre Divina del Gran Universo mientras visualizas el chakra de la raíz, rojo rubí.

Aprendiendo a trabajar con la energía del Sol Central a través de los chakras, puedes facilitar una profunda transformación y sanación para ti mismo, así como para el Cuerpo Humano Único. Te enseñaremos a restaurar tu parte femenina (para ayudarte a recibir), a reequilibrar tu parte masculina (para ayudarte a enfocar tu energía de una manera más eficaz) y a crear una infancia feliz sin importar tu edad (conecta tu ego con tu divino niño interior y transforma el dolor que se esconde en tu subconsciente).

Las siguientes secciones describen en qué parte del cuerpo se encuentran los chakras, junto con los colores y las cualidades del amor puro que contiene cada uno.

OCTAVO CHAKRA

Ubicación en el cuerpo: a 30 o 60 centímetros por encima de la cabeza.

Colores y cualidades: el blanco y el oro blanco aportan las cualidades de purificación y limpieza y ayudan a eliminar el equipaje subconsciente que crea carencias.

SÉPTIMO CHAKRA

Ubicación en el cuerpo: parte superior de la cabeza.

Colores y cualidades: el violeta, el púrpura y el lavanda aportan las cualidades del perdón, la aceptación y el desprendimiento, y transforman el miedo en amor. El fuego violeta o la energía del chakra de la corona es tan poderosa que alcanza el miedo ancestral atrapado a nivel molecular (ADN).

SEXTO CHAKRA

Ubicación en el cuerpo: en el tercer ojo (intuitivo), en el medio de la frente.

Colores y cualidades: el fucsia con una pizca de índigo (el azul más profundo) aporta las cualidades de la sabiduría, la Verdad y la claridad de ver, conocer, oír y sentir más allá del mundo terrenal. Visualizar este color cantor es útil para comunicarse con las hermanas gemelas de la intuición y la creatividad. Estas hermanas simbólicas, hijas de la Madre Divina del Gran Universo, ayudan a tu ego a comprender las ingeniosas ideas creativas que provienen de tu Alma y que al final manifestarán la libertad.

QUINTO CHAKRA

Ubicación en el cuerpo: garganta.

Colores y cualidades: el azul zafiro, el azul cobalto y el azul real aportan las cualidades de la fuerza, el valor, la justicia, el respeto, el enfoque, la Voluntad de más alta vibración y la divinidad masculina. También conocido como el chakra de la Voluntad, la energía de este chakra atrae al Arcángel Miguel (la Verdad y la Voluntad más elevada) y a la Arcángel Victoria (la justicia divina y el respeto). Estos dos Ángeles ayudan a eliminar las mentiras y los apegos negativos y limitantes del pasado.

CUARTO CHAKRA

Ubicación en el cuerpo: corazón.

Colores y cualidades: los verdes claros y brillantes atraen las cualidades de amor incondicional, crecimiento espiritual, confianza, despertar, sanación, fe en uno mismo y en la Unidad Divina y respeto por la divinidad que vive dentro de tu humanidad. Activar la energía visualizando el verde, además de a sentir la vibración del amor expansivo en tu corazón humano, te sitúa de inmediato en jardín esmeralda del Cielo con tu divino niño interior. Este santuario te ofrece un lugar seguro para la sanación más profunda y para comunicarte con tus Ángeles y Guías espirituales.

TERCER CHAKRA

Ubicación en el cuerpo: plexo solar.

Colores y cualidades: el amarillo sol, el dorado brillante y los destellos dorados aportan felicidad, poder personal, autoestima, respeto, confianza, valentía y vitalidad. Este chakra es una energía sobrealimentadora que se mezcla con las energías de los demás chakras. Por ejemplo, pararse en una cascada de energía de oro blanco es maravilloso para llenar tu recipiente humano con el amor puro y sin diluir del Sol Central. Añadir destellos dorados de amor divino a la energía de fuego violeta de la corona atrae la autoestima al liberar la indignidad de recibir.

SEGUNDO CHAKRA

Ubicación en el cuerpo: justo debajo del ombligo.

Colores y cualidades: el coral, el rosa coral, los naranjas de todos los tonos y el escarlata atraen la expresión creativa, el ingenio creativo y la pasión creativa, la sanación del abuso sexual y la energía liberadora del ego del Alma. El coral es el color receptivo y femenino de este chakra, mientras que el naranja es el Sonido y la Luz activos y masculinos de este centro energético. Pedir al chakra del Alma que encienda tu ingenio creativo y tu inspiración impulsada por el Alma es esencial para manifestar una vocación que deleite a tu divino niño interior y proporcione seguridad a tu ego.

PRIMER CHAKRA

Ubicación en el cuerpo: base de la columna vertebral.

Colores y cualidades: el Sonido y la Luz en colores rojo rubí, rosa rubí intenso, magenta, granate y escarlata llenan cada célula de tu humanidad con aceptación incondicional, aprobación incondicional, amor reconfortante, seguridad emocional y física y la capacidad de recibir a través de la divinidad femenina y la Madre Divina del Gran Universo. Este primer chakra, o chakra raíz, te conecta con el centro de la Arcángel Gaia, quien tiene otra identidad como Madre Tierra. Verte a ti mismo sumergido en un lago rubí mientras bebes energía rubí de una copa dorada te invitará a recibir un torrente de energía amorosa de la Madre Divina del Gran Universo. Visualizar el amor rubí te conecta a tierra y abre tu humanidad para recibir de la Fuente. La energía de la Madre Divina es necesaria para recibir todo lo que te hace sentir seguro en la Tierra. Su energía es necesaria cuando deseas relaciones amorosas, buena salud, felicidad, oportunidades y dinero. El rubí del chakra raíz sube por la columna vertebral espiritual y se fusiona con el quinto chakra, o chakra de la Voluntad. Juntas, estas dos energías crean el fuego violeta, la energía coronaria que utilizas para transformar tu subconsciente y hacer sitio dentro de ti para la felicidad. La abundancia en tu interior debe manifestarse como riqueza en tu realidad exterior (vida cotidiana) debido a la Ley divina "Como es arriba es abajo, como es adentro es afuera".

FUSIÓN DE COLORES DEL OCTAVO Y QUINTO CHAKRA

El azul cielo aporta las cualidades de la comunicación clara, el flujo intuitivo y la calma mental. La mezcla de los colores del quinto y octavo chakra crea una luz cantora que calma la ansiedad y ayuda a que los mensajes intuitivos se transformen en palabras que puedas entender con la mente y sentir en el corazón. Visualizar este color invita al Arcángel de la comunicación, Gabriel, quien tiene otra identidad, el planeta Mercurio, y te ayuda a escuchar a tu divino niño interior y a tus Ayudantes en el Cielo.

FUSIÓN DE COLORES DEL QUINTO Y CUARTO CHAKRA

El turquesa y el aguamarina atraen las cualidades del sueño feliz, la libertad, el éxito y la manifestación de la alegría y la satisfacción. La combinación de estos colores cantores invita a entrar al Arcángel Metatrón, cuya otra identidad es el planeta benéfico de la abundancia, Júpiter. Metatrón y Gabriel ayudan a conectar tu mente intuitiva femenina con el infinito campo onírico de ideas de Dios. Inundar todo tu ser con esta poderosa energía de amor ayuda enormemente a manifestar la riqueza del Gran Universo en la Tierra.

TODOS LOS CHAKRAS

Los colores del arcoíris, opalescentes y caleidoscópicos atraen la recepción y manifestación de una infancia feliz sin importar tu edad. El Sonido y la Luz arcoíris son una integración de los siete chakras primarios, así como de los que están debajo de tus pies y encima de tu cabeza, que conectan tu Alma con el Sol Central. Envolverte a ti mismo y a tu divino niño interior en una manta de amor divino arcoíris colocará tu ego, Corazón y Alma en perfecta alineación y dará a todo tu ser un sentimiento de pacífica satisfacción.

Te invitamos a abrir tu imaginación creativa y viajar a los reinos interiores del Cielo. Te compartimos algunas herramientas para ayudarte a trabajar con las cualidades sanadoras del amor puro en la vida cotidiana. Estas herramientas son poderosas y cuanto más las utilices, más rápido experimentarás cómo tu vida cambia para mejor. No te preocupes si no puedes visualizar los colores y, en su lugar, utiliza tu intención para invocar la energía de los chakras que necesites. Sentir el beneficio de la energía del amor divino es lo que te libera y, cuanto más practiques, ¡más profundo y vasto experimentarás el maravilloso Poder transformador del Sol Central!

Experiencia sanadora
El abrazo del arcoíris

Cierra los ojos y respira hondo varias veces hasta que tu mente esté despejada.

Repite: "Ángeles, muéstrenme cómo es el Cielo".

Se levanta un telón y entras en una escena mágica de árboles floridos. Las flores son de todos los colores del arcoíris.

Camina entre los árboles y disfruta sintiendo la suavidad de los pétalos al tocar tu pelo y tu piel. Estos pétalos están hechos de amor divino y estás siendo bañado por los Ángeles del Gran Universo.

Abre la boca y deja que un pétalo caiga sobre tu lengua. Es de tu sabor favorito y, mientras lo saboreas, tu cuerpo se siente ligero y libre.

Los árboles empiezan a mecerse suavemente con una brisa invisible y los pétalos de las flores fluyen hacia el cielo. Se mezclan, se arremolinan y brillan con la luz del Sol Central.

El resplandeciente arcoíris de energía en el cielo crea una capa hecha de bondad y compasión. Cae suavemente del cielo y te envuelve con delicadeza. La capa de tu nueva aura te sienta a la perfección. Permite que la seguridad y el amor incondicional de Madre y Padre Dios/Creador del Gran Universo/Unidad Divina te llenen de autoestima y alabanza por tu valentía, ¡maravilloso ser humano de Sonido y Luz!

Te invitamos a ponerte tu capa de arcoíris de colores cantores y a elevar la vibración de tu energía. Recibir de la Fuente será más fácil a medida que sigas nuestro siguiente paso, que te lleva aún más profundo dentro de tu ser. Mientras le pides a tu feminidad que se restaure para que ella pueda restaurar tu masculinidad y llevar a tu cerebro a un nuevo equilibrio, descubrirás rápidamente que tu mente no es tuya. Tu mente, cuando está conectada a plenitud con tu corazón y tu alma, se convierte en una puerta abierta que te conecta con los vastos recursos del Cielo, el lugar donde el miedo no puede existir. A medida que practiques dejar que la parte femenina de ti guíe el camino hacia adelante, tu realidad exterior cambiará para mejor y descubrirás que tienes muchos más días felices. Permítenos acompañarte hasta tu cerebro femenino a través de la puerta púrpura de tu chakra de la corona. ¡Esta puerta no es imaginaria y atravesarla te cambiará cada vez que la atravieses!

La puerta púrpura

La puerta púrpura es una abertura simbólica situada en la zona del cerebro llamada cuerpo calloso. La puerta púrpura conecta el cerebro lógico-racional masculino con el cerebro intuitivo-creativo femenino cuando la mente está arraigada en el amor incondicional y la confianza del chakra del corazón. ¿Por qué decimos que la puerta es púrpura cuando la energía del corazón es esmeralda? Cuando el cerebro humano está funcionando en su mejor vibración, la energía del fuego violeta del chakra de la corona fluye hacia la mente y hacia el sistema nervioso y anula las reacciones emocionales de miedo y el temor de que algo salga mal. El fuego violeta es el equilibrio perfecto de la Voluntad más elevada (azul zafiro) mezclada con la seguridad emocional y la seguridad física (rojo rubí). Al infundir un toque de fucsia del chakra del tercer ojo de la intuición con el fuego violeta se crea un hermoso y rico púrpura.

La puerta púrpura, cuando funciona con fluidez, se abre en la pradera esmeralda del Corazón y desde aquí se tiene acceso al Cielo. El Alma supervisa la accesibilidad de la puerta púrpura. Puedes estar seguro de que cuando el control se apodera de tu mente, la puerta desaparece hasta que te entregas voluntariamente al Alma. Tu divino niño interior sabe dónde se encuentra la verdadera puerta púrpura, pero, por desgracia, puede haber puertas falsas. La verdadera puerta púrpura permanece en la vibración del amor puro, mientras que las puertas falsas están contaminadas por el miedo y se abren a las escenas de vibración más bajas del reino astral o lo que llamamos la tierra de las sombras del ego.

EL CEREBRO FEMENINO DE VIBRACIÓN SUPERIOR

Cada ser humano tiene un cerebro que es a la vez femenino (receptivo, emocional, creativo e intuitivo) y masculino (lógico, racional, analítico y orientado a las tareas). Por desgracia para la humanidad, el cerebro femenino, intuitivo y creativo (la vía directa a la superconsciencia de la genialidad de Dios) es menos popular y está subutilizado. Aunque la puerta de tu cerebro femenino está abierta de par en par en la primera infancia, a medida que el ego se desarrolla, la presión de los adultos y de los niños mayores empuja la puerta para cerrarla, de modo que encajes en el molde de lo que se supone que un ser humano cuerdo y responsable debe saber y compartir con los demás. Para que te consideren adulto e inteligente, te enseñan a cerrar la puerta púrpura al mundo mágico, al que solo se puede acceder a través del cerebro femenino. Te enseñan a confiar solo en lo que es demostrable y tangible. Si se puede ver con los ojos, saborear con la boca, sentir con el cuerpo y demostrar científicamente, entonces es digno de confianza. El cerebro lógico masculino dice ser sensato, pero en vibraciones más bajas no anima a utilizar los sentidos más poderosos y honestos que tienes: tu intuición y tu imaginación creativa.

Atravesar la puerta púrpura te conecta con los recursos infinitos de Dios y esto es algo que el subconsciente del Cuerpo Humano Único cree que está prohibido o que es mentira. Los Ángeles te dirán que elegir creer que vives en un mundo masculino, comprobable y "concreto" conduce a la pobreza, la miseria y la injusticia. Cree en la verdad de la puerta púrpura y la puerta del cerebro femenino se abrirá con bisagras bien engrasadas. Cuanto más te adentres en la pradera esmeralda, más fácil te resultará conectar tu ego con el Corazón.

Crear abundancia en tu vida cotidiana sucede de manera natural y orgánica cuando utilizas el cerebro femenino y las hermanas gemelas de la intuición y la creatividad. La gratitud y el reconocimiento de la Madre Divina del Gran Universo, tu divinidad femenina y tu divino niño interior te ayudan a recibir directamente de la Fuente a través de la puerta púrpura en tu vida temprana. La puerta púrpura es un embudo de energía y un milagroso modificador de vibraciones, ¡porque usar la puerta eleva tus cestas vacías hasta donde Madre y Padre Dios pueden llenarlas fácilmente!

El cerebro femenino es donde se encuentra el santuario del Corazón. Cuando se le permite funcionar como el Creador lo diseñó, te haces consciente de que eres Dios encarnado en forma humana. El cerebro femenino te conecta con los Ángeles, la Madre Tierra, tu divino niño interior y tu ingenio creativo. Cuando se le invita a liderar el camino, el cerebro femenino eleva tu ego y la mente lógica-racional masculina fuera del miedo y los pone en su vibración correcta de amor puro y enfocado. Juntos, guían tu vida terrenal hacia adelante, fuera del pasado limitante y hacia el aquí y ahora que solo mejorará a medida que tu ego confíe en lo femenino para dirigir tu vida. Utilizar el vasto tesoro del cerebro femenino también alimenta una actitud juvenil ante la vida y te da fe en tu propio poder infinito para crear una infancia feliz hoy. ¡Abramos la puerta púrpura, elevemos tu vibración y recibamos!

Experiencia sanadora
Atraviesa la puerta púrpura

Cierra los ojos, inhala profundo y exhala por completo. Concentra toda tu mente en inhalar y exhalar. Repítelo hasta que te sientas en calma y tu mente esté vacía.

Repite: "Gracias, divino niño interior de mi Corazón y Madre Divina del Gran Universo, por pintar para mí una puerta púrpura con los colores cantores del Sol Central".

Mírate a ti mismo caminando hacia una alta puerta púrpura con un gran arco en la parte superior. Mira hacia la puerta y coloca la mano no dominante (la mano que normalmente no utilizas para escribir) sobre el pomo brillante de cristal arcoíris. Siente la frescura del pomo. Respira hondo y siente cómo la energía alegre del amor puro fluye hacia la palma de tu mano. Abre la puerta y entra en una brillante pradera esmeralda, iluminada por un claro cielo turquesa en lo alto. Llama a tu divino niño interior. Pídele que se tumbe a tu lado en la hierba esmeralda, tan exuberante como el terciopelo. El suelo del Corazón de la Madre Gaia, unido al Corazón del Creador, es suave y reconfortante. Extiende la mano de tu divino niño interior y dile: "Muéstrame la abundante alegría que tú conoces. Enséñame a perdonar el pasado y a hacer realidad la infancia feliz que quieres que experimente. Te doy las gracias. Reconozco que eres real y, con humildad, pido tu ayuda".

Siente cómo los rayos dorados del Sol Central llenan de felicidad y amor cada célula de tu humanidad. ¡A partir de este momento, la vida solo mejorará!

EXPERIMENTAR EL SANTUARIO SANADOR DEL CIELO

Atravesar la puerta púrpura cambia la vibración de tu mente consciente y te permite entrar con libertad en el santuario del Cielo situado dentro de tu chakra del corazón. Aquí, primero te conectas con el divino niño interior y juntos hacen un inventario de tu energía. Cada ser humano necesita tener una fuente fluyente de la energía rubí de seguridad, protección, amor incondicional y aceptación de la Madre Divina. También necesitas fuentes fluyentes de atención positiva, afecto real, reconocimiento, felicidad, confianza y fe en tu Yo. Te sugerimos que mantengas una fuente de amor divino fluyendo para asegurarte de que todas las demás fuentes de energía estén llenas. La fuente de amor divino llena tu humanidad con todo lo que necesitas para sentirte seguro de que sí tienes la capacidad innegable de pasar de la carencia a la riqueza. Controlar tus fuentes de energía y asegurarte de que te mantienes en el flujo del amor divino te ayudará enormemente a mantener la vibración de tu energía donde debe estar.

En el mundo mágico del chakra del corazón, tu divino niño interior puede crear estas maravillosas fuentes para reponerte y transformarte. Dentro de la pradera esmeralda, puedes empaparte de la paleta orgánica de los verdes del chakra del corazón que cantan con alegría y te elevan y, al mismo tiempo, el chakra del corazón te conecta con la Madre Tierra. Una vez que te sientas restaurado, puedes reunirte con tus Ángeles, Guías y Maestros en el Cielo y aprender todo lo que necesitas saber en el aquí y el ahora.

Experiencia sanadora
Restauración en las fuentes de energía

Cierra los ojos, sonríe y respira. Estás a punto de experimentar algo en verdad asombroso.

Repite: "Gracias, divino niño interior de mi Corazón y Madre Divina del Gran Universo, por pintar una puerta púrpura para mí con los colores cantores del Sol Central".

Atraviesa la puerta púrpura y entra en la pradera esmeralda de tu Corazón.

Mira a tu divino niño interior que te está esperando junto a una serie de agujeros en la tierra, que se convertirán en fuentes fluyentes de amor sanador. Mira más allá de los agujeros vacíos y repite: "¡Muéstrame mi riqueza, Creador!". Un enorme vórtice de energía arcoíris vendrá del Cielo y de la Tierra y se unirán.

Observa a tu divino niño interior ir a la fuente del arcoíris y llenar su copa con amor divino. Observa cómo el niño toma la copa y vierte el contenido en el primer agujero. Repite junto al niño: "Madre Divina del Gran Universo, junto con la divinidad femenina de mi Alma, lléname con tu amor incondicional, seguridad, protección y aceptación". Observa cómo una exquisita fuente de color rubí surge de la Tierra y alcanza el Cielo. Toma la copa de tu bolsillo y bebe de esta fuente; el sabor es como el jugo de tu fruta roja favorita. Bebe y repite: "Gracias a la Madre Divina y a mi divinidad femenina, por llenar cada célula con su seguridad, protección, aprobación, aceptación y AMOR. Estoy tan agradecido de recibir este sustento. Gracias, a la Madre Divina y a mi divinidad femenina, por recibir todo lo que necesito para prosperar como ser humano. ¡Yo lo acepto!".

Observa cómo la fuente rubí crece tan vasta y poderosa que la energía empieza a fluir hacia el siguiente agujero. La energía se eleva desde el suelo en los hermosos colores cantores del verde brillante y dorado como el sol.

Párate en la fuente con tu divino niño interior y di: "¡Gracias, Alma y Creador, por llenarme de Confianza y fe en mí mismo y Confianza y fe en que estoy totalmente apoyado y dirigido por ti!".

Siente cómo esta fuente de energía verde y dorada crece tanto que se derrama en otro agujero. Toma la mano de tu divino niño interior y salta a la piscina esmeralda.

Repite: "¡Llamo a mi poder personal y a mi valor como ser divino para que regresen a mí!". Del agujero brota un torrente de luz cantora amarilla y dorada y esta fuente fluye tan alto que se une con el Sol Central. El Sol Central envía un rayo de amor divino a la fuente y el flujo vertical se ensancha y se dirige a todos los chakras de tu cuerpo, incluso a los centros de energía de las palmas de las manos y las plantas de los pies. Tu divino niño interior ama la felicidad y la alegría de esta poderosa energía. Repite: "¡Llamo a mi poder personal, a la confianza en mí mismo y a mi valía como hijo divino del Creador dentro de mi humanidad!". La fuente amarilla y dorada se expande hacia el siguiente agujero. Esta vez la energía se eleva desde la tierra en un vibrante tono turquesa y tiene lluvias de destellos de luz dorada cantando en su interior. Junto con tu divino niño interior dirígete hacia esta fuente y repite: "Gracias, Unidad Divina, por llenarme de libertad. ¡Yo lo acepto!".

Y la fuente turquesa y dorada de la libertad crece y fluye hacia el siguiente agujero. Junto con tu divino niño interior, observa cómo la energía azul zafiro se eleva en línea recta como una alta y resplandeciente torre azul de protección.

Respira hondo y di: "Me entrego a mi Voluntad más elevada. Deseo conocer mi Verdad y tener el valor y el amor propio para vivirla". Entra en la fuente del Padre Divino del Gran Universo y empápate de este reconocimiento real de tu ser auténtico. Siente la protección e invita a la energía a eliminar toda duda de tu mente.

Mira a lo lejos y descubre que el vórtice arcoíris del Sol Central se ha expandido hasta el punto de fusionarse con todas las fuentes frente a ti. Cuando se conviertan en una gran fuente, sitúate en el amor puro del Creador y repite: "Gracias, Madre y Padre Dios, por llenarme con la energía de la infancia feliz de la más elevada alegría. Pido mi felicidad y estoy agradecido de recibirla. Confío en que todo vendrá a mí de la manera que sea necesaria para mi mayor bienestar, mi máxima felicidad y el mayor bienestar y la máxima felicidad de todos".

Pasa de la fuente de Dios a la exuberante y suave hierba verde. La energía de la Fuente se ha transformado en los hermosos árboles y las fragantes flores que han aparecido en el jardín de tu Corazón.

Invita a tu equipo de Ayudantes del Cielo, tus Ángeles y Guías, a entrar en tu santuario y saludarte.

Los Ángeles se comunican con un pensamiento intuitivo claro. Sé paciente, respira y escucha. Están aquí para ayudarte con el siguiente paso para elevar tu vibración.

Estar alerta ante los viejos arquetipos masculino y femenino

Debido a que estás transitando por la Escuela Tierra, has aceptado que el miedo sea tu maestro. La intención del miedo es hacer que el ego se desalinee con el Alma y se duerma. Un ego adormecido se convence fácilmente de que no puede manifestar recursos porque Madre y Padre Dios no existen en la Tierra. Todo lo que existe es el ego dormido, que debe hacer todo por su cuenta y mantener el control si espera sobrevivir. Te presentamos los disfraces del miedo que encontrarás dentro de ti y afuera, en tu mundo (como es adentro, es afuera). A estos irrespetuosos y poco amables ladrones de tu energía los llamamos viejos arquetipos masculino y femenino del miedo. El término "viejo" se utiliza por su antigüedad a la hora de influir en las respuestas humanas de pensamiento y sentimiento; si prefieres, llámalos dinosaurio masculino y dinosaurio femenino. Son los pensamientos del miedo y las emociones de más baja vibración; son los maestros más astutos y duros de tu ego. Con frecuencia te tientan a caer en el miedo haciéndote verte a ti mismo como la víctima que no es lo bastante buena, inteligente o fuerte para vivir una vida exitosa y satisfactoria.

CÓMO MANTENER EL EGO
EN LA VIBRACIÓN DEL AMOR DIVINO

Te pedimos que te mantengas alerta ante la invasión de los viejos arquetipos masculino y femenino del miedo y su negatividad seductora, que a menudo te pondrán a prueba. Estos paradigmas representan los pensamientos, patrones de pensamiento o hábitos, de baja vibración, los sentimientos negativos y emociones que te distraen de atravesar la puerta púrpura. Incluso después de cruzar el portal hacia tu Corazón, estas astutas voces mentales y las abrumadoras emociones contractivas pueden causar trastornos. Podrías verte arrastrado a la duda, la confusión y la vergüenza hasta que seas plenamente consciente de cómo se sienten estas pesadas vibraciones. Te animamos a conectar siempre con tu divino niño interior que vive en el santuario de tu Corazón cada vez que desees entrar en la parte femenina e intuitiva de tu cerebro; él siempre te dirá si tu conocimiento intuitivo y tu sensación son claros porque el Corazón sabe antes que tu ego si estás listo y dispuesto a escuchar la Verdad.

Permítenos contarte más sobre estos ladrones de tu riqueza y cómo te seducen de vuelta al vacío de consciencia con un simple pensamiento controlador o una ola de tristeza.

EL VIEJO ARQUETIPO MASCULINO DEL MIEDO

El viejo arquetipo masculino del miedo, que controla y juzga, vive en la parte racional-analítica del cerebro masculino, que se enfoca en las tareas. Es la voz crítica, intimidatoria y mental de la presión; te presiona para que cumplas los plazos, mantengas el control y te juzgues a ti mismo y a los demás. Ve la competencia despiadada como algo que te motiva a hacerlo mejor. Te manipula para que creas que su forma de pensar y comportarse protege tu ego y tu vida de los cambios. Le encanta dar órdenes y mandonearte para que no te salgas del camino y sigas temiendo a la autoridad. Puede sonar convincente con sus quejas y observaciones lógicas y aparentemente bien fundadas sobre lo que está mal. Te hace saber cuándo no estás a la altura de los demás y te anima a que nunca estés satisfecho con lo que has conseguido o con lo que has adquirido. Su influencia te dirá que nunca cuestiones o te enfrentes a la autoridad, tenga o no razón, y que te mantengas en el *statu quo* y vayas a lo seguro. Sus críticas pueden recordarte a tus propios padres o a otras figuras autoritarias dominantes de tu pasado.

Cuando escuches en tu mente pensamientos críticos que se centran en todo lo que no has conseguido y señalan todo lo que necesitas hacer pero no estás haciendo, reconoce que se trata de la voz del viejo arquetipo masculino. Este emperador exigente habla el lenguaje negativo e inductor de miedo con su "no es suficiente". Su ejército de pensamientos juzgadores repiten a todos los egos vulnerables que tiemblen en sus botas y se inclinen ante su autoridad. El jefe del ego siempre te dirá que hagas más de lo que no estás haciendo lo suficiente para tener éxito en un mundo de hombres.

El viejo arquetipo masculino es controlador y prejuicioso y no tiene lugar para la creatividad, la intuición, la imaginación o la esperanza; para él, todo eso es absurdo y poco práctico. El padre del ego puede tomar tus decisiones por ti si no lo silencias. De inmediato puede hacerte creer que pedir ayuda para recibir lo que necesitas del Gran Universo, en especial de los Ángeles y Ayudantes del Cielo, demuestra debilidad y es una pérdida de valioso tiempo; él simplemente te dice que controles mejor tu vida. ¿Has presenciado cómo el viejo arquetipo masculino global hace de las suyas en el mundo? Lo vemos buscando poder y control con el patriarcado jerárquico que gobierna muchas religiones, corporaciones y gobiernos mundiales. Convierte en polvo a cualquiera de los colores cantores del Sol Central y, especialmente, no le interesa la energía del chakra de la corona (fuego violeta), la del chakra del tercer ojo (luz cantora fucsia) o la del chakra raíz (llama rubí).

EL VIEJO ARQUETIPO FEMENINO DEL MIEDO

Cuando el ego carece de perfección, el viejo arquetipo masculino, controlador y prejuicioso, llama al viejo arquetipo femenino para paralizarte y llenar tu mente y tu cuerpo de culpa, vergüenza, impotencia y ansiedad. Este te anima a ser el sirviente silencioso y negligente que esconde su resentimiento y celos de aquellos que tienen lo que tú quieres pero no tienes. Esta madre interior negativa hará que te consuma el odio hacia ti mismo y la indignidad, a menos que le impidas que se apodere de tu vulnerable ego. Es la humillante voz interior de la vergüenza y el rechazo, mientras te susurra al oído que te culpes a ti mismo o culpes a otro por tus carencias o por sentirte maltratado. Mientras te hundes en la desesperación, te dice que mereces sentirte miserable y pobre. Esta reina mezquina, autoproclamada y altamente autoritaria, es quien genera tanto la carencia como la actitud de víctima para tu ego. El viejo arquetipo femenino, junto con el masculino, te hará pensar y sentir que tienes menos inteligencia, capacidad y oportunidades que los demás y que tu mejor esperanza es encontrar a alguien que cuide de ti si tú sacrificas tu vida para ser el cuidador. Cuando alguno de estos dos arquetipos están activos en tu cerebro, tu ego puede encontrarse necesitando la aprobación de tu valía por parte de los demás, sintiéndose necesitado de reconocimiento y utilizando todo lo malo como una forma de recibir atención. ¿Quieres que los viejos arquetipos masculino y femenino sean los padres internos de tu ego? Diles: "Gracias, pero ya tengo padres que me ayudan con mi vida. ¡Mi divinidad femenina y mi divinidad masculina son todo lo que necesito!".

¿Y estos personajes dejan en paz al ego cuando la vida mejora? Para ser sinceros, solo se harán más fuertes. Recuerda que los viejos arquetipos masculino y femenino vienen del miedo. A medida que sigas descubriendo tu valor interior y te enfrentes a ellos, intentarán hacerte sentir ansiedad por el futuro y frustración por no ser tan libre y feliz como quisieras. Intentarán que te sientas incómodo cuando te diviertas, seas creativo y progreses en una vida más equilibrada. Te enseñan una lección muy importante: permanecer atento a la vibración de tus pensamientos y sentimientos y no aceptar su presencia en tu humanidad. Serán tus maestros hasta que ya no los necesites porque has aprendido a salir de la mentalidad de insuficiencia personal y a valorar cada día el enorme valor de tu propio ser.

Los demás pueden sentir la insatisfacción y la negatividad que provienen del controlador viejo arquetipo masculino y del condenador viejo arquetipo femenino. Del mismo modo, sientes el miedo que generan estos personajes por parte de todo el colectivo humano. Aunque las heridas y miedos de estos viejos arquetipos hayan quedado en el pasado, estos se proyectan hacia el futuro, haciéndote sentir una profunda inseguridad respecto a no tener lo que necesitarás mañana, el mes que viene o nunca. Tienes la capacidad y la fuerza para cambiar esta historia invasiva de inseguridad y duda, y vamos a demostrártelo. Los Doce Arcángeles del Sol Central te abrazan a ti y a tus heridas con amor incondicional y compasión. Te enseñaremos cómo cambiar la vibración de la energía tóxica para que resuenes con la vibración del Cielo. Solo necesitamos la voluntad de tu ego y tu coraje para decir no a las demandas de los viejos arquetipos masculino y femenino. Te pedimos que leas la siguiente experiencia sanadora según sea necesario. Piensa en ella como un generoso y amoroso regalo que tu divinidad está entregando a tu humanidad.

Experiencia sanadora
Alarma de amor

Cierra los ojos y respira.

Camina hacia la puerta púrpura y ábrela, pero no la atravieses. Pídele a tu divino niño interior y a los Ángeles guardianes que están en la pradera esmeralda que crucen a tu mente masculina.

Uno de tus Ángeles recoge a tu divino niño interior y juntos activan la alarma de incendios de color rojo rubí que se encuentra a la izquierda de la puerta púrpura.

Se encienden las luces del arcoíris. Escucha la música alegre que suena por altavoces invisibles. Viejos hombres gruñones (pensamientos basados en el miedo) y viejas mujeres amargadas (emociones de baja vibración) luchan por evitar el glorioso amor divino blanco y dorado que sale por la puerta púrpura.

Repite: "¡Gracias por enseñarme a ser consciente de mis pensamientos y sentimientos! Ahora ¡FUERA! ¡FUERA! ¡FUERA! Invoco el poder de las leyes divinas y, con este poder, les ordeno que abandonen mi cabeza, mi cuerpo y mi humanidad, ¡YA!".

El oleaje de fuego violeta, energía que transforma el miedo en amor, inunda tu cuerpo. Los pensamientos del viejo arquetipo masculino y los sentimientos y emociones del viejo arquetipo femenino salen por la parte superior de tu cabeza y son llevados directamente al magnífico Sol Central que brilla sobre ti.

Atraviesa la puerta púrpura con tu divino niño interior y tus Ángeles guardianes hacia el santuario esmeralda del Corazón. Pregunta a tu divino niño interior: "¿Qué necesito recibir del Gran Universo hoy?".

Los dones sanadores del divino niño interior

Te animamos a que empieces cada día diciendo: "Invito a mi divino niño interior a que me muestre cómo entregar plenamente mi ego a la alegría del Alma. Gracias, divino niño interior, por ayudarme a recordar que soy hijo de la Madre Divina del Gran Universo. Gracias, Corazón y Alma, por llenar todo mi ser con la energía sanadora de amor y fortaleza que me ofreces. Agradezco que la Madre Divina sea mi verdadera madre y que quiera que me sienta seguro, protegido y amado". Mantener la intención de permanecer conectado con tu divino niño interior ayudará a tu ego a reconocer los mensajes de la Verdad que llegan a través de tu conocimiento intuitivo. Como mensajero de tu Alma y conector con la tubería de la abundancia que viene a través de la divinidad femenina, tu divino niño interior es la llave que abre el tesoro que has estado esperando recibir. Pídele a tu divino niño, el Yo superior con el que tu ego puede relacionarse, que reciba de la Fuente, y casi de inmediato descubrirás que Dios no te ha abandonado.

¿QUIÉN ES PARA MÍ EL DIVINO NIÑO INTERIOR?

El divino niño interior tiene la misma voz y apariencia que tú tenías cuando niño, y puede aparecer a cualquier edad que sea necesaria para transmitirte el mensaje que el ego necesita oír. A veces este niño puede parecer (o sentirse) muy pequeño si está tratando de hacerte saber que necesitas pedirle a Madre y Padre Dios que llene tu humanidad con seguridad. En otro momento, puede parecer un adolescente o un joven adulto porque quiere comunicarte una idea genial que te permitirá crear algo maravilloso que supondrá el mayor bienestar y la máxima felicidad para la Unidad Divina. El divino niño interior es a la vez una puerta de acceso al superconsciente y una apertura a tu subconsciente. Cuando la puerta se abre a tu subconsciente, tu consciencia puede inundarse de recuerdos de dolor e injusticia de esta vida. Si mantienes la puerta abierta, puedes acceder a la memoria de eventos de vidas pasadas y eventos de las vidas de tus ancestros. Debido a que tu divino niño interior no tiene miedo, puede convertirse en un anciano omnisciente que es el bibliotecario a cargo de tus vastas bibliotecas subconscientes, y que te otorga la capacidad de escuchar los lamentos del yo herido a través de él, para que sepas qué historias están listas para ser transformadas, liberadas al Sol Central y perdonadas, aunque parezcan imperdonables.

SANAR LA SEPARACIÓN
ENTRE EL EGO Y EL ALMA

Reconocer a tu divino niño interior libera el Poder del Corazón para impulsar a tu ego a entregarse y sanar. Este viaje de entrega del Alma y de sanación de la separación entre el ego y el Alma es necesario para vivir como un niño feliz y seguro, independientemente de tu edad y del dolor y la pérdida que hayas sufrido. Conectar el Alma con el ego comienza con preguntar a tu divino niño interior: "¿Qué estoy sintiendo? ¿Qué es lo que en realidad necesito?". Puede que escuches una respuesta de tu Yo divino que te dice que todo es armonioso, o una respuesta de tu yo herido que te dice lo que ahora está listo para ser perdonado y entregado al Sol Central para su transformación.

Te pedimos que veas la transformación (usando amor puro para cambiar el miedo por amor) como el agua pura que permite que la semilla crezca y florezca en la hermosa flor de tu verdadero yo auténtico. Esperamos que descubras con rapidez que eres un ser humano divino y que no te falta nada. Todo lo que necesitas y quieres para ser feliz debe ser validado por tu divino niño interior, porque este Yo más elevado e inocente sabe y siente lo que más te importa. Tu Alma necesita que tu ego evolucione y evolucionar requiere que elijas el amor sobre el miedo. Tu divino niño interior sabe cómo guiarte para que veas y sientas la elección antes de involucrarte en una historia comprometedora y dolorosa que a menudo es una repetición emocional del pasado. Deja que tu divino niño interior se convierta en tu mejor amigo y en tu guía espiritual más fiable y experimenta mucho más la abundancia del Cielo en tu vida cotidiana.

Experiencia sanadora
Recibe orientación y sanación

Cierra los ojos y concéntrate en tu respiración hasta que te sientas tranquilo y centrado.

Atraviesa la puerta púrpura y entra en el santuario esmeralda de tu Corazón.

El Arcángel Miguel del Sol Central te saluda y con amor envía su Espada azul zafiro de la Verdad y la Consciencia a lo largo de tu columna vertebral y la clava en la tierra bajo tus pies. Destellos de oro, amor puro del Sol Central, inundan tu mente y tu cuerpo.

El Arcángel Miguel te acompaña hacia una flor de loto de tamaño humano que ha florecido por completo. Busca a tu sereno divino niño interior que está sentado en la flor, sonriente y sabio.

Tu divinidad femenina y masculina aparecen sentadas a ambos lados de tu divino niño interior. El Arcángel Miguel te dice que te sientes frente a ellos, y él se sienta a tu lado. Sus enormes alas zafiro de luz cantora te abrazan con suavidad y sientes que tu espacio personal se ha expandido hasta alcanzar una refrescante inmensidad.

Hazle a tu Alma estas preguntas y deja que las respuestas fluyan gentilmente en tu consciencia a través de tu conocimiento intuitivo. Confía en lo que escuchas y recuerda que las respuestas se repetirán si es necesario.

¿Qué estoy sintiendo emocionalmente? ¿Qué necesito sentir pero me resisto a sentir? (Si el sentimiento tiene una vibración baja, perdónalo y libéralo al Sol Central).

¿Qué necesito para sentirme a salvo, seguro, libre, feliz y abundante? ¿Hay algo que mi ego cree que necesito pero que es una distracción o no es bueno para mí?

¿Estoy siendo engañado o arrastrado a una vibración inferior por el viejo arquetipo masculino o el viejo arquetipo femenino? Si es así, explícame cómo.

¿Hay alguna historia de mi pasado que estoy listo para liberar, perdonar y transformar para que pueda recibir riqueza de ti?

Y por último, ¿están fluyendo todas mis fuentes de amor divino? ¿Seguridad y protección de la Madre Divina? ¿La fuente verde y dorada de la confianza y la fe en mí mismo? ¿La fuente amarilla y dorada de valor interior y poder personal? ¿La fuente turquesa y dorada de la libertad? ¿La fuente azul zafiro de la protección y la Verdad? ¿Y el géiser arcoíris del amor puro para mantenerme saturado de bondad amorosa hacia mí mismo y hacia los demás?

Una vez que tus preguntas hayan sido respondidas, descansa en el loto y permite que tu humanidad absorba el amor ofrecido en cada pensamiento, sentimiento, creencia y sueño de tu Corazón.

Ahora estás listo para entender de dónde viene tu falta de consciencia para que puedas transformarla, capa por capa, mentira por mentira. Por favor, piensa en tu recipiente (cuerpo, mente, Corazón y Alma) como un cofre del tesoro que es vasto en tamaño y profundidad. Parte de este tesoro es plomo que debe convertirse en oro. Tus antepasados te dan las gracias por hacer esta alquimia por ellos. La humanidad te lo agradece y todo el Cielo te ayuda. ¡Hagamos más espacio dentro de ti para recibir tu abundancia del Gran Universo!

Cambiar la repetitiva
historia de carencia

Antes de encarnar, diseñaste tus deberes kármicos y planeaste los acontecimientos que sucederían en tu vida para poner a prueba tu fe en el amor puro. Antes de llegar a la Tierra, sabías que las experiencias de la vida requerirían aprender a practicar el perdón, el amor incondicional y la paciencia. En definitiva, completar con éxito tus deberes, o karma, requiere confiar en la Fuente para que te dé todo lo que necesitas. Dependiendo de cómo el Alma haya creado tus lecciones, pudieras haber experimentado una escasez de recursos materiales y emocionales, incluso desde la concepción. Tú, maravilloso ser humano divino, comenzaste como una célula de tu madre y una célula de tu padre; dentro de tu cigoto estaban contenidos los miedos e inseguridades subconscientes de cada uno de ellos. Si alguno de tus progenitores experimentó pobreza o sufrimiento heredado de su propio linaje ancestral, esos recuerdos cargados de miedo se descargaron en tus células. Si tu madre tuvo algún tipo de ansiedad durante el embarazo, tú experimentaste su miedo; su tensión de no sentirse segura y protegida empezó a entrar en tu consciencia y se convirtió en parte de tu sistema nervioso en desarrollo. Sentir miedo es algo natural y orgánico para ti. Sentir una inseguridad constante en el útero y durante el desarrollo puede generar dudas sobre tu capacidad para prosperar en la vida. Permítenos explicarte.

Cuando faltan o escasean los recursos materiales y emocionales durante el desarrollo y la infancia, se pierde la confianza en la inteligencia del Alma para cuidar de uno mismo. La falta de apoyo emocional, amor, atención y reconocimiento es lo que más afecta tu seguridad como ser humano en crecimiento. Puede que de niño no tuvieras una salud y una vitalidad robustas, o que te fueses tímido y torpe. No sentirte fuerte, capaz y protegido en tu primer entorno puede hacerte creer que la vida es dura; y la inseguridad sobre si prosperarás puede generar una ansiedad constante sobre el futuro. Cuando no te sientes seguro como feto, lactante, niño pequeño o adulto joven, entonces tu trabajo para transformar el miedo a la carencia se multiplica exponencialmente. Donde hay miedo a la supervivencia, no hay confianza en la Fuente. La confianza debe ser restaurada antes de que tu Corazón se abra a recibir el amor de la Madre Divina. Cuando tu respuesta primaria (molecular) es no confiar, te damos las gracias por tu implacable determinación de reconectar con el Alma. Hacer esto, restaurar tu humanidad rota con la poderosa energía sanadora de la Confianza, transforma tu propia vida y ayuda enormemente al Cuerpo Humano Único. Puedes estar seguro de que la Unidad Divina te está ayudando a restaurar tu confianza en la Fuente. La confianza, en el Alma y en la Fuente, es el poder alquímico que trabaja para cambiar la antigua historia de no tener lo que necesitas para prosperar. Di dentro de tu Corazón: "Mi historia de carencia no es mi culpa. Mi incapacidad para confiar en que el Creador me proveerá de todo lo que necesito no es mi culpa. Soy inocente y estoy dispuesto a transformar el miedo que me limita, por el mayor bienestar de todos".

La indignidad, la vergüenza, la culpa y el miedo al castigo, cada uno de ellos un guerrero del miedo, calan hasta los huesos de tu humanidad. Estos feroces monstruos engullen las bondades de lo que deseas recibir de la Fuente. Los guerreros del miedo casi siempre están arraigados en doctrinas religiosas arcaicas en su origen e insidiosas en su acción. Estos profundos mensajes subconscientes son los residuos tóxicos del miedo que requieren una transformación alquímica utilizando amor puro. Vamos a enseñarte cómo hacer un cambio sin precedentes en tu vibración. Sí, puedes eliminar estas antiguas voces negativas que pueden mantenerte prisionero en la falta de consciencia desde lo más profundo de tu ser.

Experiencia sanadora
Transforma la indignidad
y el sentimiento de culpa subconscientes

Cierra los ojos, inhala profundo y di: "¡Levántense la culpa, la vergüenza, el miedo al castigo y la indignidad!". Y luego exhala despacio y por completo. Repítelo unas cuantas veces más.

Atraviesa la puerta púrpura y encuentra a tu divino niño interior que te espera en la pradera esmeralda de tu Corazón sanador.

Juntos, suban una pequeña colina y miren hacia abajo, al río de fuego violeta que fluye poco a poco. Túmbate y apoya a tu divino niño interior sobre tu corazón humano y rueda colina abajo hacia el río, que está hecho de la energía del perdón y se siente como aterrizar en amor acolchado.

Ponte de pie en el río del perdón y la transformación. Toma la pequeña mano de tu divino niño interior y nota que nosotros, los Doce Arcángeles, los rodeamos a ambos. Invita al río de fuego violeta a subir hasta tu barbilla.

Repite: "Libero la indignidad, la culpa, la vergüenza, la victimización y el miedo al castigo dondequiera que estén almacenados dentro de mí. Lo libero. Lo perdono y lo envío al Sol Central".

Continúa liberando y perdonando hasta que el río cambie de color de violeta a turquesa. Observa cómo la luz del sol se expande por encima de tu cabeza, sabiendo que no te hará daño a los ojos mirarla directamente.

Junto con tu divino niño interior, alcanza la luz del Sol Central y atrae el amor puro hacia tu cuerpo. Mírate y siéntete iluminado desde dentro hacia fuera. Repite: "Gracias, Sol Central de la Unidad Divina, por restaurar mi autoestima y por llenarme de respeto y gratitud hacia mí mismo".

Invita a la energía turquesa de la expansión de la autoestima, la libertad y la manifestación, a fluir hacia las células de tu ser. Permite que el río turquesa se eleve por encima de tu cabeza y piensa que, mientras te rodeamos en círculo, puedes respirar con libertad.

Repite: "Gracias, Sol Central de la Unidad Divina, por llenarme de libertad, infancia feliz, buenas vibraciones y confianza en mí mismo".

Una vez que veamos que estás brillando en turquesa y lleno de felicidad dorada, te sacaremos del río y te colocaremos con cuidado a ti y a tu divino niño interior en la cima de la colina. Mira hacia el río... ahora se ha convertido en un arcoíris de deleite para ti. Llama a la energía del arcoíris de amor puro hacia ti y observa cómo reabastece cada célula de tu preciosa humanidad.

Ahora que la frecuencia de tu energía está en una vibración amorosa, tenemos a alguien de quien necesitas hacerte amigo: tu yo herido. Este yo es muy digno de recibir tu amor incondicional y tu ayuda. El yo herido, como niño, abre el paso a las cavernas olvidadas y ocultas de tu subconsciente. Se te pedirá que ames lo que no eres capaz de amar y que perdones lo imperdonable. Esperamos que te resulte muy valioso transformar las heridas del yo herido. Te pedimos que pienses en esto como si te deshicieras de cosas innecesarias de tu armario y dejaras espacio para nuevas prendas que expresen quién eres ahora. Si pudieras ver la inmensidad de tu potencial a través de nuestros ojos, sabrías que hay más Cielo llamando a la puerta para entrar, ¡y te agradecemos que le hagas sitio!

EL YO HERIDO: ABRE LA BÓVEDA DE ALMACENAMIENTO DE LA CARENCIA

El yo herido es el guardián cauteloso y protector de tus bibliotecas subconscientes y el sistema de defensa de tus patrones de comportamiento autolimitantes. Poderoso, reservado e hiriente, este yo decide qué recuerdos y paradigmas de creencias obsoletos tienen permiso para atravesar el velo subconsciente y entrar en tu consciencia. Una vez que la luz de la consciencia y la verdad innegable han iluminado el pasado, tienes la opción de perdonarlo y dejarlo ir o reprimirlo y pretender que el pasado no tiene influencia en tus hábitos negativos. ¿Por qué elegir aferrarte a las heridas del pasado? Aferrarse a recuerdos de dolor y miedo puede servir al yo herido como una forma ilusoria de protección frente a traumas futuros. No es la forma más alegre y libre de vivir, el miedo vende al yo herido una forma de sobrevivir a una situación potencialmente peligrosa. Todo ser humano necesita sentirse seguro y protegido y recibir atención positiva y afecto digno de confianza, amor incondicional y reconocimiento de su valía por parte de su familia. Cuando no recibes estos ingredientes clave necesarios para un crecimiento sano, aprendes a manipularte a ti mismo y a veces a los demás para sobrevivir. Por ejemplo, si aprender a anticiparse a las necesidades de los demás te proporcionó cierta atención y reconocimiento positivos o te ofreció cierta protección frente a la humillación, es posible que sigas sintiendo la necesidad de complacer a los demás. No recibir el apoyo necesario de niño puede hacer que vivas una vida en la que la seguridad emocional, el amor incondicional y la felicidad sean insuficientes. Comprende que el yo herido no sanado permanece en modo de supervivencia, incluso cuando el entorno emocional es armonioso.

El no juzgar, la amabilidad y la paciencia acabarán por convencer al yo herido para que abra la bóveda de las creencias basadas en el miedo que bloquean o limitan la recepción del Gran Universo. La energía de la confianza, una cualidad del amor puro, crea un puente entre el subconsciente profundo y la mente consciente. La confianza debe establecerse entre el yo herido, en especial cuando este yo es un niño, y el Corazón. Una vez que el yo herido se siente lo bastante seguro como para abrir la puerta, solo entonces se revelarán los recuerdos de carencia y sufrimiento enterrados en lo más profundo, y se permitirá que sean liberados para su sanación por el amor del Alma. ¿Cómo convences a este heroico guardián para que confíe en que la sanación y el fin del sufrimiento están cerca? Te animamos a que te comuniques con tu yo herido y reconozcas la inocencia y divinidad de este yo, sin importar cuál sea la razón de su arrepentimiento, miedo o culpa. Decir a menudo: "Lo perdono todo, aunque no sepa lo que hay que perdonar", resulta muy útil para transformar el dolor atrapado en el subconsciente. Practicar el perdón, mientras invocas la ayuda de los Ángeles y de los seres queridos de confianza en el Cielo, ayudará a tu subconsciente a purgar el pesado sufrimiento y la pena que cualquier historia repetitiva de decepción ha estado creando.

Experiencia sanadora
Sana el yo herido

Cruza los brazos sobre el pecho y abrázate con cariño. Cierra los ojos y repite: "Te amo, mi valiente héroe que me ha ayudado a sobrevivir durante tanto tiempo".

Pídeles a tus Ángeles guardianes y a los Doce Arcángeles que bañen tu humanidad de bondad amorosa y siente cómo una suave energía rosa inunda tu cuerpo. Repite: "Te reconozco, yo decepcionado y solitario que hay en mí; necesito tu ayuda y guía más que nunca".

Concéntrate de nuevo en sentir que la bondad amorosa te llena.

Repite: "Gracias por liberar las viejas historias, traumas y patrones que hemos superado. Gracias por ser mi guía y el Ángel dentro de mí que me libera para experimentar la felicidad y la libertad".

Pídeles a Madre y Padre Dios que llenen tu humanidad con la confianza de que la sanación está ocurriendo y de que estás preparado para recibir mucho más del Gran Universo. Repite: "Estoy muy agradecido por esta sanación. Estoy muy agradecido por estar recibiendo más del Gran Universo cada día".

TRANSFORMAR LAS CREENCIAS BASADAS EN LA SUPERVIVENCIA ALOJADAS EN EL SUBCONSCIENTE PROFUNDO

Los viejos arquetipos masculino y femenino del miedo, junto con tu yo herido, utilizan el miedo y la pérdida del subconsciente profundo como combustible para atormentarte con la creencia de que no eres suficiente y de que no hay suficiente de lo que necesitas. Cuando el yo herido, en modo supervivencia, intenta protegerte de un cambio percibido como peligroso, el viejo arquetipo masculino te llenará de pensamientos controladores, prejuiciosos y críticos. El viejo arquetipo femenino introducirá la culpa, la indignidad y la vergüenza. Todo este miedo tiene el poder de limitar lo que te permites recibir de la Fuente, y también puede mantenerte en un estado de pérdida y dolor porque el sufrimiento es lo que conoces. Los viejos arquetipos masculino y femenino y el yo herido intentarán convencerte de que el sufrimiento, aunque te haga sentir miserable, es la forma más segura de vivir tu vida. Mientras tanto, tu ego puede sentirse cada vez más frustrado porque todas tus plegarias parecen quedar sin respuesta. Sí, ser humano, el miedo quiere que creas que Dios es sordo y no te escucha.

Te pedimos que pienses en tus miedos más profundos, basados en la supervivencia, como los "demonios" que tú y tu Alma quieren vencer para que puedas experimentar verdadera seguridad y protección. A menudo estos miedos han sido heredados de tus ancestros, traídos de vidas pasadas o de experiencias dolorosas en la infancia. Esta es nuestra lista de lo que te hace creer que no eres suficiente y resistirte a pedirle al Creador lo que quieres y necesitas. A veces tu deseo es aplastado incluso antes de que llegue a tu mente consciente.

LA CARENCIA COMIENZA COMO LA CREENCIA SUBCONSCIENTE: "NO SOY SUFICIENTE"

Te pedimos que pienses en tu recipiente humano como si tuviera barro acumulado en el fondo, el cual representa el "no soy suficiente" y ocupa un espacio que quiere ser llenado con la confianza de que Dios cuidará de ti como un hijo amado y valorado. Transformar las antiguas y duras capas de barro que representan experiencias desagradables del pasado es un proceso esencial para acabar con la historia repetitiva de la carencia.

Si en el pasado pedir a Dios o a otro ser humano lo que querías te causó un trauma emocional o físico, tu subconsciente puede creer que pedir lo que necesitas está prohibido y no tiene sentido. Usemos el siguiente ejemplo: en una vida pasada, fuiste un curandero que confiaba en su acceso directo al poder sanador del Creador; sin embargo, tu habilidad fue vista como una amenaza para la iglesia patriarcal. Las autoridades te avergonzaron a ti y a tu familia en público por pecar contra Dios, y para dar una lección a los demás, te declararon culpable y te encarcelaron, lo que dejó a tu familia en la indigencia y exiliada de la sociedad. ¿Ves por qué tu subconsciente intentaría impedirte tener una conexión consciente con la Fuente en esta vida, una en la que te sientas seguro pidiendo y recibiendo todo lo que necesitas? Tu subconsciente tiene sus razones para aferrarse a los recuerdos y los miedos del pasado; sin embargo, estas creencias suelen ser perjudiciales para tu vida actual. Para recuperar tu verdadero valor y transformar la mentalidad de carencia que llevas en tus células, te pedimos que leas detenidamente una lista de lo que podría estar almacenado en las profundidades de tu subconsciente. Si sientes una reacción en la mente o en el cuerpo al leerlas, entonces tienes que liberar y perdonar; esto permite desprender las capas de dolor y miedo. El yo herido está en un viaje para transformarse en tu Yo.

A continuación presentamos una lista de creencias subconscientes, junto con algunas experiencias reales o percibidas, que pueden hacer que la historia de carencia se repita. Si fuiste descuidado, abandonado o abusado en la infancia, estas creencias basadas en el miedo pueden crear una fortaleza de resistencia al cambio. La energía limpiadora de tus chakras puede disolver la fortaleza alrededor de tu Corazón, pero se necesita paciencia y amor para lograrlo.

A medida que leas la lista de creencias ocultas, tu cerebro intuitivo femenino reconocerá las que están almacenadas en tu subconsciente profundo. Cada vez que leas la lista, puede que sientas una respuesta a una creencia que antes no sentías. Al leerla despacio y con atención, estás ayudando a tu cerebro femenino a despertar tu memoria. Tu cuerpo te dará una señal de reconocimiento, que puede sentirse como una patada en las tripas, una contracción en la zona del corazón o simplemente un reconocimiento interior que dice: "Siento que esto está dentro de mí". Con cada reconocimiento viene un miedo oculto: "Para sobrevivir, debo aferrarme a esta creencia". ¡Nuestra buena noticia es que el fuego violeta del Sol Central se encarga de todo ello!

▸ Causas profundas del "no soy suficiente"

Los siguientes son ejemplos de creencias subconscientes:

- No tienes lo que se necesita para sobrevivir en la vida.
- No tienes seguridad para sentir tus emociones y reconocer lo que sientes.
- Eres una decepción.
- No tienes valor y no te quieren.
- Eres menos que los demás porque tus padres o familiares tienen adicciones, historias de abusos u otras historias dolorosas en su pasado.
- Mereces ser castigado o serás castigado aunque seas inocente.
- No eres lo bastante bueno.
- Ya que eres un ser humano, eres menos que Dios.
- La pobreza u otra forma de sufrimiento es necesaria para purificar el ego del ser humano.
- No fuiste querido por tus padres (puede ser una experiencia real).
- Todos en tu familia luchan con dificultades financieras (puede ser una observación real).
- Los que tienen deudas financieras evitan la pereza porque la deuda es un buen motivador.
- Es difícil salir de una deuda financiera.
- Como eres mujer, dependes de un hombre.
- Si no dependes de alguien, estarás solo en la vida.
- No eres digno de recibir de la Fuente.
- Te has fallado a ti mismo o a otro en esta vida.
- Has cometido un crimen o pecado imperdonable.
- No has hecho lo suficiente por los demás.
- No eres digno de amor, no lo mereces.
- Careces de inteligencia.
- Te falta habilidad.
- Te falta atractivo.
- Te falta juventud.

- Te falta sabiduría y capacidad intuitiva.
- Te falta creatividad.
- Te falta tiempo, energía y concentración.
- No puedes lograr lo suficiente y, por lo tanto, algo debe estar mal en ti.
- Tu posición en la vida es la de sirviente o esclavo.
- Estás aquí para ser el héroe, cueste lo que cueste.
- Debes cuidar de los demás antes que de ti mismo.
- Debes ser el responsable y sacrificar lo que quieres hacer cuando esto entra en conflicto con ser el responsable.
- Privarte de todo lo que necesitas y deseas es una forma inteligente de ahorrar dinero.
- Privarte de lo que necesitas es útil para otra persona o para protegerte del daño de otros.
- Has sido descuidado, incluso por el Gran Universo, y ese descuido es la historia de tu vida.
- Debes ser el pacificador.
- Faltas el respeto si le pides lo que necesitas o quieres a otra persona, sobre todo a tus padres o a Madre y Padre Dios.
- Eres culpable.
- Deberías sentir vergüenza.
- Lo que tienes para compartir no lo quieren los demás y por lo tanto es muy difícil ganarse la vida haciendo lo que te gusta hacer.
- Estás obligado a quedarte en el trabajo que te da un sueldo fijo pero te hace infeliz.
- Debes dar más de lo que recibes para ser amado por Dios.
- Debes dar más de lo que recibes para ser amado por otra persona.
- No puedes hacer nada bien.
- El Gran Universo no tiene lo que necesitas.
- No tienes permitido tener lo que quieres.
- Alguien te quitará lo que tienes.
- El gobierno o la autoridad religiosa te castigará si no vives en la carencia.

- El gobierno o la autoridad religiosa castigará a un miembro de tu familia si llamas la atención por tu riqueza.
- Tener miedo te mantiene "en el camino correcto".
- La riqueza atraerá hacia ti la atención no deseada de familiares, amigos o compañeros.
- Perteneces a un determinado grupo socioeconómico (familia, tribu, comunidad) y no puedes ser mejor que los de ese grupo.
- Si tienes todo lo que necesitas para ser feliz, te volverás egocéntrico y perezoso.
- Todos los ricos se vuelven egoístas.
- Eres egocéntrico si deseas ser reconocido y valorado por lo que das.
- El Creador no interviene ni ayuda en los asuntos de la vida terrenal.

He aquí algunos ejemplos de experiencias reales o percibidas:

- Ser maltratado o temer que te maten por pedir lo que quieres o necesitas; o tener el recuerdo de que te mataron por hacerlo en otra vida.
- Ser una víctima y no poder superarlo.
- Relación íntima que acaba en traición y sufrimiento.
- Castigo físico.
- Los Ángeles no te ayudan.

Cualquiera de estas creencias y experiencias puede entrelazarse con otras de la lista y los miedos compuestos pueden crear una historia de carencia que es desconcertante y frustrante de cambiar. Te pedimos que leas las siguientes dos experiencias sanadoras, con detenimiento y propósito, y que lo hagas hasta que te sientas cómodo pidiendo a la Fuente lo que deseas para ser un niño feliz, sin importar tu edad. También te pedimos que continúes con las experiencias sanadoras hasta que transformes los pensamientos de insuficiencia que te dicen que no tienes lo necesario para prosperar en la vida diaria.

Hacer el primer ejercicio ayuda a que las creencias más ocultas empiecen a salir de su escondite, y el segundo se centra en las creencias carenciales que has heredado. A medida que repitas estos ejercicios, nuevas creencias limitantes surgirán del subconsciente para ser transformadas. Siente tus sentimientos, libérate y perdona. Ten en cuenta que la sanación funciona incluso si la visualización te resulta difícil.

Experiencia sanadora
Transmuta las creencias de carencia

Es posible que quieras leer el ejercicio varias veces. Haz las pausas que necesites.

Cierra los ojos, respira profundo y atraviesa la puerta púrpura. Busca a tu divino niño interior, a tu divinidad femenina y a tu divinidad masculina y síguelos hasta la gran escalera de caracol que conduce a la gran biblioteca del subconsciente.

Sube la escalera, entra en la biblioteca y párate en la recepción. Tu Ángel guardián bibliotecario te está esperando para escoltarte hasta el gran salón de la biblioteca.

Con la ayuda de tu divino niño interior, revisa las macetas en busca de viejos arquetipos masculinos y femeninos escondidos. Tu divino niño interior lleva un atomizador lleno de la energía rubí y dorada de la Madre Divina. Estos viejos arquetipos se disolverán de inmediato con cada rocío.

Entra en el gran salón y, de nuevo, busca los viejos arquetipos masculino y femenino del miedo; ya sabes qué hacer con ellos. Mira las estanterías de libros de cuentos, muchos de ellos contienen recuerdos subconscientes con creencias subconscientes negativas. Algunos de los libros contienen páginas de la historia que estás viviendo en esta vida con creencias y expectativas actuales grabadas en los capítulos. También hay muchas estancias que conectan con el gran salón.

Observa el gran salón, míranos y siéntenos: los Doce Arcángeles del Sol Central han venido a ayudarte. Hemos colocado un enorme contenedor de fuego violeta, con carbones azul zafiro en el fondo, en medio del gran salón. Del contenedor de fuego violeta sale una cinta transportadora que llevará las historias más cristalizadas al Alma Central de Dios.

Pídenos ayuda para encontrar las historias de carencia en las estanterías. Arroja los libros al contenedor de fuego violeta y repite: "Libero esta vieja historia. La suelto del todo y la perdono, incluso si me parece imperdonable".

Pídele a tu divinidad masculina que busque a tu alrededor viejos arquetipos masculino y femenino del miedo y, si encuentra alguno, lo pondremos en el contenedor y lo transmutaremos por ti. Asegúrate de tirar sus mochilas al contenedor de fuego violeta, ya que están llenas de pensamientos de comparación, pensamientos de juicio, pensamientos de insuficiencia, pensamientos y sentimientos de impotencia y desamparo, y sentimientos de desesperación, resentimiento, envidia, pérdida y vergüenza.

Una vez transformadas todas las historias tristes, pídele a tu yo herido y a los hijos heridos de tus antepasados que salgan de las estancias conectadas al gran salón.

El contenedor de fuego violeta se ha transformado en una cascada de fuego violeta con listones de los colores del arcoíris que fluyen hacia una piscina rubí. Invita a tu yo herido y a los niños heridos de tus antepasados a entrar en la piscina rubí, bajo la cascada de colores del amor divino, contigo y con tu divino niño interior, divinidad femenina y divinidad masculina.

Repite: "Libero y perdono todas las penas y pérdidas, resentimientos y traumas de mi pasado y del de mis antepasados. Juntos, dejamos ir la carencia y decimos: Yo Soy más que suficiente para pedir y recibir de la Fuente. Soy más que suficiente para recibir de la Unidad Divina todo lo que necesito y quiero para ser feliz, libre y abundante!".

Escúchanos cantar y observa cómo expandimos la energía de la cascada y la piscina rubí hasta que todo se convierte en la energía del amor puro. Sumérgete en las aguas sanadoras. Una vez completada la sanación, te encontrarás descansando en la pradera esmeralda del Corazón.

Experiencia sanadora
Libera los traumas ancestrales y de vidas pasadas

Este ejercicio puede realizarse antes de acostarse. Una vez que estés cómodo en la cama, cierra los ojos y mírate atravesando la puerta púrpura. Sumérgete en un magnífico océano violeta de energía sanadora, saturado de destellos rubí y oro, y en la no muy lejana distancia hay un círculo de Doce Grandes Ángeles vestidos con los colores cantores del Sol Central.

Junto con tu divino niño interior, nada hacia nuestro círculo de amor puro y túmbate en el lecho rubí que hemos preparado para ti. Mientras descansas en la cama, repite: "Lo suelto todo. Lo perdono todo. Lo perdono por todos nosotros". Borraremos de tus moléculas de ADN las viejas historias de miedo, trauma, castigo, dolor, sufrimiento, pérdida, pena y la mentira de que estás separado de la Fuente.

Repite: "Estoy dispuesto a vivir una infancia más feliz, a mi edad actual, cuando me levante por la mañana".

Dulces sueños, amado y querido hijo de la Unidad Divina. ¡Dulces sueños!

PARTE 3

Recibir tu riqueza

Toda la Unidad Divina vive en abundancia. Tú eres parte de la Unidad Divina.

LOS DOCE ARCÁNGELES DEL SOL CENTRAL

¿Cómo percibes la riqueza?

La pregunta esencial que hay que hacerse es: "¿Qué le falta a mi realidad para que mi vida en la Escuela Tierra se sienta como si viviera en serenidad pacífica?". Hacer la pregunta invita a tu ego a comprometerse con tu Alma, sin desencadenar defensividad y resistencia. Tu divino niño interior, tu divinidad femenina y tu divinidad masculina saben lo que le falta a tu ego y a tu humanidad. Superar la resistencia del ego te ayuda a recibir tu abundancia del Gran Universo. Lo difícil puede ser que tu ego crea que ya sabe lo que te traerá felicidad, libertad, sensación de seguridad y paz interior, él puede pensar que sabe exactamente cómo hacer que esto suceda. Cuando el ego quiere ir en una dirección que le dé poder y control, y el Alma está guiando tu vida para que tome un camino mucho más fácil, puede haber un conflicto vibracional de intereses. Cuando esto ocurre, tu realidad exterior, desde el punto de vista de tu ego, se verá como que nada está cambiando y que la vida es decepcionante y difícil.

¿Cómo fusionar lo que tu ego anhela experimentar con las necesidades más grandes de tu humanidad, tal y como las percibe tu Alma? Comprendiendo las raíces de lo que motiva a tu ego a querer lo que tú quieres. Por ejemplo, ¿sabías que cuando tu ego está desesperado por el dinero, la raíz del problema es que necesitas el amor de la Madre Divina del Gran Universo? Pidiendo, primero, que te llene de su amor y, segundo, expresando que necesitas un milagro financiero, te traerá justo lo que necesitas y de una manera en la que no te sentirás castigado. Si tu subconsciente mantiene la creencia de que no te está permitido pedir dinero, sobre todo a Dios, entonces tu ego, sin saberlo, puede traer el dinero a través de un préstamo con altos intereses o a través de un trabajo que te haga sufrir. Tenemos un ejemplo más para ti: si tu ego desea algo caro que diga a los demás que eres importante y que deben prestarte atención, la necesidad fundamental presente es el reconocimiento del Padre Divino del Gran Universo. Pedir ser llenado con amor incondicional, respeto y reconocimiento del Padre Divino atraerá hacia ti el reconocimiento y la oportunidad que buscas. Si pides llenarte de la Madre Divina y del Padre Divino del Gran Universo, entonces recibirás los fondos necesarios para vestirte para el éxito. Sin embargo, esta vez, el traje nuevo te importará porque será algo que elijas con tu Corazón y te haga sonreír cuando lo lleves puesto. Veamos a continuación algunas motivaciones básicas que tienen un impacto significativo en lo que tu ego desea. La Ley divina "Como es arriba es abajo, como es adentro es afuera" siempre trabajará a tu favor si pides que tus verdaderas necesidades sean satisfechas.

MOTIVACIONES SUBCONSCIENTES QUE INFLUYEN EN LO QUE CREES QUE QUIERES

La motivación subconsciente más fundamental es la necesidad de seguridad y protección, independientemente de si hay una falta real de seguridad y protección. Este paradigma de creencia subconsciente está arraigado en la expectativa de que el Creador podría abandonarte o de que tu tribu, comunidad o familia podrían hacerlo si te consideran inaceptable. Para reconocer si esta necesidad subconsciente está influyendo en lo que crees que quieres, comprueba si sientes miedo sobre el futuro. ¿Sientes una ansiedad que no puedes explicar o una necesidad de tener el control en la medida de lo posible? ¿Te resulta difícil confiar en ti mismo y en los demás, aunque sepas que los demás son personas confiables? ¿Te cuesta saber lo que quieres para ti? A menudo se esconde bajo la superficie la motivación de ser abnegado, de negarse y de rechazarse a sí mismo.

Cuando existe un miedo profundo a no tener lo suficiente, combinado con el miedo a ser abandonado, tu ego puede sentirse inquieto al tomar decisiones relacionadas con el dinero o la comida. Cuando existe una necesidad insatisfecha de seguridad y protección y dudas acerca de tu capacidad de amar, puede resultar incómodo ahorrar, gastar, compartir y recibir dinero.

Experiencia sanadora
Libera la expectativa de ser abandonado por el Creador

Cierra los ojos, inhala profundo y exhala despacio. Concéntrate en tu respiración hasta que encuentres un ritmo tranquilo.

Atraviesa la puerta púrpura hacia el santuario esmeralda de tu Corazón. Encuentra a tu divino niño interior, a tu divinidad femenina y a tu divinidad masculina y juntos pasen por debajo de la cascada de fuego violeta de la transformación y el perdón. Concéntrate en tu respiración.

Repite: "Insto a todas mis preocupaciones subconscientes y conscientes por haber sido abandonado y no tener suficiente de lo que necesito para sentirme seguro de modo emocional y físico, a liberarse de mi ser. Envío todos mis miedos y expectativas negativas al Sol Central".

Permanece en la cascada de fuego violeta repitiendo: "Lo perdono todo", hasta que la cascada cambie de color a un vibrante rubí. Abre la boca y bebe el amor incondicional, la protección, la verdadera seguridad y el consuelo de la Madre Divina. Permite que todo tu cuerpo se sature con el amor sanador de la Madre Divina.

Cuando estés listo, pídele a tu divino niño interior que te diga lo que necesitas, aquí y ahora, en la Escuela Tierra. Da gracias porque lo estás recibiendo aunque no se haya manifestado.

❖❖❖

Otra motivación importante impulsada subconscientemente puede deberse a que no se satisfacen las necesidades básicas de atención positiva, reconocimiento real y afecto digno de confianza. Cuando estas necesidades primarias han sido desatendidas, puedes encontrarte luchando con cualquiera de las siguientes: enfermedad física, sufrimiento, soledad, pobreza, pérdida repetida del trabajo, exceso de trabajo, lucha financiera y adicción. Es posible que tu ego no pueda comprar suficientes regalos para satisfacer el profundo anhelo de ser querido y valorado. Cuando se activan la primera o la segunda historia de motivación subconsciente, es posible que el ego nunca esté satisfecho con todo lo que tiene ahora o con la riqueza que reciba en el futuro. Estar lleno de lo que necesitas apoyará tu vida de una manera consistente y sostenible para que nunca más te falte nada.

Experiencia sanadora
Llénate de todo lo que puedas desear

Cierra los ojos y respira con naturalidad. Sonríe, abrázate y repite: "Te amo. Te amo. En verdad te amo".

Atraviesa la puerta púrpura y busca el hermoso árbol con flores de muchos colores. Encuentra a tu divino niño interior que te está haciendo señas.

Primero abraza el árbol. Abraza al árbol y siente su gran, vasto e infinito amor y afecto por ti. Sube al árbol y siéntate junto a tu divino niño interior. Abrácense y reconozcan su inteligencia, belleza, coraje, talento y todas las cosas que necesitan ser reconocidas. Escucha más reconocimientos de tu divina madre femenina y de tu divino padre masculino.

Pídeles a tus Ángeles guardianes que te lleven más alto en el árbol; nos encontraremos contigo en la cima y te mostraremos un sinfín de cosas maravillosas sobre ti, a través de tu propia consciencia superior. Te llenaremos del afecto del Creador y de tanta atención luminosa que podrías sonrojarte. Disfrútalo. ¡Lo mereces!

◈◈◈

La libertad de ser tu yo auténtico y de vivir tu vida como tú elijas inspira cómo quieres que sea tu riqueza y cómo quieres que se manifieste la abundancia. Cuando ha habido una historia de traumas ancestrales, de vidas pasadas o de la vida actual, la necesidad de libertad puede ser el más fuerte de todos los motivadores. Cuando la necesidad de libertad influye en el ego desde lo más profundo, los compromisos a largo plazo pueden resultarte difíciles. Puede ser frustrante hacer un trabajo que no te gusta; puede que prefieras vivir y trabajar de forma independiente porque necesitas hacer las cosas a tu manera. La riqueza tiene que llegarte de un modo que libere tu vida del estrés, no de un modo que añada más responsabilidades a tu "plato lleno". Pedir a la Fuente que llene cada célula de tu humanidad con luz turquesa cantora te apoyará en la creación de libertad desde adentro hacia afuera. La verdadera libertad te ayuda a recibir lo que deseas sin la necesidad de huir.

Experiencia sanadora
Libertad por dentro, libertad por fuera

Cierra los ojos y respira profundo. Atraviesa la puerta púrpura hacia el jardín esmeralda de tu Corazón. Encuentra a tu divino niño interior y pídele que te deje ver tu libertad.

Aparece un tentador lago turquesa y tu divino niño interior te invita a nadar. El lago es limpio y hermoso. Nada en sus aguas y mientras lo haces, tu cuerpo se convierte en energía pura. Tu divino niño interior está nadando contigo.

Agita tus átomos como si fueras un sonajero y observa cómo todas las viejas historias de aprisionamiento te abandonan. Estas historias incluyen cualquier vida en la que tú o un antepasado vivieron en esclavitud de cualquier tipo. Cualquier historia triste de esclavitud financiera o de ser esclavizado por un matrimonio, relación o tipo de trabajo también se disolverá en el lago.

Una vez que seas libre, tu energía se elevará en vibración y el lago brillará con fuego dorado. El color turquesa se hará más brillante y te pediremos que digas: "¡Gracias, Creador, por llenar cada átomo de mi humanidad con verdadera libertad!".

Tu divino niño interior te llamará por tu nombre completo y volverás a la forma humana. Nada hasta la orilla y descansa en el suave suelo esmeralda y sumérgete en el calor del Sol Central.

La última motivación subconsciente profunda de la humanidad, y la más siniestra, es la culpa. La culpa puede convencer a un ser humano de que quiere lo que en realidad no quiere. La culpa puede hacer que un ser humano se olvide por completo de pedir a la Fuente lo que en realidad quiere. Compartimos contigo la Verdad de que la fe en tu inocencia parece ser lo que falta. Tu Alma es inocente, no importa qué tipo de pesadilla haya soñado tu ego en esta vida o en cualquier otra. Te alentamos una y otra vez a que perdones las pesadillas del pasado, confíes en tu evolución y transformes la culpa en tu recipiente. Como la culpa suele estar entrelazada con la creencia de que mereces sufrir y la creencia de que mereces ser castigado, decimos que falta el amor incondicional a uno mismo. Amarte a ti mismo, como Madre y Padre Dios te aman, pudiera ser una de las cosas más imposibles de hacer para un ser humano. Por favor, empápate del amor eterno que te ofrecemos en nuestra próxima experiencia sanadora profunda.

Experiencia sanadora
Amor puro por ti

Cierra los ojos, inhala con suavidad y exhala por completo. Repítelo hasta que te sientas seguro. Mientras respiras, colocamos sobre tus hombros un chal de amor puro, blanco y dorado. Nuestro chal de amor derrite las cargas emocionales, las responsabilidades abrumadoras y la culpa que hay dentro de ti.

Luego, el chal se convierte en una manta gruesa y reconfortante de amor puro que te empapa la espalda, la cabeza, los brazos y la frente. Tan pronto como la primera manta empapa tu cuerpo, una nueva manta la sustituye. Esto se repite hasta que estás totalmente saturado de amor puro.

Repite: "Gracias, Creador, por llenar mi humanidad con el amor transformador del perdón. El verdadero perdón me dice que soy digno de amor, no importa lo que me haya pasado. El verdadero perdón me dice que soy inocente, no importa lo que haya hecho. Cualquier daño que haya causado a otro, de forma consciente o inconsciente, lo envío al Sol Central. Gracias, Sol Central, por transformar mi culpa en Poder del Corazón".

Y te quitamos del cuello, las muñecas y los tobillos las cadenas que simbolizan la culpa, el sufrimiento y el castigo y las convertimos en polvo. Estas son las cadenas que te impiden escuchar lo que el Alma quiere que tengas, y que no te permiten pedir al Gran Universo que te provea.

Colocamos un campo de fuerza de amor puro a tu alrededor que alimentará de amor a tus células todos los días. Cuando recuerdes conscientemente que está ahí y des gracias porque te protege, se hará cada vez más fuerte.

Ahora que entiendes la importancia de recibir lo que es esencial para tu bienestar, te será más fácil dejar que el Alma te apoye. Te animamos a no tener miedo de pedir lo que deseas tan a menudo como te haga sentir bien pedirlo. Dios te escucha y cada una de tus peticiones será respondida en el tiempo y el orden divino. Una herramienta sencilla, pero profunda, ayuda al Gran Universo a responder enviándote la energía que manifestará lo que necesitas y deseas. Sé consciente de la duda. Cuando dudes de tu Alma, de tu habilidad para recibir, o de la Madre Divina y el Padre Divino, destierra la duda y llama a la Confianza en tu mente y cuerpo.

Experiencia sanadora
Fuera la duda, bienvenida la confianza

Cierra los ojos y enfócate en tu respiración, respira despacio, profundo y concentrado. Atraviesa el umbral de la puerta púrpura y busca a tu divino niño interior que está jugando en una enorme fuente de fuego violeta de transformación y perdón. Entra en la fuente y deja que la maravillosa energía te sature.

Continúa respirando profundo y repite: "Dondequiera que la duda se esconda dentro de mí, la libero y me perdono por tenerla. Doy la bienvenida a la Madre Divina y al Padre Divino del Gran Universo para que me llenen de Confianza".

Observa cómo el color de la fuente cambia de violeta a verde brillante con destellos dorados. Permite que la energía de la Confianza impregne la armadura del ego y repite: "Confío en mí. Confío en el Alma. Confío en que estoy recibiendo incluso más abundancia de la que pido al Gran Universo".

Sé consciente del momento en el que el viejo arquetipo masculino te ha seducido para que dudes. Cuando dudes, tu ego entrará naturalmente en modo de control, y este detiene el flujo de recepción y el viejo masculino se entusiasma cuando tiene la oportunidad de mantenerte a prueba de riesgos y fácil de manejar.

Las hermanas gemelas de la intuición y la creatividad

El viejo arquetipo masculino del miedo te enseña la importancia de mantener la frecuencia de tu mente sintonizada en el canal del "amor puro". En esta longitud de onda, te conectas de forma natural con el poder receptor de la Madre Divina del Gran Universo. Para traer la energía de la Fuente al plano mundano de la Tierra, el ego debe conectar con dos amigas muy cercanas de tu divino niño interior. ¿Quiénes son estas importantes amigas? Las hijas gemelas de la Madre Divina: la intuición y la creatividad. Su energía combinada es un elegante río que fluye sin parar para aterrizar y materializar la energía de más alta vibración que viene de la Madre Divina hacia ti. Las hermanas nunca abandonan a su madre y cuando entrenas tu mente para escuchar a la intuición, el ingenio creativo nunca puede faltar. Todo lo que te piden es que sientas tus sentimientos, liberes las emociones de baja vibración y confíes en lo que tu intuición te guía a hacer.

Saturar tu mente con la energía esmeralda y dorada de la Confianza hace posible que escuches tu intuición. Esto también impide que los viejos arquetipos masculino y femenino interfieran en la sabiduría que estás recibiendo. Una forma sencilla de vivir una vida meditativa todos los días es ser consciente de tu respiración y notar si suspiras al exhalar; es la forma que tiene tu cuerpo de comunicarte que estás ansioso o frustrado. Para pasar rápidamente a una mente confiada, respira profundo mientras pasas las manos bajo un chorro de agua (también es útil para conectar con tus sentimientos). Caminar en la naturaleza mientras dices todo lo que agradeces puede ayudarte a anclar tu intuición, sobre todo si estás intentando resolver un problema. Y cuando te resulte difícil conectar con el divino niño interior y las hermanas gemelas, repite: "Me entrego al cuidado amoroso del Alma". Estos sencillos pasos te ayudarán a mantener alta tu vibración y te resultará mucho más fácil escuchar lo que te dice tu verdad interior.

Otra herramienta útil es consultar a tu divino niño interior a lo largo del día: tan solo cierra los ojos, ponte las manos en el corazón y pídele a tu niño interior que te confirme que estás conectado. Esto puede venir a tu mente como una visión o como un sentimiento de afirmación. Tu divino niño interior te alertará cuando los viejos arquetipos masculino y femenino del miedo estén contaminando lo que fluye desde las hermanas.

La intuición te dirá cómo ser creativo de una manera que te llene con la emoción y el propósito del Alma. La creatividad feliz del Corazón, de la más alta vibración, se alimenta del inagotable Poder del Alma. Cuando el Alma pueda expresar su inteligencia infinita, sentirte confiado y motivado será tu nueva normalidad. Todavía debemos advertirte que el viejo arquetipo masculino y el viejo arquetipo femenino tratarán de distraerte. Ten cuidado con las tres preguntas de distracción que te harán por la puerta trasera (subconsciente), estas son predecibles y no siguen un orden determinado. Preguntarán: "¿Lo que esperas crear tendrá algún valor para los demás?", e insinuarán que pudiera no ser lo que los demás quieren. Preguntarán: "¿Y si lo que dicen las hermanas está mal?", junto con: "¿Y si nunca logras lo que necesitas lograr?". A estos tres favoritos de los viejos arquetipos masculino y femenino, se añaden tus propios peros emocionales que han quedado de la infancia.

¡Es importante que seas consciente de las "trampas" desencadenantes de los viejos arquetipos masculino y femenino! ¿Alguna vez te has enfocado en el siguiente paso de tu proceso creativo y, de la nada, tu mente se plaga de pensamientos negativos? Esta voz mental no deseada y paralizante te susurra que eres incapaz de crear algo que valga la pena. Si creciste en un hogar crítico, entonces los viejos arquetipos masculino y femenino del miedo utilizarán a menudo el mismo lenguaje que usaban los miembros de tu familia. Las palabras hirientes y condescendientes dejarán a tu sensible ego abrumado y derrotado. Durante esos momentos en los que tu ego se siente más indigno, puedes sentirte incapaz de escuchar o confiar en las hermanas. Tu mente puede tener un generador de excusas que dispara pensamientos de distracción que ofrecen todas las razones posibles por las que no puedes ser creativo. Y entonces, te preguntas: "¿Para qué molestarse en intentarlo en primer lugar?". Cuando los viejos arquetipos masculino y femenino saltan a tu conversación mental, puedes sentir que te ahogas en pensamientos acusadores que te muestran lo insignificante que es tu capacidad en comparación con la de los demás. Pronto tu ego se convence de que no tienes remedio, estás desamparado y necesitas que te rescaten.

Podemos ayudarte a evitar estrellarte contra el miedo de que las hermanas y su Poder del Alma te hayan abandonado para que fracases y sufras en soledad. Algunos de ustedes llaman a estos desencadenantes emocionales "caer en la madriguera del conejo". Para ayudar a elevar la vibración de tus pensamientos y sentimientos cuando caen en picada, necesitamos que te mantengas consciente de las heridas de la infancia y las transformes. Es imposible que no seas lo bastante bueno para recibir asistencia de tu Alma y de tu equipo de Ayudantes en el Cielo. Desde nuestra perspectiva, tus desencadenantes te ayudan a aprender que los fantasmas del pasado que pisotean la creatividad son simplemente los viejos arquetipos masculino y femenino que intentan enseñarte a tener fe en ti mismo. Las hermanas te dirán que no pueden fluir con toda su fuerza sin que tengas suficiente descanso y tiempo a solas. En todas las situaciones, cuando no puedas encontrar a las hermanas, comprueba si estás exhausto de modo físico y mental y agotado o sobrecargado emocionalmente. Si la respuesta es afirmativa, prueba cualquiera de las experiencias sanadoras para favorecer un sueño reparador de la parte 7.

Nuestra primera herramienta de sanación profunda para ayudarte a escuchar a las hermanas de la intuición y la creatividad es salir de la prisión de los padres negativos.

LA PRISIÓN DE LOS PADRES NEGATIVOS

El padre negativo es la voz que juzga, castiga o dice "pobre de mí" de cualquiera de tus padres en tu cabeza. Esta voz interior puede decirte que sigas los pasos de mamá o papá y que no consigas menos o más de lo que ellos han conseguido. Si es muy cruel, esta voz interior puede decirte que nunca llegarás a nada y que lo que haces no vale la pena. Sea lo que sea que el padre negativo te esté diciendo, te decimos que no quieres seguir siendo el mismo tipo de padre para tu propio divino niño interior que siempre está escuchando cada pensamiento que tienes sobre ti mismo. No importa lo abusivos, controladores, críticos y crueles que hayan sido tus padres o tutores, nada de este trato tenía que ver contigo. Se trataba de ellos y ahora puedes olvidarlo por el bien de todos. En cualquier momento en que seas consciente de una voz condescendiente en tu mente, salta a nuestro ejercicio sanador más profundo y sal de la prisión negativa de los padres (voz).

Experiencia sanadora
Libera la voz negativa de los padres

Respira profundo. Repite: "¡Estoy listo para sentirme libre!".

Atraviesa la puerta púrpura hacia el santuario seguro del Corazón. Tu divino niño interior y tus divinos padres te están esperando.

Diríjanse juntos hacia el río de fuego violeta que está justo al otro lado de la colina y caminen hacia la energía tranquilizante del chakra de la corona del Creador.

El río se eleva por encima de tu cabeza y puedes respirar libremente en la luz cantora violeta. Tu divina madre femenina y tu divino padre masculino descomprimen con delicadeza el meridiano de energía de tu cuerpo emocional. Este importante meridiano va desde justo encima de la parte superior de tu cabeza hasta justo debajo de tus pies.

Proclama: "Libero todos los aspectos negligentes y negativos de mis padres y cuidadores de la infancia [di sus nombres si quieres] en el río de fuego violeta. Perdono estos recuerdos dolorosos. Libero a los viejos arquetipos masculinos y femeninos que me distraen y me animan a sentirme inadecuado o indigno. Les doy las gracias por esta prueba, porque sé que soy una asombrosa Creación de Dios. Libero mi yo negativo y prejuicioso en el río de fuego violeta. Gracias, Alma, por llenarme de amor incondicional por mí mismo. ¡Elijo perdonarme y amarme incondicionalmente!".

Observa como el río se vuelve rubí con destellos de esmeralda. Repite: "Gracias, Madre Divina y Madre Tierra por llenarme de amor incondicional, aceptación y aprobación hacia mí mismo".

Observa como el río se torna de un intenso azul cobalto con lazos turquesa que lo atraviesan. Repite: "Gracias, Padre Divino, por llenarme con el reconocimiento de mi verdadero valor como ser divino. Gracias por llenarme de valor, confianza y éxito".

Observa como el río se transforma en todos los colores del arcoíris con destellos dorados y plateados. Repite: "Gracias, divino niño interior por llenarme de Confianza y fe en que Yo soy una fuerza creativa. ¡Estoy listo para ser feliz!".

Sal del río y túmbate en la suave hierba esmeralda. Permite que el calor del Sol Central te llene de confianza, autoestima y Confianza en tu valía como ser humano divino.

Recuerda invocar la ayuda de tus Ángeles para mantener tu mente consciente atenta a tus pensamientos y sentimientos. Pregúntate a lo largo del día: "¿Qué siento? ¿Qué necesito? ¿Hay algo que tenga miedo de pedir al Gran Universo?". Esto te ayudará a mantenerte alerta a tus desencadenantes emocionales: forraje para que los viejos arquetipos masculino y femenino te distraigan de recibir abundancia de la Fuente.

La segunda herramienta de sanación que el Alma utiliza para guiarte es ser consciente de lo que llamamos la seducción mágica de los padres. Te animamos a que prestes atención a la vibración de la mente y el cuerpo. Si necesitas un impulso en la vibración, intenta decir afirmaciones positivas, escribir oraciones, meditar o descansar antes de que los viejos arquetipos masculino y femenino te pongan en estado de pánico. Ellos pueden sugerir que no tienes remedio y que necesitas un "padre mágico" que te rescate. Esperar a los padres mágicos te distrae de escuchar a tu divino niño interior y a las hermanas de la intuición y la creatividad, estas últimas abren el flujo de tu receptividad para traer riqueza de la Fuente. Esta es la manera más fácil para que puedas vivir una vida significativa y abundante.

LA SEDUCCIÓN DE LOS PADRES MÁGICOS

Tu humanidad te ha enseñado a sustituir el apoyo paterno que no tuviste de niño por dinero, sobre todo cuando te ves a ti mismo como insuficiente. Cuando no puedes acceder a las hermanas y te sientes desamparado, el viejo arquetipo femenino te animará a creer que tener mucho dinero resolverá tus problemas y el viejo arquetipo masculino exclamará, sin parar, que un rescate divino es que alguien que no seas tú aparezca para cuidar de ti. Cuando estos cuidados son económicos y te cuestan tu independencia, has caído en la trampa de los padres mágicos del miedo. Aunque no lo veas como una trampa, cuando comprometes tus metas y sueños y envías a las hermanas al exilio, también le estás diciendo al Gran Universo que no necesitas los recursos de Dios.

Cuando existe el anhelo de un padre mágico que te dé mucho dinero, puedes estar seguro de que llevas dentro un niño desatendido o maltratado que espera ser decepcionado. El dinero puede ser el padre sustituto que puedes controlar; sin embargo, no es la fuente de una vida jubilosa. Permítenos la alegría de ayudarte a transformar la decepción que has experimentado en la vida cambiando el pasado roto y trágico en una infancia feliz hoy. Te invitamos a llamar a tu divinidad hacia tu humanidad y a experimentar una nueva espontaneidad, exuberancia y confianza en tus actividades creativas. ¿Cómo sería esto? Ya no malgastarías tu energía esperando que alguien o algo te rescate.

A continuación encontrarás nuestra lista de escenarios fantasiosos. Revisa cada uno de ellos y añade los tuyos propios que se nos hayan pasado por alto. Al leer la lista, toma nota de cualquier fantasía que te haga sentir una reacción en tu cuerpo y ten en cuenta que esta fantasía necesita ser liberada y enviada al Sol Central. La creatividad es tu vía para recibir riqueza. Sí, puedes recibir riqueza financiera en una multitud de formas positivas; sin embargo, esperarla en lugar de poner tu energía en ser creativo es una pérdida de tiempo. Di que no a seguir esperando a que tu fantasía se materialice cuando hay una manera mucho más fácil de conseguir lo que deseas.

▶ Escenarios fantasiosos

No esperes ...

- Ganar la lotería, hacer la apuesta o inversión perfecta para poder hacer lo que en verdad quieres hacer y vivir la vida que realmente quieres vivir.
- Conseguir la pareja perfecta que sea el proveedor financiero responsable y generoso o el cuidador afectuoso que te ame y te acepte como siempre has necesitado y deseado ser amado y aceptado.
- Un ascenso o un trabajo de ensueño que se materialice mientras sufres en el trabajo que tienes ahora.
- Que una figura de autoridad valore tu contribución o tu ingenio y te coloque donde mereces.
- Que un amigo dé un paso adelante y te ayude porque tú darías un paso adelante y le ayudarías si tuvieras los recursos que él tiene.
- Ser rescatado por cualquiera que parezca tener lo que tú quieres y más de lo que ellos necesitan.
- Empezar, terminar o lanzar tu propio proyecto creativo porque alguien necesita apoyarte económicamente.
- Empezar, terminar o lanzar tu propio proyecto creativo porque necesitas la aprobación de los demás.
- Que el dinero "caiga del cielo" y se materialice para que puedas hacer lo que te hace feliz.

• A que te descubran y te reconozcan como la joya que eres y te conviertas en la princesa o el príncipe adoptivo de la familia que hará realidad tus sueños mientras tú te sientas a comer tarta.

Experiencia sanadora
Deja ir al padre mágico

Trae a tu mente las fantasías de la lista anterior que provocaron una reacción en tu cuerpo. Cierra los ojos, respira hondo y repite: "Renuncio a todas las fantasías que están limitando el flujo de abundancia que quiere venir a mí".

Visualiza cada fantasía como un libro envuelto en papel dorado y arrójalo al contenedor de fuego violeta diciendo: "Me perdono en todos los sentidos. Libero la fantasía y la envío al Sol Central para que se transforme en confianza y fe en mi capacidad intuitiva y creativa".

¿Estás listo para dejar de esperar y pedirle a tu Alma que plante algunas semillas de ingenio en tu jardín de creatividad? Esperamos que tu respuesta sea: "¡SI!". Ayuda al ego a reconocer la diferencia entre una idea brillante y una vieja idea masculina sintiendo tus sentimientos y escuchando tu intuición visceral. Esto ayuda a conectar tu consciencia con el hogar de las hermanas, el cerebro femenino, el suelo fértil donde las ideas creativas viables del Cielo se plantan dentro de ti. Ser creativo de una manera que obedece a la Ley del Uno (para el mayor bienestar y la máxima felicidad de todos) abre la bóveda del Gran Universo. Tus recursos financieros pueden o no venir directamente del fruto cultivado en tu jardín de creatividad; sin embargo, cuando vienen de tu jardín, la cosecha es interminable y cambia el mundo de maneras hermosas.

Tu jardín de la creatividad

Tan pronto como empieces a pedir recibir de la Madre Divina del Gran Universo, empezarás a abrir tu creatividad. La creatividad pertenece al cerebro femenino. Aterrizar el ingenio creativo de las hermanas y la dirección intuitiva que fluye hacia tu consciencia requiere que tu mente femenina esté abierta y receptiva. Como querrás plantar tus semillas de ingenio creativo en tierra fértil, te recomendamos una limpieza molecular de lo femenino reprimido. Lee la siguiente experiencia sanadora. Hacerlo a la hora de acostarse funciona muy bien, incluso si te quedas dormido antes de terminar. Nosotros nos ocuparemos de eso por ti.

Experiencia sanadora
Preparación: elimina la represión femenina

Cierra los ojos y mira la puerta púrpura que se abre ante ti. Justo al otro lado de la puerta hay un océano de fuego violeta de amor puro. La luna está llena y su luz baila sobre las olas.

Tu divinidad femenina y tu divino niño interior aparecen en la puerta, te toman de la mano y te llevan hacia la energía amorosa.

Te mueves sin esfuerzo por el océano violeta y llegas al centro de un círculo de doce delfines coloridos y saltarines, los Doce Arcángeles disfrazados.

Recuéstate en el interior de la concha rubí que está abierta y esperándote.

Los delfines comienzan a tararear una canción de cuna que levanta antiguas y dolorosas historias de tus moléculas y átomos.

Repite: "Libero las historias de represión, abuso, sacrificio, auto-negación, culpa, indignidad y pérdida de poder personal y libertad de mis ancestros femeninos. Les perdono todo a todos, aunque sea imperdonable".

Descansa tranquilo en la concha rubí. La energía de fuego violeta del chakra de la corona del Creador empapa las células de tu humanidad, viajando hasta tu ADN. ¡Todo se siente de maravilla!

Una luz cantora esmeralda aparece junto al violeta. Repite: "Libero y perdono el miedo y las mentiras que dicen que no se puede confiar en lo femenino. Libero y perdono la creencia de que sentir mis sentimientos y escuchar mi intuición es peligroso. Libero y perdono la creencia de que recibir mi vida a través de mi creatividad es poco fiable e inseguro y puede llevarme al exilio y a la inanición. Libero y perdono todas las decepciones en la vida, por las personas y por cualquier elección que haya ido en contra de mi voluntad o que se haya basado en el sacrificio de la voluntad de cualquiera de mis antepasados. Libero y perdono la mentira de que Dios y los hombres pueden castigarme si pido algo a cambio de mi servicio a Dios, a la humanidad y a la Tierra. Perdono especialmente lo que a mis antepasadas femeninas se les enseñó que es imperdonable".

Y cuando salga el sol, ya sea en tu visualización o cuando despiertes de tu sueño, repite: "Gracias, Sol Central, por saturarme de amor y gratitud por mi feminidad, mi divinidad femenina y la Divina Madre del Gran Universo. Gracias, Madre Divina del Gran Universo, a través de la divinidad femenina de mi Alma, por reabastecer mi clara intuición, mi ingenio creativo e inspiración y mi confianza en Dios".

Tu jardín de creatividad puede encontrarse dentro de tu Corazón; tu divino niño interior, tu divinidad femenina y tu divinidad masculina lo han estado cuidando por ti. Te dan la bienvenida para que te unas a ellos en la diversión de recibir las semillas de la Fuente, plantarlas, verlas crecer, cosechar la abundancia y compartir la riqueza. Te decimos que hay muchas "plantas" y "árboles" que crecen en tu jardín y en tus huertos. Los viejos arquetipos masculino y femenino tratarán de decirte que ninguno de ellos, a menos que sea aprobado por el *statu quo*, tendrá éxito. No dejes que las malas hierbas del miedo y la duda crezcan en tu jardín. ¿Cómo lo haces? Repite: "Me entrego a la alegría, al amor y a la plenitud de mi Alma". Confiamos en que harás un buen uso de nuestras prácticas de jardinería en tu vida diaria y te animamos a que mantengas siempre en marcha al menos un proyecto o actividad creativa. La creatividad es el ingrediente milagroso necesario para mantener una cosecha continua de abundancia en tu vida.

LAS PRÁCTICAS DE JARDINERÍA DE LOS DOCE ARCÁNGELES

Tanto el ego como el Alma ofrecerán semillas para que las plantes en tu jardín de creatividad con base en lo que necesitas y deseas recibir en la vida. A menudo, el ego no es consciente de que su brillante idea ha sido descargada del Alma. Para ahorrar tiempo en discernir una semilla viable de una que no germinará, pídele al Alma que te dé las semillas para plantar en tu jardín y, a continuación, escucha a tu divino niño interior mientras te explica lo que representa cada semilla. Necesitarás regarlas con amor incondicional, seguridad y protección de la Madre Divina del Gran Universo. Necesitarás escuchar con cuidado las acciones claras que necesitas tomar del Padre Divino del Gran Universo. Es a través de tu divinidad masculina que tu mente reconocerá la ingeniosa idea que ha brotado.

¿Qué tienes que hacer para alimentar esta idea y que se convierta en un árbol que dé frutos deliciosos? Confiar. Tendrás que pedirle al Alma que te llene de Confianza en la Fuente y de respeto por lo que estás creando. Estas dos prácticas, pedir que te llenen de Confianza y pedir que te llenen de respeto por lo que se está manifestando a través de tus esfuerzos, producirán una cosecha abundante para disfrutar y compartir. Nuestra tercera práctica es escuchar a tu divino niño interior porque la dirección del viento puede cambiar y tu ego debe dar a tus ideas creativas la libertad de transformarse, profundizarse, expandirse y manifestarse como elijan. La manifestación física puede ser diferente de lo que el ego predice que será. Practicar la entrega a la Voluntad de tu Alma te ayuda a ser un jardinero orgulloso, que se sorprende y se siente humilde ante lo que sale de la tierra.

Experiencia sanadora
Siembra tu jardín de la creatividad

Lee el ejercicio y luego deja que tu divino niño interior y las hermanas te guíen por tus jardines.

Cierra los ojos y respira profundo para centrarte. Atraviesa la puerta púrpura hacia la pradera esmeralda del Corazón. Tu divino niño interior, tu divinidad femenina, tu divinidad masculina y las hermanas te están esperando para darte la bienvenida.

Sigue a tus ayudantes hasta tu jardín, recibe la semilla mágica de tu divino niño interior y colócala en la tierra fértil. Toma la regadera de las hermanas y, con cuidado, baña la semilla con el amor de la Madre Divina del Gran Universo (el agua que fluye de la regadera). Alza los brazos al cielo y acerca un rayo de Luz Solar Central a ti y a tu semilla recién plantada. Siente el calor y el poder de crecimiento del Sol.

Repite: "Gracias, semillas de gran potencial, por convertirse algún día en un árbol que da deliciosos frutos que muchos disfrutarán".

Sigue a tu divino niño interior, a tu divinidad femenina y a tu divinidad masculina a la piscina rubí de la Madre Divina del Gran Universo y permite que todo tu ser se sature de amor rubí, seguridad y protección.

Mientras te sumerges en las aguas rubí, pídele a la hermana de la intuición que te diga cuál es la idea creativa que se ha plantado en tu jardín. Tu divinidad masculina te colocará un sombrero violeta en la cabeza para ayudar a tu mente a mantenerse libre de dudas. Cuando sepas qué representa la semilla plantada, abre los ojos y escríbelo.

Si experimentas alguna dificultad para conectar con tu conocimiento intuitivo, te recomendamos que pidas ayuda a tu divinidad femenina y masculina. Por favor, no presiones a tu mente porque esto solo potenciará a los viejos arquetipos masculino y femenino del miedo. En lugar de eso, sal a caminar y concéntrate en poner un pie delante del otro. Mientras caminas, di en tu mente: "Estoy dispuesto a conocer y elijo el amor". Otra herramienta que puedes utilizar es meter las manos bajo agua o darte una ducha. Centra tu atención en la sensación del agua. Repite: "Estoy dispuesto a sentirme entusiasmado y feliz con la idea que el Alma me ha dado". Ten paciencia, los árboles tardan en crecer y por algo utilizamos la metáfora del árbol frutal. Las ideas creativas tardan en germinar en tu mente y necesitan tiempo para convertirse en el proyecto, la nueva vocación, el cambio de vida significativo o la infancia feliz que deseas experimentar. Los detalles y la aplicación de tu idea se revelarán cuando te sientas seguro en lo emocional y tu mente esté en un estado pacífico de entrega. Puesto que tu mente intuitiva femenina debe conectar con tu mente masculina para que tu idea se traduzca en un pensamiento claro, te animamos a que hagas una limpieza molecular para elevar la vibración de tu masculinidad. Necesitarás su ayuda para comprender con claridad lo que debes hacer para avanzar.

Experiencia sanadora
Germinación: libera la represión masculina

Con los ojos abiertos, levántate y pídele al Arcángel Miguel del Sol Central que limpie tu recipiente del miedo a ser juzgado, humillado o faltado al respeto o a hacer un mal uso de tu fuerza de voluntad. Miguel enviará su Espada azul zafiro de la Verdad y la Consciencia por tu columna vertebral.

Respira y permítete ajustarte al cambio en tu vibración ahora que tienes la energía del Arcángel Miguel de la verdad vibratoria más elevada que recorre tu columna vertebral.

Cierra los ojos. Atraviesa la puerta púrpura y nada como un pez poderoso hacia el círculo de Ángeles que te espera en el océano de fuego violeta de la transformación y el perdón.

Tu divino niño interior te está esperando y te toma de la mano una vez que entras en el círculo.

Una luz blanca brillante y cantora comienza a elevarse desde debajo de tus pies y llena tu cuerpo. Repite: "Dondequiera que mi masculinidad esté herida, reprimida, perdida, enfadada, atrapada en la culpa y la indignidad, o retenida en el castigo, la libero. La libero por mis ancestros. La libero por mis vidas pasadas. Perdono todo lo que necesita ser perdonado y envío toda su herida y dolor al Sol Central".

El color cambia de blanco a azul cobalto. Por favor, repite: "Dondequiera que guarde el recuerdo de mi masculinidad humana teniendo que mentir, comprometer su integridad o forzarse a hacer lo que no es para mi mayor bienestar, lo perdono todo. Lo libero todo y envío todo el miedo y las mentiras al Sol Central".

Observa como el océano cambia de violeta a turquesa. Pídeles a tu divinidad masculina y al Padre Divino del Gran Universo que restauren tu masculinidad humana a la más alta vibración de coraje, voluntad, confianza, fuerza e inteligencia.

Nuestra próxima práctica de jardinería te enseñará cómo apoyar el crecimiento de tu plantación. Las plantaciones no aprecian que se las asfixie con preocupaciones sobre su crecimiento y exigencias de que den fruto antes de estar listas. Esperar no es fácil para un ser humano. El ego quiere gratificación instantánea y quiere conocer el futuro. Para apoyar a tu ego, recuérdate a ti mismo que cuando la idea se haya plantado, el Alma te dará el siguiente paso en el desarrollo de la idea. Hasta que el Alma envíe el siguiente paso a tu bandeja de entrada mental, te sugerimos que vayas a jugar con tu divino niño interior en el jardín de la creatividad de tu vida. Pídele a tu divino niño interior algo que sea divertido y nutritivo de alguna manera creativa. Esta actividad, ya sea mental o física, ayudará a que tu vida crezca y florezca. Una vez más, te recordamos que hacer algo que es por el mayor bienestar y máxima felicidad para ti y para todos los demás te ayuda a recibir abundancia del Gran Universo.

Experiencia sanadora
Juega en el jardín
de tu imaginación creativa

Te sugerimos que leas esta experiencia. Siéntete libre de sustituirla por lo que te parezca estimulante e inspirador para tu Corazón y tu ego.

Cierra los ojos, respira profundo y atraviesa la puerta púrpura. Te esperan tu divino niño interior y su dragón. Ambos te sonríen.

Tu divino niño interior te presenta, por sus nombres, a tres de tus Ángeles guardianes. Cada Ángel también tiene un dragón mágico y cada uno es de un color diferente del arcoíris.

Tus Ángeles te elevarán a ti y a tu divino niño interior sobre el lomo de tu dragón. Tu primera misión es rescatar tus sueños incumplidos del pasado. Estos sueños pueden ser de vidas pasadas o ideas que dejaste de lado en esta vida porque no podías ver el valor financiero o la practicidad de desarrollarlas.

Todos los dragones alzan el vuelo y se elevan en el aire. ¿De qué color es la luz que sale de las fosas nasales y de la boca del dragón? ¿Te gustaría que tu dragón respirara sobre alguien en tu vida?

Los dragones vuelan hacia un misterioso túnel que te lleva atrás en el tiempo. Aterrizan en una estrella apagada donde todo se ve como cenizas sin color. Los ángeles piden que todos se sienten cómodamente en sus monturas. ¡Un concierto está a punto de comenzar!

Tus Ángeles guardianes empiezan a cantar. Todos los dragones comienzan a golpear el suelo con sus colas, emitiendo profundos sonidos de tambor que puedes sentir en tus huesos.

La ceniza comienza a moverse y a arremolinarse en el aire. Aparece un palacio bellísimo y, a través de las ventanas, puedes ver los tesoros que se encienden en cada habitación. El palacio alberga tus ideas creativas abandonadas, tus proyectos inacabados y tus sueños olvidados.

Todos los dragones empiezan a exhalar fuego arcoíris sobre el palacio, que se satura de los colores del Sol Central. Los tesoros empiezan a salir volando por las ventanas y aterrizan a los pies de tus Ángeles guardianes.

Tus Ángeles y tu divino niño interior clasifican los tesoros para ti y recogen lo que es valioso.

Lo que necesites saber sobre el tesoro lo sabrás, y lo que es mejor que permanezca en el misterio permanecerá en el misterio. Los Ángeles y tu divino niño interior recogen todos los sueños importantes del tesoro que, de hecho, se harán realidad y los colocan en sacos de color púrpura en la parte posterior de tu dragón.

Tú y tu divino niño interior se transfieren como por arte de magia a un nuevo dragón y te sientas detrás de un Ángel. Tu dragón lleva tu tesoro directamente al Sol Central y tu Ángel te lleva de vuelta al jardín de tu Corazón.

Una vez que sientas el suelo esmeralda bajo tus pies, toma la mano de tu divino niño interior y repite: "¡Llamo a mi poder perdido hacia mí. Llamo a mi energía creativa abandonada hacia mi jardín, recargada con la inspiración de más alta vibración!".

Mira alrededor de tu jardín de creatividad con tu divino niño interior. ¿Qué nuevas semillas están creciendo? Repite: "Gracias, nuevas y maravillosas ideas que un día me bendecirán con verdadera felicidad y realización duradera".

ENCIENDE TU CREATIVIDAD
PARA APOYAR EL CRECIMIENTO DEL JARDÍN

¿Qué hace que una actividad sea creativa y otra algo que se hace porque hay que hacerlo? La verdadera creatividad implica un acto de fe, algo que te lleva a un territorio nuevo. La verdadera creatividad exige que creas en ti mismo. Si no crees en ti mismo, pídele a la Unidad Divina que llene tu humanidad de Confianza y fe en ti. Los seres humanos pueden tener miedo de arriesgarse porque temen ser juzgados, fracasar o ambas cosas. Si eres uno de esos seres humanos, entonces pon tu miedo en fuego violeta y transfórmalo en coraje.

Alimentar tu creatividad comienza con la voluntad de sentir tus sentimientos, porque la creatividad vive en la parte femenina de tu cerebro. Sigue haciéndote estas dos preguntas interrelacionadas: "¿Qué es lo que siento? ¿Qué es lo que mis sentimientos me dicen que necesito?". Una vez que esto se convierta en algo natural para ti, no te costará ningún esfuerzo preguntarte: "¿Qué es lo que el Alma está creando a través de mí, en este momento?". La respuesta puede ser tan simple como resolver un problema, organizar tu armario o escribir un correo electrónico con afecto. Siempre estás creando tu realidad junto con tu Alma, así que es imposible que no seas creativo. Confiar en que esto es cierto ayuda a que tu jardín de creatividad crezca y te ayuda a recibir del Gran Universo.

Te pedimos que pienses en la creatividad como agua que fluye desde la Fuente a través de una antigua bomba, tu mente consciente. Si tu mente consciente está llena de mensajes de los viejos arquetipos masculino y femenino que te dicen que no eres suficiente y que las hermanas de la creatividad y la intuición no valen nada, entonces tenemos un problema. Desde la perspectiva del ego, este problema puede hacerte creer que tu jardín está muerto, cuando en realidad está muy vivo, tan solo hay que cebar la bomba para que el agua fluya. Sigue nuestros pasos para cebar la bomba de modo que tu ingenio creativo pueda fluir a través de ti de un modo que el ego pueda reconocer y mantenerla fluyendo.

1. Cuando no puedas escuchar y no percibas la idea que el Alma ha plantado en tu jardín, entonces pon tus manos o tu cuerpo en el agua. También puedes distraer tu mente del ego haciendo algún tipo de actividad física. Puede tratarse de tareas domésticas, trabajos de jardinería, correr, caminar o nadar. No recomendamos el papeleo ni los deportes competitivos para cebar tu bomba de creatividad.

2. Sumérgete en el naranja y el coral. Observa cómo estos colores de luz cantora se mueven en forma de ocho, empezando por tus pies, cruzando por tu corazón y doblándose en la parte superior de tu cabeza. La parte superior del número 8 se situará en la coronilla. Repite: "Gracias, Alma, por encender mi horno creativo y por ayudar a mi mente consciente a escuchar, confiar, sentir y reconocer el valor de las ideas que surgen".

3. Pídeles a tus Ángeles guardianes que aspiren tu mente con una aspiradora de fuego violeta. Pide que todos los pensamientos de "no soy lo bastante bueno", "debería" y "¿y si algo sale mal?" salgan de tu cabeza y sean enviados al Sol Central.

4. Duerme una siesta si estás cansado y, mientras descansas, visualízate envuelto en una manta de color coral. Si tienes hambre, come algo naranja o rojo. Repite: "Entrego la resistencia de mi ego al flujo del Alma".

5. Si sigues sin tener claro qué se ha plantado en tu jardín de creatividad, pídele a tu divino niño interior y a tus hermanas de la intuición y la creatividad que te traigan un mensaje a través de otra persona. O bien oirás a alguien contarte tu propia idea o algo lo bastante cercano como para que quede registrado en tu mente. Si todo esto no consigue cebar tu bomba de creatividad, entonces repite las experiencias de sanación para limpiar la represión tanto femenina (ver página 76) como masculina (ver página 80).

6. Recuérdate a ti mismo que no es tu responsabilidad hacer que tu bomba de creatividad funcione; ese es el trabajo del Alma y de tu

equipo de Ayudantes en el Cielo. Saber esto puede ser tal alivio por sí mismo que la bomba comenzará a funcionar y tu ingenio creativo empezará a fluir.

Experiencia sanadora
Enciende tu creatividad

Cierra los ojos y pon las manos sobre tu abdomen. Respira hondo y siente cómo se expande hacia las manos al inhalar y cómo se deshincha al exhalar. Repítelo hasta que te sientas relajado.

Imagínate descansando plácidamente en un flotador rubí, a la deriva en un sereno lago de fuego violeta. El lago está protegido por un círculo de doce grandes cristales y puedes ver el arcoíris que se refleja en el agua.

Repite: "Mi yo indigno, te reconozco y te amo. Ahora te libero en el lago de fuego violeta para que te transformes en digno. ¡Estoy dispuesto a compartir mis esfuerzos creativos!".

Repite: "Mi yo herido, abusado, victimizado y sin valor, te reconozco y te amo. Ahora te libero en el lago de fuego violeta para que te transformes en poder personal y autoestima. Invito al poder personal y a la confianza a restaurarme".

Repite: "Mi yo fracasado, te reconozco y te abrazo. Ahora te envío al lago de fuego violeta para que te transformes en éxito. Invoco a mi humanidad mi divino derecho de nacimiento a tener éxito".

Repite: "Mi yo oculto, menospreciado, indeseable y desafortunado, te reconozco y te amo. Ahora te libero en el lago de fuego violeta para que te transformes en autorrespeto y reconocimiento positivo. Doy la bienvenida al respeto abundante y al reconocimiento positivo para fortalecerme".

Repite: "Niños internos ignorados, subestimados e irrespetados, los reconozco y los amo. Ahora les pido a los Doce Arcángeles disfrazados de cristales que se revelen y los eleven a los brazos amorosos de Madre y Padre Dios. Invito a la magia más elevada de la Fuente a restaurar mi imaginación creativa para que aparezcan frutos magníficos en los árboles de mi jardín de creatividad".

El lago de fuego violeta comienza a moverse bajo el flotador rubí y burbujas de coral brillante empiezan a surgir en la superficie del agua. Atrapa una burbuja con las manos y trágatela. Repite: "Permito que mi fuego creativo y mi pasión se enciendan a plenitud y con alegría".

El color violeta del lago se transforma en un vibrante naranja dorado. Puedes ver destellos de rubí, fucsia y escarlata que danzan bajo las burbujas de color coral. Invoca la energía del lago en tu abdomen y observa cómo el fuego creativo del Alma te llena desde la parte superior de la cabeza hasta los dedos de los pies.

La energía sale ahora por la parte superior de la cabeza, las palmas de las manos y las plantas de los pies. La sensación es increíble.

Repite: "Permito que el fuego creativo y la pasión del Alma me transporten de cualquier historia de falta de fe en mi creatividad hacia un verdadero respeto, seguridad y confianza en mí mismo. ¡Doy gracias porque así sea!".

El ego puede querer medir el crecimiento y el éxito de todos los proyectos creativos, lo que puede hacerte sentir como si estuvieras atrapado en un arbusto de ortigas. Obsesionarse es algo que el ego hace bien; sin embargo, puede detener tu flujo creativo al instante. Junto con la obsesión, el perfeccionismo es una llamada a los viejos arquetipos masculino y femenino para que invadan rápidamente tu jardín con dudas, impaciencia y frustración cuando nada va mal. Entrega todo lo que crece en tu jardín al Gran Universo para que la Unidad Divina pueda expandir lo que está creciendo para ti. Este dar a Dios y dejarlo ir desde el ego apoya la energía de creación y manifestación de tu Alma en la Tierra para trabajar al unísono y en perfecto orden divino.

Tu divinidad masculina, a través de tu consciencia, identificará los frutos de tu jardín. Se te indicará, paso a paso, cómo madurar la fruta, recogerla y ofrecerla para su degustación. La hermana intuición continuará trayendo instrucciones de tu divinidad femenina sobre la forma más saludable de compartir tu cosecha, sin comprometer tus valores e integridad. La manifestación del ingenio creativo de tu Alma necesita ser compartida con otros. Muchas ideas divinas necesitan la ayuda de otros seres humanos para transformarse en un negocio u oferta viable. Por ejemplo, encuentras la semilla de una novela extraordinaria creciendo en tu jardín: añadimos a nuestra historia imaginaria el hecho de que nunca te has considerado escritor, y, de inmediato, surge la incredulidad de que esta idea pueda convertirse en un arbolito, por no hablar de un árbol sano que un día produzca frutos comestibles. El primer paso del alma para el ego puede ser traer a tu mente la idea de tomar una clase de escritura creativa o puede que tu divino niño interior te empuje a una librería donde te encuentres comprando un libro sobre cómo escribir y publicar tu primera novela. Queremos asegurarte que serás guiado en cada paso, desde recibir la idea hasta escribir las primeras palabras, frases y párrafos. A medida que sigas entregando tu historia a la Fuente, descubrirás que tu escritura fluye con mucha más facilidad y, antes de que te des cuenta, estarás listo para publicar tu manuscrito.

Habrá momentos en los que necesites quitar las malas hierbas de la duda y el miedo de tu jardín, y puedes estar seguro de ello. Tu consciencia y desapego verán la semilla de una idea evolucionar en todo lo que está destinada a ser. ¿Qué hace que nosotros, los Doce Arcángeles, estemos tan seguros de que tendrás éxito? Tenemos plena fe en el poderoso poder de tu Corazón para atraer hacia ti la ayuda que necesitas. Ya sea que el Alma plante una semilla para un libro o para un negocio que produzca algo que beneficie a la Escuela Tierra, necesitarás que otros seres humanos añadan su ingenio creativo a tu cosecha para que sea de la mejor calidad. Deja que el Poder de tu Corazón te sorprenda atrayendo exactamente lo que necesitas a tu realidad y a las personas que pueden ser más beneficiosas para apoyar tu expresión creativa. Las hermanas, junto con el Poder del Corazón, te dirigirán para que encuentres colaboradores que ya dominan lo que tú decides no hacer por ti mismo. Esto te permitirá utilizar tu tiempo y energía de manera eficiente y con confianza.

Cultivar con el Poder del Corazón

Tu Alma quiere que tu ego sea feliz. Un ego feliz, alineado con el Corazón y el Alma, equivale a una persona que es un rayo cantor del Sol Central. Un ser humano así le pide a la Fuente todo lo que desea, y lo recibe porque tiene la paciencia de esperar a que todas las cosas le lleguen en orden divino. Este ser humano se llena sabiamente de Confianza y camina en la fe de que siempre es amado y cuidado sin importar la situación; y rara vez se siente miserable porque acepta que está en la Tierra para trabajar con el mayor Poder del amor puro en todos los aspectos de la vida. Tienes todo nuestro apoyo y ánimo para ser esta persona. Reconocemos tu valentía y te recordamos que mereces experimentar una infancia segura, feliz y rica durante todos tus días, porque ese ha sido siempre el plan de Madre y Padre Dios para ti. Ahora es el momento de que utilices la energía del ego para centrarte en estar agradecido por aquello en lo que te has convertido, aunque no hayas llegado a la meta. La gratitud es el estado mental que te ayudará a experimentar los mejores resultados de la Ley "Como es arriba es abajo, como es adentro es afuera". Naciste con la capacidad de atraer hacia ti todo el apoyo vibracional más elevado que necesites. ¿Estás de acuerdo en que el agricultor más exitoso cuenta con una gran ayuda y con el mejor clima?

Reconocemos por completo que no todas las actividades creativas tienen que verse, simbólicamente, como un árbol frutal que se expande hasta convertirse en un vergel. Las hermanas también pueden aportar ideas centradas en la diversión. Las actividades placenteras que fomentan la expresión de tu pasión creativa te ayudan a recibir de la Fuente. Mientras pasas tiempo en tu jardín de creatividad, el Alma puede enviarte una idea emocionante que te permitirá recibir tu cheque de Madre y Padre Dios. Si no necesitas ganarte la vida porque eres financieramente estable, entonces el Alma te enviará inspiración sobre cómo puedes ser un cambiador de consciencia y participar en un servicio más elevado para la Escuela Tierra. ¿Por qué? Por la segunda ley divina, la Ley del Uno. Cuando haces algo que es por el mayor bienestar y máxima alegría para ti y para todos, la vida solo puede mejorar. Utilizar el Poder del Corazón, a través de la tercera ley divina, para atraer hacia ti la ayuda que necesitas a fin de transformar tu idea creativa en un servicio que beneficie a los demás te asegurará el éxito. La atracción del Poder del Corazón no es algo que puedas comprar, no importa cuánto dinero tengas, es algo que el Creador te da a medida que elevas tu vibración y abres tu vida a confiar en el Alma.

La atracción del Poder del Corazón es, simplemente, las tres leyes divinas que trabajan al unísono en tu favor, junto con tu ego activo y comprometido mediante la intención positiva. Puedes ver cómo funciona la atracción del Poder del Corazón en tu vida diaria al ser consciente de lo que ya estás atrayendo a tu realidad. Por ejemplo, si necesitas apoyo para lanzar un nuevo negocio y tu vecino de al lado llama al timbre de tu puerta y se ofrece a hacer una impresionante página web para ti, podrás ver que tu atracción del Poder del Corazón está funcionando muy bien. Por otro lado, si estás pidiendo ayuda y nadie está disponible, eso te indica que tu atracción del Poder del Corazón necesita un impulso del Alma. Tener presente que el exterior refleja lo que hay en el interior puede ser útil para reconocer si tu atracción del Corazón está trabajando a su máximo Poder del Alma.

En la Escuela Tierra, parte de tu educación requiere que te relaciones con otros seres humanos. Aquellas personas que son completamente autosuficientes y evitan tener cualquier tipo de interacción con otras personas, pueden estar seguras de que en una vida futura tendrán una dependencia física en la que deberán pedir y recibir ayuda de los demás.

Las personas que temen a la interacción humana han apagado la atracción del Poder del Corazón para proteger sus emociones. El Poder del Corazón de la mayoría de los seres humanos puede beneficiarse de ocho técnicas de sanación esenciales: necesitas estas herramientas para ayudarte a transformar el dolor, la pena y la pérdida del pasado. El dolor obstruye el sistema pulmonar humano (el corazón y los pulmones), así como el flujo del Poder del Corazón. Por favor, lee el ejercicio y visualiza los pasos a medida que avanzas, esta experiencia es profundamente sanadora y puede hacer que en el momento te sientas agotado en lo físico, debido a la gran liberación de dolor. Date tiempo para descansar y confía en que tu energía regresará con la entrada de la felicidad del Alma y, por favor, no te saltes este paso porque es crucial para despertar y expandir la atracción del Poder de tu Corazón.

Experiencia sanadora
Transforma tu sufrimiento

Inhala profundo y exhala por completo. Atraviesa la puerta púrpura. Únete a tu divino niño interior, a tu divinidad femenina y a tu divinidad masculina, a quienes encontrarás de pie en un lago poco profundo, bajo una cascada blanca y dorada de amor puro y sin diluir. Da la bienvenida a tus ancestros para que se unan a ti bajo la hermosa cascada. Diles: "Gracias, ancestros maternos, paternos y de todas mis vidas pasadas, por participar en la transformación de la pena, el dolor y la pérdida que llevo por ustedes".

Invita a tu yo herido, a tu yo abrumado en lo emocional, mental y psíquico, y a tu yo con el corazón roto de esta vida, a unirse a ti y a tus ancestros en el lago blanco y dorado del amor puro. Empieza a cantar suavemente: "Lo perdono todo. Lo perdono por todos nosotros".

Mientras dices el mantra, la cascada se vuelve violeta con la energía de la transformación y el perdón. Abre tu caja torácica como si fuera una puerta mágica. Pídeles a tus ancestros, a tu Yo divino y a tu yo humano herido que abran sus puertas del corazón como tú lo has hecho.

Repite: "Dolor, te reconozco. Pérdida, te reconozco. Pena y agobio, los reconozco. Los libero en la cascada de fuego violeta del perdón y pido que regresen al Sol Central para ser transformados en
abundante alegría".

Escucha cómo tus ancestros, tu Yo divino y tu yo humano herido
reconocen todo lo que necesita ser reconocido. Una gran ola de energía oscura que sabe a lágrimas saladas y grita mientras se libera, sale
de cada participante. Tu divino niño interior libera a tu niño herido, tu
divinidad femenina libera a tu feminidad humana y tu divinidad masculina libera a tu masculinidad humana.

Una vez que la oscuridad se disipa, la cascada y el lago se vuelven
opalescentes, brillando en dorado y plata. El cielo se llena del resplandor blanco y dorado del Sol Central.

Digan juntos: "¡Llamo a mi alegría y confianza en una vida más
feliz hacia mi humanidad!". Repite hasta que te sientas ligero y libre. Da
las gracias a tus antepasados y míralos ascender por una escalera de
mármol blanco hacia el Cielo. Mírate a ti mismo atravesando la puerta
púrpura y continúa leyendo para descubrir algunas herramientas útiles
para activar el Poder de tu Corazón.

OCHO HERRAMIENTAS DIARIAS PARA ACTIVAR Y EXPANDIR EL PODER DEL CORAZÓN

Tenemos ocho herramientas para ayudarte a maximizar la fuerza positiva
del Poder de tu Corazón. La primera técnica de activación y expansión
del Poder del Corazón es practicar ser consciente de lo que estás atrayendo hacia ti en la película de tu vida y utilizar la Ley "Como es arriba
es abajo, como es adentro es afuera", para cambiar lo que está sucediendo.
Por ejemplo, si el mesero de un restaurante está de mal humor, pídele a
cualquier yo con mal humor dentro de ti que se suba a una canoa rubí y
reme por el río de fuego violeta hasta el Sol Central, y báñate a ti mismo

y al camarero con el amor de la Madre Divina y observa cómo la realidad exterior cambia para reflejar lo que ahora se expande dentro de ti. El mal humor del mesero de tu restaurante mejorará, o este desaparecerá y será reemplazado por alguien nuevo. Esta técnica también funciona muy bien si ves que los demás no te escuchan o no entienden lo que les dices: tómate un momento para escuchar a tu divino niño interior y averiguar qué es lo que no estás escuchando. Hacer esto cambiará la realidad exterior con rapidez para que coincida con la interior y serás visto, escuchado y comprendido.

El Poder del Corazón siempre está trabajando y cuanto más consciente seas, más rápido podrás cambiar la película que estás viviendo. Nuestro último ejemplo es sobre aquellos que son demasiado dadivosos. ¿Disfrutarías atrayendo más gente como tú que aquellos que agotan tu energía? Cuando te des cuenta de que estás en presencia de personas exigentes con cubetas emocionales vacías, entonces pídele a la Fuente que inunde todo tu ser con amor puro hasta que te sientas como si fueras un géiser de amor. No solo todo el mundo se sentirá mejor, sino que también dejarás de atraer a tu espacio personal a personas que quieren que las llenes cuando lo que en verdad necesitan es conectarse a la Fuente por sí mismas. La expansión del Poder de tu Corazón ocurre de manera orgánica cuando te mantienes conectado con lo que estás experimentando en tu realidad y te niegas a ser una víctima de ello. En su lugar, hazte la pregunta: "¿Qué me está mostrando esta experiencia sobre mí mismo?". Cambia tu vibración con amor y cambia tus experiencias externas con los demás para así cambiar tu experiencia interna contigo mismo.

La segunda práctica de expansión del Poder del Corazón consiste en perdonarse a uno mismo y a todos aquellos que nos hayan herido o decepcionado en el pasado. El perdón activa y expande el Poder del Corazón. Si te haces daño a ti mismo, puedes atraer a otros que están heridos o a otros que pueden faltarte el respeto de alguna manera. Por lo tanto, es importante practicar nuestra primera herramienta de permanecer consciente de lo que ya estás atrayendo a tu vida, en especial cuando le has pedido a la Madre Divina del Gran Universo recibir algo específico. Por favor, hazte el regalo de dejar ir viejas heridas, resentimientos y errores y perdónalos por completo. El perdón, sobre todo hacia ti mismo, te ayuda a atraer el apoyo confiable que necesitas en la más alta vibración de consideración y respeto.

La tercera práctica del Poder del Corazón es aceptar que eres un hijo divino del Gran Universo y, por lo tanto, digno de darte a ti mismo aprobación incondicional, respeto y aceptación. Al llenarte de amor incondicional por tu parte humana y al agradecer a la Unidad Divina por ti a lo largo del día, el Poder de tu Corazón se expandirá. El Poder del Corazón proviene de tu divino niño interior. Cuanto más se entregue tu ego a escuchar a este sabio, más rápido atraerás a tu vida exactamente lo que necesitas.

La cuarta herramienta de expansión del Poder del Corazón, que aumenta su energía y la velocidad a la que se manifiesta, es la gratitud. Dar las gracias por tus ideas creativas y por cada paso que das para desarrollarlas traerá apoyo y éxito a tu vida. En lugar de tirar la toalla cuando se presenta un reto de jardinería, agradécelo, ya que es tu maestro. Puedes estar seguro de que tu árbol producirá frutos aún más sabrosos ahora que has aprendido a hacer ajustes, ya sea en el proyecto, en ti mismo o en ambos. La gratitud hacia los Ángeles, los Ayudantes en el Cielo, tu yo Superior, los desafíos e incluso tu ego ayuda al Poder del Corazón a expandir su alcance.

La quinta técnica de liberación del Poder del Corazón consiste en ser consciente de cualquier creencia religiosa limitante o punitiva que pueda bloquear o ralentizar el Poder del Corazón. Tener una creencia subconsciente o consciente de que no eres digno de recibir de los demás y de Dios limita el Poder del Corazón. Una creencia que puede unirse a esta es el miedo a ser castigado por pedir ayuda (aunque pagues por dicha ayuda). Algunas doctrinas religiosas fomentan el sufrimiento como forma de purificación y, si esta creencia está activada, puede que te resulte difícil recibir la ayuda que necesitas o el éxito que te has ganado. Experimentar carencias, o menos apoyo del que necesitas, puede ser visto por el subconsciente como la forma perfecta de sufrimiento que te purificará. Cuando falte el Poder del Corazón, haz lo siguiente, incluso si ya has limpiado el sufrimiento, el sacrificio y la indignidad para recibir: coloca los libros (creencias) en cajas violetas y deposítalos en el río de fuego violeta para su transformación. Cualquier miedo atrapado fluye de vuelta al Sol Central y regresará a ti como Poder del Corazón limpio.

Nuestra sexta herramienta del Poder del Corazón es dejar de presionar lo que está creciendo si no está creciendo tan rápido como quisieras. Tu divino niño interior puede tener una visión diferente de lo que es un jardín abundante y una cosecha potencial en comparación con lo que espera el ego. La presión del ego solo causa ansiedad, lo que disminuye rápidamente el Poder del Corazón disponible para cultivar los mejores frutos. Cuando te sientas bajo presión (presión del tiempo, presión financiera, presión del yo herido o presión externa) repite: "Envío esta presión al Sol Central. Entrego todas mis preocupaciones al cuidado del Alma". Respira profundo hasta que vuelvas a sentirte en calma.

Nuestra séptima herramienta de activación del Poder del Corazón es cambiar el foco de cualquier pensamiento de miedo o pensamiento negativo por pensamientos de amor. Elegir el amor encenderá el Poder de tu Corazón y te hará sentir esperanzado de inmediato. Cuando los viejos arquetipos masculino y femenino del miedo se hayan colado en tu jardín y hayan sembrado malas hierbas de duda, elige el amor. Cuando traigan la petulancia de la procrastinación, elige el amor. Y cuando llenen el ego con el deseo de ser rescatado por un padre mágico, elige el amor. Atraviesa la puerta púrpura y visualiza una lluvia de amor arcoíris que cae sobre tu jardín y todo lo que está creciendo, respira la expansividad del amor puro y pídele al Alma que te llene de confianza en ti y en tus frutos y de fe en que eres un hijo divino de Dios.

Nuestra octava técnica de apertura del Poder del Corazón consiste en prestar atención al momento en el que te sientes culpable por divertirte, ser creativo, disfrutar de la vida y cuidar de ti mismo. El sentimiento de culpa merma el Poder del Corazón y te hará sentir menos seguro de ti mismo para alcanzar tu potencial. Toda la ayuda que necesitas para llevar la semilla del ingenio creativo a través de su desarrollo hasta convertirse en un árbol que da frutos deliciosos vendrá a ti. La ayuda para cosechar el fruto, comercializarlo y entregarlo a aquellos que se beneficiarán, vendrá a ti. El Poder del Corazón atraerá a las personas, los recursos y las oportunidades que necesitas para tener éxito de una manera que te hará sentir expansivo y alegre. Esto sucede de manera orgánica, sin fuerza ni control.

Activa el Poder del Corazón

Cierra los ojos y concéntrate en tu respiración hasta que tu mente se aquiete. Atraviesa la puerta púrpura y mira los árboles frutales florecientes. Huele su fragancia y agradéceles la belleza, el aroma y el potencial desbordante que ofrecen.

Junto con tu divino niño interior, tu divinidad femenina y tu divinidad masculina, recoge los libros que descubras en la base de los árboles y tíralos al gran contenedor de fuego violeta que hay en medio del jardín. Estos libros representan creencias limitantes que te dicen que no se te permite tener éxito o que tus sueños se hagan realidad o disfrutar de las libertades que deseas.

Mientras depositas los libros en el contenedor, repite: "Yo libero. Yo perdono. Permito que mi Corazón atraiga hacia mí todo lo que necesito para vivir en el Cielo aquí desde la Tierra".

Tu divinidad masculina te entrega una pala de oro y te indica que excaves alrededor de las raíces de cada árbol frutal floreciente. Allí encontrarás libros más pequeños que no querrás tocar. Tu divinidad masculina y tu divinidad femenina los tomarán y los colocarán sobre los carbones azul zafiro de la Verdad más elevada que recubren el fondo del contenedor de fuego violeta. Estos libros representan las mentiras que te dicen que eres culpable por haber nacido, que no eres digno de pedir a la Fuente lo que necesitas y que no eres digno de ser amado. Puede haber algún libro ocasional que describa que siempre serás un perdedor y que la vida en la Tierra siempre será una lucha constante. Todas esas creencias basadas en mentiras y llenas de miedo serán depositadas en el contenedor. Una vez más, repite: "Libero todas las mentiras que limitan mi recepción. Perdono todas las mentiras. Permito que mi Corazón atraiga hacia mí todo lo que necesito para vivir como hijo del Creador, feliz, seguro y libre de cargas".

Tu divino niño interior te pide que te subas al enorme roble que hay en medio del jardín. Elige una rama y siéntense juntos.

Tu divino niño interior te sonreirá con complicidad, te pondrá las manos en el corazón y te pedirá que respires hondo. Todo se vuelve esmeralda con destellos dorados. Todo lo que sientes es amor puro y confianza en el Alma. En este momento, suelta todo y a todos los que el ego cree que necesitas para tener éxito. Repite: "Lo entrego todo a la dirección y al cuidado de mi Alma y de mi equipo de Ayudantes en el Cielo".

Tu equipo de Ayudantes en el Cielo está sentado en las ramas superiores de un enorme Roble. Escuchamos todo lo que deseas comunicar. ¿Qué quiere decir tu Corazón? ¿Qué le falta a la película de tu vida? Comparte con nosotros lo que falta. Decimos que ya lo sabemos y para que lo expreses abre tu voluntad y expande el Poder de tu Corazón.

Y si tu ego te lo permite, repite: "Libero mis imágenes de lo que es la riqueza para mí. Me permito recibir mucho más de lo que creo que quiero. ¡Me permito ser el niño que es amado, cuidado y al que no le falta absolutamente nada!".

La cosecha
de tu jardín

Antes de decidir de qué manera llevarás tus esfuerzos creativos al mundo terrenal, llénate de abundante gratitud por tu jardín. Da gracias por cada idea e inspiración, y por toda la ayuda del Cielo y de la Tierra que ha entrado en tu vida para apoyar la manifestación de tu proyecto. Tu expresión creativa y tu voluntad de permitir que tus proyectos fructifiquen son fuentes de riquezas eternas, que fluyen desde el Gran Universo, a través del Alma, hacia ti. Repetimos esto para quitarle presión a tu ego, que cree que debe saber y tener el control. El control limitará en gran medida tanto lo que puedes cosechar como la forma de comercializar la cosecha. Saber qué cosechar empieza por hacerse la pregunta: "¿Qué quiero?". Hacerse la pregunta puede hacer sonar la alarma de los viejos arquetipos masculino y femenino del miedo de "no ser lo bastante bueno". Inundar tu jardín con fuego violeta, antes de que planees cosecharlo, es una muy buena idea.

Cosechar tu jardín requiere dejar ir lo que sucedió o no sucedió en el pasado porque lo que está maduro y listo para cosechar pertenece al aquí y ahora. Debido a que tu divinidad masculina es la vibración más alta de tu mente egoísta, es importante pedirle a tu divinidad masculina que transforme tu intuición (divinidad femenina) en palabras y sentimientos precisos. También puedes pedir hablar directamente con las hermanas gemelas y tu divinidad masculina pondrá sus instrucciones con claridad en tu mente. Mantener positiva la vibración de tus sentimientos e impresiones intuitivas le ayuda a tu ego a permanecer conectado a la tierra, y también a estar alineado con tu Corazón y ser capaz de enfocarse en dar un paso a la vez.

El mayor reto que tendrás con respecto a qué hacer con tu cosecha es gestionar las expectativas del ego. El Alma utilizará tus expectativas como un desatascador para sacar el miedo de las capas subconscientes. Te daremos un ejemplo de la Escuela Tierra para ayudarte a entender este fenomenal proceso evolutivo: digamos que eres un inventor y has creado una nueva tecnología para ayudar al planeta. En tu mente, tienes plena confianza en que tu nueva tecnología es maravillosa y enviada por lo divino. Incluso antes de plantearte preguntar a tu Yo superior qué hacer a continuación, el ego está convencido de que lo que más necesitas es dinero de inversores y, cuando te acercas a estos, te preguntan cuánto dinero ha generado tu invento hasta el momento, sin mostrar mucho interés en su verdadero potencial. Debido a su rechazo, caes en la trampa de los viejos arquetipos masculino y femenino del miedo.

En nuestra historia imaginaria, este ego no utilizó el Poder del Corazón para traer a la realidad la ayuda necesaria, que no es dinero. Este ego no pidió consejo a su divino niño interior sobre lo que necesita para compartir su invento con el mundo, ni recordó que la vibración lo es todo. Lo que este ego necesita hacer es entregar su invento al Gran Universo y ser paciente para que las hermanas de la intuición y la creatividad revelen el siguiente paso. El ego quiere gratificación instantánea y busca la solución en el mundo exterior en lugar de ir a su interior, a la Fuente. Mientras practica la paciencia, este ego se beneficiaría de pedir a su divino niño interior que conecte con la Madre Divina y reciba en su realidad a la persona que puede abrirle la siguiente puerta, la cual se abrirá, sin forzarla, cuando esté lista para abrirse. Paso a paso, a medida que las puertas se abran, el invento encontrará su camino en el mundo. Quizá te preguntes: "Pero ¿y el dinero? ¿No necesita este inventor mucho dinero para que esto ocurra?". Nosotros decimos que el inventor no necesita dinero hasta que el dinero entra en la historia; y cuando se necesite, la Unidad Divina lo enviará al inventor. Cuando el ego presiona e insiste, a menudo acabas sintiéndote esclavizado, utilizado y engañado. Cosechar tu jardín requiere confianza, paciencia, intuición y una sincronización perfecta.

Aprende a entregarte y a confiar en que no crearás nada tú solo. La Unidad Divina se encarga de apoyar tu creatividad y de ayudar a tu ego a evolucionar. Tu evolución es una gran ventaja porque, a medida que evolucionas, la vida se vuelve más fácil y más fluida. Lo que el ego ve como errores, el Alma lo ve como oportunidades de aprendizaje; lo que el ego ve como rechazo, el Alma lo ve como el ego aprendiendo confianza y paciencia; y lo que el ego ve como una cosecha vacía, el Alma lo ve como un valioso aprendizaje y una reorientación. Decimos que un ego sabio nunca se rinde. Necesitas aprender a entregarte al Alma y permitir que "algo inesperado e incluso mejor" aparezca en tu jardín. ¿Qué puedes hacer para ayudar a tu ego cuando se obsesiona con lo que no ha ocurrido y que esperabas que ocurriera? ¿Y qué puedes hacer para ayudar al ego cuando el camino a seguir, que parecía tan claro, parece haberse topado con un obstáculo?

Experiencia sanadora
Rescata el ego

Pídele a tu divino niño interior que te ponga en la cabeza un sombrero de terciopelo de fuego violeta, forrado de seda esmeralda, que puede ser tan elegante como desees. Te sugerimos que permitas que tu divino niño interior sea quien diseñe el sombrero. Repite: "Suelto el control, la frustración, la culpa y la ansiedad de mi mente y mi recipiente. Lo suelto todo, aunque no quiera soltarlo. Me perdono por cada vez que me he sentido abandonado y defraudado por Madre y Padre Dios".

Atraviesa la puerta púrpura y acuéstate en el sofá rubí que está en medio de un exuberante jardín en plena floración. Pídele a tu divino niño interior que te traiga a las hermanas de la intuición y la creatividad. Repite: "¿Qué es lo que necesito aprender de mis expectativas no cumplidas? ¿Pueden ayudarme a comprender por qué lo que está ocurriendo obedece a las leyes divinas y, por lo tanto, debe ser por mi mayor bienestar?". Las hermanas repetirán la respuesta hasta que la tengas y la verdad de esa respuesta te resultará inquebrantable.

Levántate del sofá y camina hacia tu jardín de creatividad. Da las gracias a cada planta y árbol vivos, así como a los frutos de los árboles, por brindarte todo lo que necesitas para prosperar en la Escuela Tierra. Repite: "Estoy agradecido", hasta que una pacífica determinación llene tu cuerpo y sepas que estás preparado para entregar tu futuro al mando del Alma.

Antes de salir del jardín de la creatividad, pídele a tu divino niño interior que te lleve a la brillante cascada verde y dorada. Permanezcan juntos y llénense de Confianza, el néctar dorado que ayuda al ego a soltar el control para que puedas dar el salto de fe hacia lo inesperado. Recibir abundancia en un flujo continuo te pide que confíes más cada día.

Una pregunta que debes hacerle a tu divino niño interior es: "¿Estamos preparados para compartir la primera cosecha de nuestra expresión creativa con los demás?". Los viejos arquetipos masculino y femenino pueden insinuar que tu fruto nunca madurará. Sin embargo, cuando el Poder de tu Corazón atraiga al primer cliente, comparte la fruta, y mientras este la saboree, llénate de gratitud por el amor puro que una vez comenzó como una semilla y ahora beneficia a otro. Tu cosecha crece cuando aprendes a apreciar lo que ha llegado a través de ti como la esencia divina de la Fuente. Puede ser difícil para el artista y el "gran genio" separar su autoestima de lo que se ha originado del Creador. La falta de autoestima y el miedo al rechazo pueden transformarse pidiéndole al Alma que te llene de consciencia de tu divinidad. Ser tu verdadero y auténtico yo en la película de tu vida te ayuda a experimentar el éxito que deseas.

Estamos preparados para enseñarte a crear una nueva realidad financiera, incluso si las dificultades financieras, reales o imaginarias, nunca han formado parte de la película de tu vida. Los seres humanos han sacrificado sus llamados creativos durante demasiado tiempo por tener "seguridad financiera". Te decimos que todo esto es una mentira diseñada para hacerte obedecer y entregar tu poder y tu tesoro a aquellos que pueden controlarte con el viejo condicionamiento masculino y femenino del miedo. Te invitamos a liberarte y salir de una ilusión arcaica. A medida que te liberas, la luz cantora del Alma se expande y llega más lejos en la oscuridad que clama por la Verdad y la libertad. Después de todo, amado ser, eres un espejo del Sol Central.

Las leyes divinas
y el dinero

PARTE 4

Crear una nueva realidad financiera

Madre y Padre Dios conocen la manera de traerte lo que necesitas. Tener siempre tus necesidades satisfechas en la vibración más elevada funciona mucho mejor que simplemente tener mucho dinero.

LOS DOCE ARCÁNGELES DEL SOL CENTRAL

Las leyes divinas
y el dinero

Te invitamos a experimentar el milagro que sucede tan solo manteniendo la intención de que todo el dinero, en cualquier forma, proviene de la Unidad Divina. La intención de que el dinero proviene de la Fuente, de inmediato eleva la vibración del pensamiento del dinero y te ayuda a recibirlo a través de la Madre Divina del Gran Universo. Ella sabe de qué forma apoyarte y cómo darte la seguridad que buscas como Alma que vive en forma humana en la Escuela Tierra. El viejo concepto de cambiar moneda por un servicio o producto es una vieja invención masculina. Nosotros creemos que es hora de cambiar el sentido del dinero y lanzar los grilletes que tienes en tus muñecas y tobillos al contenedor del fuego violeta. Cuando creas que necesitas dinero, profundiza en tu interior y pregúntate: "¿Qué necesito de verdad?", y una forma sencilla de averiguarlo es preguntarte: "¿Qué voy a hacer con el dinero una vez que lo tenga?". ¿Vas a gastarlo, guardarlo para una emergencia, compartirlo generosamente con los demás, atesorarlo porque es lo único con lo que cuentas, o rechazarlo?

Comencemos con el gasto de más alta vibración. Cuando sepas lo que vas a comprar con el dinero entonces pídele al Gran Universo, Madre y Padre Dios, Creador y Alma que te proporcionen lo que deseas. Usaremos el ejemplo de un automóvil nuevo: en el exterior, comprar un auto nuevo te dice que quieres moverte por la vida de una manera nueva en el interior. Cuando dices: "Alma, estoy listo para moverme por la vida de una manera nueva; gracias por proporcionarme un nuevo vehículo", y siéntete libre de decirle al Alma cuál es el auto de tus sueños. Si el Alma está de acuerdo contigo, entonces tu Alma y tus Ayudantes en el Cielo se asegurarán de que tengas los recursos que necesitas para comprarlo. Puedes ayudar al Alma pidiéndole a la Fuente que te llene de libertad y de valía para recibir el auto de tus sueños. Al trabajar con la Ley "Como es arriba es abajo, como es adentro es afuera", haces que sea mucho más fácil para el Creador enviarte los fondos, que pueden llegar como una sorpresa milagrosa para ti.

La Ley de la Energía dice que ahorrar dinero para una emergencia baja la vibración de tu energía porque se basa en el miedo. Entendemos que cada ser humano se siente más cómodo si sabe que siempre tendrá comida, ropa, refugio, atención médica y transporte. Te animamos a que vayas a la vibración alta y digas: "Gracias, Madre Divina, por llenar cada célula de mi humanidad con tu seguridad emocional y tu seguridad física". Al empezar con "gracias", estás usando la gratitud, una cualidad de amor puro que eleva la vibración de tu energía a la frecuencia más alta del Sol Central. Al pedir que te llenen con la seguridad y protección de la Madre Divina, estás activando el Poder de tu Corazón para recibir de la Fuente a través del plano mundano de la Tierra. ¿Estás listo para eliminar el miedo a ahorrar para un mal momento y confiar en que siempre tendrás lo que necesites, cuando lo necesites? Si tu respuesta es sí, entonces agradece a la Madre Divina del Gran Universo por llenarte de seguridad emocional y física. Agradécele también por brindarte la ayuda y los recursos financieros que necesitas, que llegan en el momento divino perfecto. El flujo de dinero que necesitas para una situación difícil, época de sequía o emergencia siempre vendrá a ti, tal vez no de la manera que el ego espera, pero vendrá.

Compartir generosamente tu dinero con los demás activa la Ley del Uno y es una práctica sabia. Añadimos que compartir te hace sentir feliz y no agobiado. Cuando perdonas una deuda financiera, compartes porque amas compartir y practicas la generosidad, entonces estás trabajando con las tres leyes divinas y tus recursos financieros aumentarán. Si empiezas con más de lo suficiente, descubrirás que no puedes agotar tus reservas por debajo de lo que necesitas para sentirte seguro. Dar es lo que Madre y Padre Dios y la Madre Tierra hacen siempre y, para ti, compartir tu prosperidad solo invitará a más abundancia.

Acumular dinero es para los muy pobres en el aspecto emocional. Aunque estos individuos tengan más dinero del que pueden gastar en diez vidas en la Escuela Tierra, siguen sintiéndose inseguros en lo más profundo de su ser. Esta inseguridad se refleja en sentirse amenazados de perder su dinero o de no tener suficiente si lo comparten, y expone una falta de confianza en el Alma y en la Unidad Divina. La persona que atesora su dinero está tratando de reemplazar el amor y el cuidado de uno o ambos padres con algo que puede controlar. Te pedimos que no juzgues a esa persona, sino que sientas compasión por ella. Debido a que su yo herido está tratando de ignorar las tres leyes divinas, tendrá que volver a la Escuela Tierra hasta que elija el amor sobre el miedo. Esperamos que puedas ver que nunca te beneficiarás de aferrarte al dinero como si tuviera más valor que la felicidad, las relaciones amorosas y la salud. Desde nuestra perspectiva, has sido condicionado por el miedo a creer que el dinero es Dios y que puede concederte la libertad de una vida miserable. Pedirle al Gran Universo que te bendiga con libertad financiera no te librará de la ansiedad a menos que respetes el valor del amor puro. Pídele a Madre y Padre Dios que te llenen de una profunda seguridad interior de que siempre estarás bien provisto y celebra la paz que llega a tu vida.

Repeler la abundancia financiera que está tratando de venir a ti desde la Fuente es una historia que nos es familiar. Trabajamos sin descanso para ayudarte a aceptar la comodidad con el dinero en lugar de bloquear o rechazar energéticamente los recursos porque tu subconsciente te dice que estás en peligro. A veces no es solo el subconsciente sino también el ego el que puede sentirse inseguro al recibir dinero. Cuando ha habido un trauma relacionado con pedir o recibir dinero, pedir un préstamo, invertir o ganar dinero, puede crearse una importante falta de confianza en tu relación con el dinero, y puede ser más fácil vivir "al día" para evitar el castigo, la humillación y el dolor. Ofrecemos un ejercicio de sanación para sacar este trauma de todos los que sufren con él. La energía transformadora de la siguiente experiencia sanadora seguirá actuando hasta que se haya perdonado el pasado.

Experiencia sanadora
Elimina traumas y sufrimientos financieros

Cierra los ojos. Respira profundo y exhala por completo. Cuando te sientas centrado, atraviesa la puerta púrpura y mira a tu izquierda para ver las escaleras que bajan a un sótano oscuro, que simboliza tu subconsciente.

El Arcángel Gabriel te estará esperando al final de las escaleras, y te da a ti y a tu divino niño interior una linterna con una llama violeta y coloca un campo de fuerza de muchos colores a tu alrededor.

Cuando comienzas a bajar las escaleras, oyes gritos de auxilio de personas encerradas en las celdas del sótano, quienes simbolizan la falta de confianza y fe en tu seguridad para recibir dinero y ayuda. Algunas representan recuerdos de humillación por haber sido ridiculizado al necesitar ayuda o por haber sido pobre en una vida pasada. Algunas de las voces pertenecen a tus antepasados que lucharon debido a la guerra que devastó sus vidas.

Dirígete a las voces: "¡Los escuchamos! Hemos venido a liberarlos de su sufrimiento, ira, culpa y vergüenza!".

Gabriel, junto con tu divino niño interior, sopla en la llama violeta de la linterna y esta llena el sótano y cada celda de la cárcel de chispas violetas que crecen y se expanden. Los encarcelados atrapan las chispas violetas y se las tragan. Cada uno dice: "Perdono mi culpa y mi vergüenza, aunque me parezca imperdonable. Perdono a los que me han hecho daño. Perdono a los que se han aprovechado de mí a propósito. ¡Lo perdono todo y entrego el miedo y el dolor al Sol Central!".

Los heridos comienzan a disolverse en el fuego violeta del perdón. La llama de tu linterna se vuelve de un coral brillante, el color del poder creativo del Alma. Las estanterías que se elevan por las paredes del sótano comienzan a enfocarse. La caverna subterránea ha crecido hasta alcanzar el tamaño de una catedral.

El Arcángel Miguel aparece y junto con tu divinidad femenina y masculina retira de las estanterías los libros que prueban por qué no es seguro que pidas dinero, y los que prueban que no es seguro desear milagros financieros y recibir alivio.

Otros libros contienen las historias de las divisiones secretas de aquellos a los que no se les permite tener dinero, comodidades y seguridad financiera y aquellos que siempre consiguen lo que quieren y más. Un gran libro cuenta la mentira de que los que tienen más dinero son superiores a los que tienen menos. Es hora de dejar que el Arcángel Miguel se lleve todos los libros al Sol Central para su transformación.

Repite: "Libero las viejas mentiras que me atan a la carencia, la culpa, la pobreza, la servidumbre, el sacrificio, la indignidad y las dificultades. Perdono esas viejas historias por todos los afectados y se las entrego al Creador".

El techo de la caverna del tamaño de una catedral se abre y los rayos del Sol Central se derraman en el espacio. Te elevan hacia el Cielo y te colocan sobre suelo esmeralda.

Ves ante ti un escritorio con un bolígrafo y un papel. Por favor, observa lo que aparece como por arte de magia en el papel mientras el Alma escribe todo lo que en verdad deseas recibir y que nunca pensaste que fuera posible. Respira y repite: "Me entrego a la abundante prosperidad de mi Alma. Me permito recibir todo lo que el Alma desea para mí. Acepto soltar el miedo a no tener dinero y el control de dónde vendrá el dinero. Se lo entrego por completo al Alma".

Ahora, que estás abierto a recibir el dinero que te llega del Gran Universo, deseamos compartir la Verdad sobre el dinero contigo. El dinero no tiene la misma frecuencia que las leyes divinas, que fueron fundadas en el amor puro. Al honrar las enseñanzas y los límites de estas leyes, puede parecer difícil manifestar el concepto de vibración mucho más baja del dinero. Te ayudaremos a transformar el dolor que esta distancia vibracional pueda haberte causado en esta vida o en otra. El Poder de tu Corazón tiene la fuerza atractiva para llamar al dinero directamente hacia ti y transformar su vibración de camino hacia tu billetera y tu cuenta bancaria. Hay muchos en tu planeta que preferirían que nunca te dieras cuenta de esto porque sienten que su poder viene del miedo y no del amor. Trabajar con el poder del amor para transformar el concepto del dinero cambia las dificultades financieras y la ansiedad para ti y para todos aquellos que sufren carencias financieras en la Escuela Tierra. Te damos las gracias por ayudarnos a cambiar la realidad del dinero, la moneda, las tarjetas de crédito y débito, las acciones y las inversiones. ¡Los préstamos bancarios, las deudas de tarjetas de crédito y todo lo relacionado con el intercambio de dinero en la Escuela Tierra puede transformarse a una vibración más elevada!

A medida que vives una vida creativa y compartes lo que crece en tu jardín de creatividad, elevas la frecuencia del concepto del dinero, el cual está profundamente contaminado por el miedo y todas las cualidades del viejo masculino y del femenino. Cambiar la realidad del dinero es recrearlo desde tu interior. Al hacer esto, el dinero evolucionará y se volverá mucho más accesible para aquellos que se beneficiarán de tenerlo. Un día, el dinero pasará de moda en la Escuela Tierra porque los humanos recordarán que son Hijos de Dios y capaces de manifestarse sin el pensamiento de que el dinero es necesario. Por ahora, necesitamos enseñarte cómo recrear tu propia valía para que el dinero se eleve a tu frecuencia de amor, haciendo mucho más fácil que lo recibas por ser un Niño divino amoroso, creativo y generoso del Gran Universo.

Transformar el miedo
que alberga el concepto
del dinero

El octavo chakra de protección y purificación es la batería de energía espiritual situada en un espacio por encima de tu cabeza. Una de las funciones de este chakra elevado es conectar tu mente superconsciente con tu mente consciente. Dentro del fuego blanco del octavo chakra hay una misteriosa caja negra que contiene la historia (paradigmas de creencias) del concepto del dinero. Esta caja está llena de información que incluye los orígenes, el movimiento y la manipulación de la moneda y los secretos, mentiras y juegos de poder que la rodean. Aunque puede ser tentador abrir la caja y ver si hay alguna información útil que pueda darte las herramientas para producir y multiplicar dinero, te recomendamos que mantengas esta caja cerrada, y te animamos a que pidas a tu Yo superior que la envíe al Sol Central al menos una vez al día. Repite: "Gracias, Alma, mi Yo superior, por enviar la caja negra al Sol Central. Elijo el amor y elijo recibir la riqueza vibratoria más elevada por el mayor bienestar de todos".

¿De dónde viene la caja negra? Hace mucho tiempo, en tu planeta, una comunidad de egos creció muy desconectada de sus Almas, o eso creían sus egos, y crearon el concepto de la moneda.

En principio, la moneda se inventó como un método ingenioso para engañar y robar dando insignificantes trozos de metal o piedra a cambio de bienes valiosos. La idea fue un éxito y el concepto del dinero se materializó en forma de moneda. Con la invención de la moneda, los préstamos y el endeudamiento pronto se convirtieron en algo común en la Escuela Tierra. Con el tiempo, el control, la intimidación, el juicio, la avaricia, la indignidad, el resentimiento, la culpa y el castigo de los viejos arquetipos masculino y femenino del miedo se infundieron en el concepto del dinero.

Los místicos, chamanes, sanadores y buscadores de la Verdad descubrían que tener dinero provocaba peleas y desconfianza entre los amigos, por lo que no querían saber nada del dinero y optaban por llevar y guardar solo lo mínimamente necesario. Los tiempos han cambiado e incluso los más sabios y despiertos en el aspecto espiritual necesitan dinero para funcionar en la vida diaria, pero se espera que el servicio espiritual sea gratuito o cueste muy poco. Si los servidores del mundo y aquellos que las Almas se sienten llamados a ayudar a la Tierra se mantienen en modo de supervivencia, entonces pueden permanecer distraídos de descubrir la oscura verdad sobre el dinero. Si los sanadores y los servidores del mundo supieran que pueden usar el Poder del Corazón para llamar a la abundancia según sea necesario, podrían usar su energía, enfoque y habilidad para transformar el concepto del dinero. Hacer esto cambiaría rápidamente la historia global de miedo y control presenciada por el Cuerpo Humano Único. Aquellos que inventaron la moneda en primer lugar se volvieron adictos al poder que les da y prefieren mantener la simple verdad de que el amor transforma el miedo arraigado en el dinero como un secreto que no debe ser compartido.

A medida que el amor hace su trabajo, el dinero se vuelve más disponible para aquellos que lo utilizarán en beneficio de todos, en la más alta vibración de amor puro. Recuerda, pídele a la Fuente que te dé lo que necesitas y deseas en lugar de pedir dinero. El dinero que necesitas vendrá; sin embargo, tendrá una vibración elevada para poder alcanzar tu propia frecuencia. Cuando eliges trabajar con las leyes divinas para ganarte la vida, ayudas a cambiar la realidad del dinero en pro del mayor bienestar de todos.

Una pregunta que podrías hacernos a nosotros, los Doce Arcángeles, es: "¿Por qué seguimos teniendo la caja negra del dinero si la hemos enviado al Sol Central para su transformación?". Compartimos contigo que cada vez que sientes desesperación o frustración con respecto al dinero, en especial cuando te desesperas por ganar más de lo que ganas hoy en día, de inmediato traes la caja negra de regreso a ti. Cada vez que la envías al Sol Central, aumentas tu inmunidad al miedo que impregna el dinero. El miedo se multiplica y el amor se transforma, así que cada vez que eliges el amor, frenas la capacidad del miedo de la caja negra para manipularte.

Junto con la caja negra que se encuentra en tu octavo chakra hay otras creencias basadas en el miedo que necesitan ser liberadas para que puedas cambiar tu relación con el dinero en una positiva. Piensa en estas creencias basadas en el miedo como hilos de marioneta atados a la caja negra que los viejos arquetipos masculino y femenino usan para controlarte y distraerte de ser creativo y de sentirte en paz y seguro. Estos hilos tienen el potencial negativo de mantenerte en el miedo por tu supervivencia, te controlan para que tengas miedo de arriesgarte y decir adiós al trabajo y a las relaciones que sabes que bajan tu vibración.

Para simplificar las cosas, describiremos cuatro "hilos de marioneta" del miedo que hacen posible que te duermas y entregues tu poder a los viejos arquetipos masculino y femenino. Metafóricamente, dos de los hilos controlan tu cabeza y tu cuello y los otros dos manipulan tus brazos y piernas. Tu cabeza y tu cuello simbolizan tu valor para respetar tu integridad como ser divino, y representan tu voluntad de elegir la felicidad y la libertad por encima del autocompromiso y la aceptación de tu valor para Dios. Tus brazos simbolizan lo que estás dispuesto a soltar y entregar a la Unidad Divina. Representan lo que estás dispuesto a recibir de la Fuente, y tus piernas simbolizan la voluntad de cambiar de dirección y recorrer un nuevo camino para tu mayor bienestar y máxima felicidad. Ser consciente del momento en el que tu autoestima cae en picada o dudas de tus decisiones, te ayuda a reconocer cuándo se están moviendo los hilos de la marioneta. Aunque no te recomendamos que abras la caja negra porque puede consumirte por completo, sí te animamos a que tengas pleno conocimiento de los cuatro hilos de las marionetas y a que lleves siempre contigo tus tijeras de llama de zafiro. El contenido de la caja negra no tiene forma de influirte sin estos hilos de sujeción que pueden arrastrarte.

El primer hilo es la capacidad del viejo arquetipo femenino para hacerte creer que eres pobre e incapaz de cambiar tu situación financiera. Entrelazado con el primer hilo, el segundo hilo puede convencerte de que estás atrapado en la misma historia financiera que tus parientes y antepasados, y te dice que eres víctima de tu crianza, tu entorno y tu educación (o la falta de ella). El viejo arquetipo femenino utiliza estos dos apegos para seducirte e introducirte en su pegajosa telaraña de la indignidad y la duda sobre ti mismo, la enfermedad física, la adicción o la depresión. Es también experto en retrasarte, apartar tu mente y tu energía de tus actividades creativas y degradar poco a poco tu autoestima hasta que cedes el control al viejo masculino.

El tercer hilo es la convicción del viejo arquetipo masculino de que no tienes ningún poder para cambiar tu situación financiera a menos que trabajes para el viejo patriarcado saturado de hombres. Esto puede consistir en ascender en la escala corporativa o militar, o en mantener un trabajo predecible, fiable y cómodo, aunque te haga sentir miserable. Cuando te tiran, los hilos de las marionetas del viejo patriarcado masculino te hacen volver corriendo a la forma segura, familiar y sin riesgos de vivir tu vida, aunque te esté matando. Tendrás que trabajar muy duro y tendrás demasiado miedo como para dejar un trabajo por muy infeliz o encerrado que te haga sentir. El cuarto hilo es el miedo a que te abandonen, a que te dejen sin hogar, te desamparen y te humillen en público por perder el control sobre la fuente de tu dinero. Controlar el dinero es lo mismo que intentar controlar tu energía; puedes permanecer consciente de la vibración de tu energía y de cuándo necesitas recibir del Gran Universo, pero controlar el dinero solo hará que te obsesiones con él y antes de que pase mucho tiempo, este pudiera tener control sobre ti y tu vida. El dinero es un sustituto muy pobre de la Unidad Divina porque esta última puede mantenerte en la riqueza, sin importar lo que pueda haber en tu cuenta bancaria. Controlar tu dinero automáticamente te pone en la carencia porque el dinero está cargado de miedo.

¿Cómo sabes si el miedo te ha engañado para que temas tener dinero, no tenerlo o tenerlo de sobra en el futuro? La respuesta es sencilla: porque te preocuparás por el dinero o te obsesionarás por controlarlo en lugar de centrarte en lo que está creciendo y listo para cosechar.

Experiencia sanadora
Libérate de los hilos del apego al dinero

Con los ojos abiertos, centra tu atención en cuatro hilos imaginarios que cuelgan de una caja negra situada a unos treinta centímetros por encima de tu cabeza.

Levanta a tu divino niño interior sobre tus hombros. Tu divino niño interior lleva un guante de llama zafiro y un guante de fuego violeta. Los guantes simbolizan el amor puro de Dios. Agradece a tu super-héroe personal por agarrar los cuatro hilos y lanzarlos, con caja negra incluida, al Sol Central. Los Ángeles vigilan para asegurarse de que los hilos de la marioneta y la caja se destruyan y se transformen en un nuevo valor propio para ti.

Llena a tu divino niño interior de afecto y gratitud. Solo el divino niño interior tiene el Poder del Corazón para hacer el trabajo que hay que hacer cuando se trata de transformar el miedo del concepto del dinero.

Otro método que los viejos arquetipos masculino y femenino del miedo utilizan para robarte la autoestima y convertirte en un prisionero es la deuda. Toda deuda financiera es el espejo de la duda sobre uno mismo, la duda sobre Alma, la duda sobre Creador y la duda sobre tu valor. Las deudas financieras necesitan ser disueltas en el océano de fuego violeta de la transformación y el perdón para que desaparezcan. ¿Cómo se consigue esto? A través de la fe en el Poder del amor sin diluir e invocando la Ley divina "Como es arriba es abajo". Nunca deberás nada a la Fuente porque ya eres infinitamente abundante. Cuando recibes de la Fuente, Dios se expande y el Gran Universo se llena con aún más amor. Este es el "como es arriba" que te enseñaremos a traer al "como es abajo" de tus deudas financieras, que son ilusorias desde la perspectiva del Cielo.

Disolver la deuda financiera con comprensión y amor

Queremos enseñarte lo que cada una de tus deudas te está ayudando a aprender sobre ti mismo. Comprender los mensajes subconscientes y simbólicos de cada deuda te facilitará perdonar las dudas que se manifiestan como deudas financieras. El perdón dentro de ti mismo se convertirá en el pago de las deudas y en la eliminación del endeudamiento de tu vida diaria, lo que pudiera llevar tiempo; sin embargo, con paciencia y aprendizaje, descubrirás que no solo te liberas de las deudas, sino que también encuentras gratitud por ellas. Agradecer tus experiencias restablecerá tu inocencia y te hará confiar en tu verdadero, auténtico y rico yo.

El endeudamiento financiero no es culpa tuya; sin embargo, puede ser una alegría para ti disolverlo con amor una vez que comprendas la milagrosa visión que puede proporcionarte la deuda. También puedes descubrir que pagar los impuestos, las facturas de la casa y la hipoteca se convierten en acontecimientos felices en lugar de algo que temer y dejar para el último momento. En la Escuela Tierra todo es simbólico y cuando el ego se entrega al conocimiento de que tú eres el creador de tu realidad, la vida solo mejora. Sí, estamos diciendo que tú (ego, subconsciente y Alma) creas las deudas financieras para reflejarte la duda y el miedo que se esconden en tu interior. No debes culparte a ti mismo ni a nadie por tus deudas financieras porque la vergüenza, el reproche y la culpa solo harán que estas sean más resistentes a la transformación. Aquellos que nunca experimentan tener deudas financieras necesitarán aprender la lección de una manera diferente y que puede ser mucho más difícil.

La deuda es la manifestación externa de tu creencia (por favor nota la *mentira* que se esconde en la palabra *creencia*) de que eres menos que alguien porque otro tiene más dinero que tú. ¿Alguna vez te has sentido menos porque te comparaste con otro, o porque ese otro se comparó contigo? La comparación es un truco de los viejos arquetipos masculino y femenino: son ingeniosos para hacer que te compares con otros y deducir que eres menos que ellos.

Veamos una lista de áreas en las que puedes sentirte menos que otra persona. Mientras lees cada una de las siguientes, toma nota de en qué aspecto te sientes menospreciado por el Creador:

- Dinero y acceso al dinero, incluyendo herencias, apoyo financiero y regalos de dinero.
- Belleza y atributos físicos, como altura, peso, fortaleza, color de ojos, color de piel y edad.
- Inteligencia, incluida la capacidad de ser innovador, matemático, músico, intuitivo, listo, creativo, muy hábil y con muchos conocimientos (o bien educado).
- Conexiones con personas influyentes, incluida una familia con estatus y poder en el mundo, acceso a recursos y experiencia de personas de éxito y suerte de estar en el lugar y momento adecuado y con las personas adecuadas.
- Encanto, popularidad, gracia social y valentía social, lo que incluye tener una admirable capacidad de comunicación y habilidad para negociar.
- Suerte con el dinero, lo que incluye encontrar dinero, ganar dinero, generar dinero y multiplicar el dinero a través de la inversión.
- Ser amado y digno de ser apoyado por Madre y Padre Dios, la Unidad Divina, incluyendo sentirse amado, querido y aceptado por tus padres, familia, amigos, comunidad y sociedad.

Por favor, lee nuestra lista unas cuantas veces para ver si tu cuerpo siente tensión o te das cuenta de que estás conteniendo la respiración. Esta es la forma que tiene tu cuerpo de confirmar lo que tu subconsciente reconoce como cierto.

Te pedimos que, mientras lees la siguiente experiencia sanadora, prestes atención a tu cuerpo y a tu respiración. Todo tu ser siempre quiere dejar ir las mentiras y el miedo. El amor puro y la Confianza funcionan como un desatascador de los conceptos erróneos que los seres humanos pueden tener sobre sí mismos. ¡Deja ir las mentiras e invita al amor sanador y a la liberación a fluir!

Experiencia sanadora
Conquista la duda

Cierra los ojos y respira profundo. Atraviesa la puerta púrpura y ve ante ti una escalera de caracol que conduce a tu biblioteca de creencias. Sube las escaleras y encuentra a tu divino niño interior sentado en el mostrador, mientras habla con el Ángel guardián bibliotecario.

Tu primera tarea es pedirle al Ángel guardián que encienda los grandes rociadores de fuego violeta y riegue la entrada de la biblioteca. Los viejos arquetipos masculino y femenino se esconden tras las macetas situadas detrás del mostrador del bibliotecario. Si no los eliminas, encontrarán la forma de distraerte para que no entres en el salón principal de la biblioteca.

Cuando entres en el salón principal, verás a tu derecha un imponente vórtice de color azul zafiro y a tu izquierda un vórtice de color aguamarina y dorado. Saluda al Arcángel Miguel (azul zafiro) y al Arcángel Gabriel (aguamarina y dorado) y repite: "Gracias por ayudarme a despejar las dudas, mentiras e inseguridades que tengo sobre mí mismo".

Dentro del salón principal hemos colocado un contenedor de fuego violeta lleno de carbones azul zafiro. Hay ángeles en altas escaleras por todas partes, los cuales arrojan libros (que contienen mentiras) al contenedor. Agradéceles su ayuda.

Tu divino niño interior y los Arcángeles Miguel y Gabriel te llevan por las escaleras del sótano hasta los archivos olvidados de tu infancia y vidas pasadas. Repite: "Dondequiera que estén mis creencias limitantes, mis dudas sobre mí mismo y mi conexión con la Fuente, las libero. Las perdono y las devuelvo al Sol Central de la Unidad Divina".

El suelo bajo tus pies se vuelve violeta, luego esmeralda y después rubí. Hay un éxodo masivo de libros que parecen salir de la tierra así como de los estantes de las paredes del sótano. Siente esto en tu cuerpo y exclama: "¡afuera la duda, bienvenido el amor. Afuera la duda, bienvenida la confianza. Afuera la duda, bienvenida la fe. Afuera la duda, BIENVENIDO el amor por mí mismo!".

Los Arcángeles te devuelven al salón principal de la biblioteca y notas que muchos libros han desaparecido. Repite: "Activen mi autoestima y valor como hijo divino de Madre y Padre Dios/el Creador/la Unidad Divina, AHORA". Observa cómo libros que emanan luz dorada con nuevas verdades sobre ti comienzan a llenar los estantes, antes vacíos. Un géiser arcoíris de amor puro se alza ahora donde antes estaba el contenedor de fuego violeta. La energía está llenando tu biblioteca con la Verdad.

Tu divino niño interior abre una puerta invisible a tu derecha y puedes ver tu jardín de creatividad a través de la abertura de la pared de la biblioteca. El divino niño interior señala un gran cofre a tus pies que bloquea la entrada. Cuando abres el cofre, encuentras un libro gigante con el título: *Tus esfuerzos creativos nunca son suficientes para saldar deudas o generarte libertad financiera y personal.*

Pídele al Arcángel Miguel del Sol Central que atraviese el libro gigante con su Espada de la Verdad, la Justicia y la Victoria de llama azul zafiro. Observa cómo el libro se convierte en polvo blanco.

El Arcángel Gabriel saca su trompeta y pronto el polvo blanco se ha convertido en un pájaro que vuela directamente hacia el Sol Central.

Entra en tu jardín de creatividad con los Ángeles. Agradece a tu jardín por los proyectos en crecimiento, las nuevas formas de recibir abundancia y las oportunidades de compartir los frutos de tus cosechas ahora y en el futuro.

Regocíjate en el hermoso coro de los Doce Arcángeles cantando que eres amado, querido, atesorado, apoyado y bien provisto para todos tus días. Que no quede ninguna duda de quién eres en verdad, ¡hijo de Dios!

❖❖❖

La confianza, junto con la gratitud, es el elixir mágico de alta vibración para disolver la deuda financiera. A continuación, explicaremos algunas de las deudas más comunes para ayudar a tu ego a entender que tener deudas en tu vida te está proporcionando oportunidades para aprender, no para sentirte castigado.

EL SIGNIFICADO SIMBÓLICO DE LAS DEUDAS FINANCIERAS COMUNES

Impuestos

Los impuestos simbolizan la responsabilidad, en especial hacia los padres y la familia. Cuando se deban impuestos atrasados, o no haya fondos suficientes para pagar los impuestos adeudados, salta al río de fuego violeta. Libera el yo interior que tuvo que crecer antes de tiempo y sintió que no había suficiente de lo que necesitaba. Si esto no resuena contigo, intenta liberar a tu yo interior que siente que ha sido abandonado por el Gran Universo y se siente como un niño abrumado e indefenso. Permanece en el río de fuego violeta hasta que el color cambie a rubí. Empápate del amor rubí de la Madre Divina del Gran Universo y repite: "Gracias Madre Divina por manifestar todos los fondos que necesito para pagar los impuestos. Lo permito y lo agradezco".

Préstamos hipotecarios

Una hipoteca simboliza la seguridad de los padres, en especial la de la madre. Cuando solicitas una hipoteca, ya sea a un banco o a un prestamista privado, estás recibiendo el apoyo emocional y físico de unos padres sustitutos, simbólicamente. Comprende que nada es permanente en tu vida, ni siquiera la casa que compras, porque al final volverás al Cielo.

Mientras estés en la Tierra, tu hogar físico es simbólico de tu cuerpo y tus padres biológicos solo aportaron las células para tu formación. Tu madre te proporcionó tu primer hogar, su vientre. Cuando necesitas una hipoteca, tu Alma te está dando el mensaje, a través de tu experiencia de vida, de que necesitas llenarte consistentemente con el amor, la atención positiva, el afecto y el reconocimiento de la Madre Divina y el Padre Divino del Gran Universo de que eres valorado, estás a salvo, seguro y libre. Para pagar tu préstamo hipotecario, reconoce a tus verdaderos padres, los aspectos de la divinidad femenina y masculina del Alma. Repite: "Gracias, divinidad femenina y masculina, por proveer para mí en todos los sentidos". Puede sonar demasiado simple, sin embargo, cuando el ego acepte que el Alma tiene la plena responsabilidad de tu ser, entonces ya no necesitarás la experiencia de un banco propietario de tu residencia física. Sé paciente, ya que tu mente puede tardar un tiempo en liberarse de las creencias que te dicen que solo podrás ser dueño de una casa si te esclavizas al banco o a un prestamista "viejo masculino".

Préstamo o alquiler de automóviles

Un automóvil simboliza la manera en la que te mueves por la vida en el momento actual. Si estás necesitando financiar tu auto, entonces tu Alma está tratando de hacerte saber que todavía estás cargando dudas sobre tu creencia de que mereces ser libre para vivir la vida que quieres vivir, haciendo lo que quieres hacer y yendo a donde quieres ir. Por favor, llena tu automóvil de energía turquesa, la energía de la libertad y de los sueños hechos realidad, cuando lo conduzcas. Puede que sea una opción más lógica para ti alquilar tu auto; sin embargo, al visualizarlo en luz cantora turquesa te beneficiará en todos los sentidos de cara al futuro.

Deuda de tarjetas de crédito

Las tarjetas de crédito simbolizan el crédito y la validación que el ego necesita y merece. A menudo este crédito incluye la atención y el reconocimiento por ser una persona maravillosa, por lo que utilizas las tarjetas para comprar artículos para los que no tienes dinero en efectivo pero que crees que te mereces.

Cuando no puedes pagar el saldo total, es posible que te sientas indigno de recibir porque no te sientes valioso. La deuda rotativa de la tarjeta de crédito es un mensaje de que tu ego no se siente digno ni lo bastante bueno, por muy convincentes que parezcan las circunstancias externas para racionalizar la deuda. Para abrir nuevas fuentes de ingresos para que tu Alma pueda pagar las deudas a través de tu realidad financiera, llénate a diario de aceptación incondicional, gratitud y aprobación hacia ti mismo. Además, te recomendamos encarecidamente que repitas el ejercicio "Libérate de los hilos del apego al dinero", de la página 114. Puedes estar seguro de que a los viejos arquetipos masculino y femenino del miedo les gusta tenerte ahogado en las deudas de tarjetas de crédito. Quieren que tu ego dude de la capacidad de tu Alma para rescatarte.

Las tarjetas de crédito también pueden ser un sustituto del padre mágico que siempre dice: "Sí, puedes tener lo que quieras". Cuando te encuentres comprando cosas que en realidad no quieres o no necesitas, por favor, ten compasión con el niño dolido o el yo que llevas dentro. Estás suplicando por un padre que te ame; ese padre es tu Alma. A medida que permitas que la Unidad Divina y el Alma te llenen con el amor que te ha estado faltando, fluirán mayores ingresos. También tendrás más discernimiento sobre lo que deseas comprar para ti. No estamos diciendo que gastarás menos, estamos diciendo que no necesitarás sentirte culpable y avergonzado por darte a ti mismo lo que quieres. Esto se reflejará en el pago total de las tarjetas de crédito y en dejar de tener un saldo rotativo.

Experiencia sanadora
Crédito y validación para ti

Cierra los ojos y atraviesa la puerta púrpura. Cuando tus pies toquen el suelo esmeralda, deja que la energía del Corazón te llene desde abajo mientras el Sol Central te llena desde arriba. Camina hacia la piscina rubí donde te esperan tu divino niño interior, tu divinidad femenina y tu divinidad masculina.

Al entrar en la piscina rubí del amor sanador de la Madre Divina, permítete sentirte como un "saco de huesos" deshidratado y agotado.

Tu divinidad femenina te ofrece una taza de té rubí, que tiene un sabor muy refrescante. Repite: "Acepto que mi recipiente se sature de aceptación por mí mismo, de amor incondicional por mí mismo, de aprobación incondicional de mí mismo, de validación de mi inteligencia y capacidad y de gratitud por los frutos de mi jardín de creatividad".

La piscina se vuelve violeta. Libera cualquier sentimiento de culpa, vergüenza, reproche, victimismo, injusticia, resentimiento e ira. Exhala todo y repite: "Me perdono a mí mismo. Perdono a mi vida. Perdono a todas las personas de mi vida que siento que han sido injustas conmigo. Libero mi deseo de que un padre mágico me rescate y me entrego al cuidado y a la generosidad desbordante del Alma".

Aparece una cascada arcoíris y empapa cada una de tus células, en especial tu ego herido, con amor puro y prosperidad. Pregunta a tu divino niño interior: "¿Qué puedo hacer para aumentar mi recepción de la Fuente?". Escucha, relájate y deja que la Confianza te empape.

PRÉSTAMOS PERSONALES A CORTO PLAZO

Un préstamo personal de un amigo, un familiar, un compañero de trabajo o una empresa financiera es un mensaje de que estás perdiendo energía por una crisis del pasado. Este reaccionar en el presente a causa de una experiencia del pasado puede haberse convertido en un patrón repetitivo. Lo que ocurre es que el "hámster en la rueda" interno siente que necesita sobrevivir por mucho que se esté quedando sin energía. Un préstamo a corto plazo es como tomar un refrigerio muy azucarado o una bebida con cafeína para poder seguir adelante aunque estés agotado. El importe del préstamo es irrelevante, aunque puede ser una señal de tu nivel de agotamiento. La necesidad de pedir prestada una pequeña cantidad de dinero para salir del paso puede indicar que te vendrían bien un par de días de descanso mental en la naturaleza, mientras que pedir prestada una gran suma de dinero puede indicar que estás quemado por tu carga de responsabilidades. Puede ser útil observar la riqueza que te estás permitiendo recibir hoy. Agradece a la Madre Divina por recibir más de lo que necesitas. Agradece a tu Alma y a tus Ángeles por crear el espacio para que te tomes un descanso, sobre todo si no ves cómo esto es posible. Repite: "Estoy dispuesto a experimentar el milagro de crear el tiempo para el descanso y la reflexión". Mientras descansas, repite la experiencia sanadora "Crédito y validación para ti", de la página 122. Si estás demasiado cansado para enfocar tu mente, tan solo pídeles a tu divino niño interior, a tu divinidad femenina y a tu divinidad masculina que lo hagan por ti.

Nuestra última recomendación para disolver las deudas y las dudas sobre uno mismo utilizando el Poder del amor puro es hacerse la siguiente pregunta: "¿Será que las dificultades financieras son cosa de familia?". ¿Has notado que tus hermanos, padres, tíos, primos o abuelos luchan por conseguir el dinero que necesitan? ¿Algún miembro de la familia se mantiene a duras penas a flote económicamente? ¿Sufre de estrés financiero crónico? ¿Estás dispuesto a ayudarte a ti mismo y a tu familia a acabar con la vieja historia de no ser suficiente? En las familias en las que hay antecedentes de adicción, aunque el dinero no sea el problema, puede haber una ansiedad subyacente por no sentirse valioso y digno. Estos miedos pueden transmitirse a la siguiente generación y manifestarse en forma de dudas convertidas en deudas. Te ofrecemos una solución sencilla pero poderosa para acabar con el endeudamiento familiar.

Experiencia sanadora
Transforma los patrones familiares de la deuda

Cierra los ojos. Respira profundo y despacio. Repite: "Perdono la duda y la deuda de todos nosotros".

Atraviesa la puerta violeta y adéntrate en el océano de fuego violeta de la transformación y el perdón.

Tu divino niño interior está contigo y tiene un saco con las letras alfabéticas del apellido de tu familia. Ayuda a tu divino niño interior a vaciar el saco de letras en el océano de fuego violeta y repite: "Perdono la deuda de todos nosotros. Perdono cualquier vergüenza, culpa,

pobreza o falta de consciencia contenida en las letras de nuestro apellido. Elijo amor para todos nosotros y elijo que todos estemos llenos de
amor puro y Confianza de la Fuente".

Si sientes que la historia de la deuda financiera o la duda sobre
ti mismo es tu propia historia personal y no la compartes con otros
miembros de la familia, entonces pídele a tu divino niño interior que te
dé el saco con las letras de tu nombre de pila (y segundo nombre si
tienes) y coloca estas letras en el océano de fuego violeta. Por ejemplo,
si tu nombre de pila es Jill, entonces las letras J, I, L y L estarán en el
saco. Repite: "Libero mi vieja historia de dudas. No me falta nada porque soy un Hijo de Dios. Lo perdono todo, aunque parezca imperdonable. Soy importante para la Unidad Divina. Soy importante y lo que creo
y tengo para compartir es muy valioso. Invito a mis Ángeles a que me
ayuden a conocer mi valor y a que me enseñen a vivir libre de deudas
y libre de dudas. ¡Yo lo permito!".

Transfórmate en un delfín y nada hacia las profundidades del océano
hasta que llegues a un vórtice de fuego blanco. Desde este lugar demasiado cargado de amor, repite: "Libero cualquier preocupación financiera
crónica que viva dentro de mis moléculas y átomos. Libero cualquier
duda sobre mi capacidad de cultivar cosas maravillosas en mi jardín de
creatividad. Me permito saturarme del amor rubí de la Madre Divina y
le doy la bienvenida para que reciba milagros, oportunidades y riqueza
a través de mí. ¡Lo permito y lo agradezco!". Transfórmate de nuevo en
ti mismo y relájate con la energía sanadora violeta y de fuego blanco.

Todo el océano se vuelve turquesa y dorado. El Alma restaura tu
recipiente humano con todo lo que eres y tú te pones de pie y extien-
des tus manos hacia el Sol Central. Repite: "Recupero mi autoestima.
Recupero mi poder personal. Invoco a mi humanidad mi derecho de
nacimiento a ser independiente y tener éxito, ¡AHORA!".

Una herramienta más para ayudarte a dejar la preocupación por
el dinero, mantener tu vibración alta y conservar tu energía es pedir a
tus Ángeles guardianes que te hagan consciente de tus pensamientos

sobre el dinero. Cuando tus pensamientos no estén enfocados en agradecer al Gran Universo por la prosperidad que fluye hacia ti, entonces pon todas las cosas concernientes al dinero en el océano de fuego violeta: puede ser tu billetera, estados de cuenta bancarios, declaraciones de impuestos, portafolio de inversiones financieras y puntaje de crédito. Envía todos los pensamientos relacionados con el dinero al mar de fuego violeta para que se transforme el miedo que albergas en tu interior. Si sigues sin poder cambiar de la ansiedad a la confianza tus pensamientos sobre el dinero, repite el ejercicio de sanación "Libérate de los hilos del apego al dinero", de la página 114. Una vez que hayas hecho la limpieza, agradece el dinero que has recibido por multiplicarse para ti y para el que lo envió. Recuerda que el dinero es un concepto saturado de miedo. Para que el dinero venga a ti, ayuda al concepto del dinero a elevarse en vibración mediante la gratitud y la confianza en la Fuente. Para ayudar al Sol Central a ofrecer alivio financiero, necesitamos conectar el concepto del dinero con la creatividad, la cual obliga al miedo a salir del dinero y lo saca de las manos controladoras del viejo masculino y del femenino y te lo da a ti. ¡Déjanos enseñarte cómo funciona!

¿Estás listo para recibir más del Gran Universo y permitir que tu jardín de creatividad cambie tu realidad financiera? Necesitamos ayudarte a despejar algunas creencias seductoras basadas en el miedo que pueden sonar racionales. Estas creencias te dicen que ser creativo no es suficiente para cambiar tu realidad financiera actual o futura. Cualquier creencia basada en el miedo está hecha de ilusión y no tiene fuerza cuando usas el Poder del Corazón para atraer tu éxito. El éxito y la expresión creativa van de la mano. Es hora de transformar las viejas creencias masculinas y femeninas más convincentes que limitan la prosperidad que recibes de tu producción creativa.

Creatividad y flujo sostenible

Obligarte a hacer lo que no quieres solo hará que te sientas triste y enojado. La frustración crea sequía para tu jardín. Junto con la sequía de creatividad, cuando la mente del ego relaciona el valor de la cosecha con lo que espera que los demás estén dispuestos a pagar, surgen los problemas. Tenemos que cuestionar los cálculos del ego y decirte que cosechar medio kilo de papas no equivale al precio de mercado de las papas. Tu expresión creativa y tu contribución tienen un valor incalculable, no tienen precio. Cada creación original y servicio centrado en el Corazón que ofreces a otro no tiene precio a los ojos del Creador. ¡Respeta lo que crece en tu jardín de creatividad!

Necesitamos que el ego se desprenda de lo que te han dicho que ganarás, de la riqueza que Madre y Padre Dios quieren que tengas y te enviará. Cuando pones precio a lo que vales, limitas el flujo de lo que estás abierto a recibir del Gran Universo. Entendemos que necesitas poner precio a los frutos de tu cosecha para venderlos. Esto es diferente, en el aspecto vibracional, de asociar el valor real de tus esfuerzos creativos con cualquier cantidad de dinero. Pídeles a tus Ayudantes en el Cielo que den el mejor precio monetario para el fruto. Ellos repetirán la cifra, a través de tu intuición, hasta que esté clara como el agua en tu mente. Además, una cosa es ofrecer una muestra de frutos de tu jardín, pero otra muy distinta es regalar toda tu cosecha, ya que eso solo atraerá a aquellos que esperan frutos gratis. Esto no les ayuda ni a ellos ni a ti a recibir de la Fuente.

El ego, cuando se deja confundir por las artimañas de los viejos arquetipos masculino y femenino del miedo, puede creer que los mejores ingresos solo pueden provenir de un trabajo que parezca tener el mayor potencial de ganancias. Cuando el éxito financiero no se parece a lo que el ego espera, entonces puede que dudes de tu propio valor, y eso es exactamente lo que los viejos arquetipos masculino y femenino esperan que hagas. Sin embargo, si te centras en ser feliz y estar entusiasmado con el desarrollo de tus ideas creativas, la tubería de la Fuente permanece abierta y los recursos fluyen hacia ti.

Transformemos las creencias que limitan los ingresos que te permites recibir, tanto de los flujos de ingresos esperados como de los inesperados. Quitar del camino estos bloqueadores de tuberías te ayudará a experimentar una nueva realidad financiera. Confía en que tu Alma te está abasteciendo, a través de tus propios esfuerzos creativos, así como de maneras sorprendentes y milagrosas. La creatividad mantiene la tubería destapada entre la Madre Divina del Gran Universo y tú. Ella recibe abundancia para ti como energía. La energía del amor se manifiesta entonces como lo que necesitas en la vida cotidiana. Esa es la forma más sabia de recibir recursos financieros sostenibles en los que puedes confiar que te pertenecen. No podemos dejar de repetirlo: mantener clara tu expresión creativa significa que haces lo que te hace feliz a ti y a tu divino niño interior. Elevar la vibración de la mente de tu ego a la de tu divinidad masculina te mantiene valiente y te ayuda a compartir tu cosecha llena de alegría, y desbloquear la creatividad mantiene la tubería destapada para que recibas un flujo financiero estable, sostenible y confiable.

Por favor, lee la siguiente lista de bloqueadores de la creatividad y el dinero. Cuando leas cada uno de ellos, comprueba si contienes la respiración o sientes tensión en el cuerpo. Aunque algunos de los bloqueadores puedan parecer bastante lógicos, no ayudan a que fluya tu creatividad. La creatividad abundante y alegre es necesaria para acceder al flujo directo de la Fuente. Podemos ayudar a que las cosas fluyan una vez que identifiques los bloqueos que necesitan ser liberados y enviados al Sol Central.

▸ Bloqueadores del flujo financiero y creativo

- El dinero me llega a través del trabajo duro y el esfuerzo constante.
- He experimentado que no hay nadie que pueda ayudarme de verdad, así que es mejor que "sonría y aguante".
- Hay demasiada presión sobre mí para pensar en ser creativo o considerar la posibilidad de que la vida pueda ser diferente.
- He trabajado por el dinero, o trabajaré por él. Soy yo quien hace el trabajo y provee el dinero.
- La creatividad solo obstaculiza el camino para ganar dinero seguro.
- Debes hacer el trabajo que te paga, olvídate de hacer lo que amas.
- Acepta cualquier trabajo que te ofrezcan si te pagan bien.
- Asumir riesgos suele conducir al fracaso. Mejor ir por lo seguro.
- Si no soy yo quien gana el dinero, no es mío.
- La única persona con la que puedo contar es conmigo mismo.
- No valoro ni respeto los resultados de mis esfuerzos creativos.
- Ten cuidado con los que dicen que quieren ayudarte, ¿qué esperan a cambio de tu ayuda?
- Limítate a los trabajos habituales si quieres sobrevivir en la Tierra.
- Que un empleador me pague un sueldo es mucho mejor que trabajar para mí mismo.
- Me identifico como mujer y, por tanto, debo ser mantenida por un hombre.
- Me identifico como hombre y de mí se espera que sea el proveedor (aunque odie mi trabajo).
- Me identifico como la mujer de la que se espera que cuide y mantenga a todo el mundo.
- No soy creativo.
- El dinero nunca me llega con facilidad.
- Ganar y tener mucho dinero es más importante que la felicidad (y tener un trabajo que me haga sentir que no estoy trabajando).

- No dispongo de los fondos necesarios para poner en marcha un proyecto creativo.
- Necesito tener dinero antes de empezar un proyecto creativo.
- La única forma que veo de tener el dinero que necesito para vivir como quiero es que me gane la lotería o que mis inversiones financieras se disparen.
- No hay suficientes personas que quieran lo que tengo para ofrecer.
- Los Ángeles no pueden ayudarme con dinero porque no lo necesitan donde viven.
- No tengo tiempo ni energía para ser creativo.
- No puedo financiarme compartiendo la cosecha de mi jardín de creatividad; no tengo lo que se necesita para hacerlo.
- No confío en que la Madre Divina del Gran Universo pueda traer dinero a mi realidad terrenal.
- No confío en que el Padre Divino del Gran Universo pueda darme instrucciones claras sobre lo que puedo hacer para ganar dinero de una manera que me haga feliz.
- No confío en que el Alma pueda proveer mis necesidades financieras a través de mi expresión creativa.
- No confío en que mi divino niño interior pueda utilizar el Poder del Corazón para atraer hacia mí la ayuda que necesito para mantenerme económicamente.
- No confío en que pueda estar al servicio del bienestar común y, al mismo tiempo, enfocarme en ganarme la vida.
- No confío en que pueda manejar mi sensibilidad emocional y funcionar en un mundo impulsado por el dinero.

Siéntete libre de añadir a nuestra lista cualquier otra creencia convincente y limitante que dé vueltas por tu mente.

Experiencia sanadora
Destapa la tubería

Pídele a tu divino niño interior que te muestre si el bloqueador de tuberías tiene el tamaño de una piedrita o el de una montaña. Si no eres un visualizador, confía en lo que sientes. Si no estás seguro, entonces opta por el tamaño de una montaña.

Pídeles a tus Ángeles guardianes, Ayudantes en el Cielo y divinidad masculina y femenina que empujen la montaña (o piedra) hacia el océano de fuego violeta. Observa cómo la montaña desaparece bajo el agua de fuego violeta y repite: "Libero este bloqueador para siempre. ¡Fuera, vieja creencia limitante masculina y vieja creencia limitante femenina! ¡Me perdono por creer la mentira!".

Vuelve a la lista y coloca el próximo bloqueador en el océano de fuego violeta. Repite: "Libero este bloqueador para siempre. ¡Fuera, vieja creencia limitante masculina y vieja creencia limitante femenina!". Si te resulta más fácil, pon toda la lista en el océano de fuego violeta y repite: "Libero todos y cada uno de los bloqueadores creativos y financieros de mi recipiente y los perdono todos".

Una vez que las piedras y las montañas se hayan disuelto, el océano violeta se tornará de un brillante verde esmeralda y dorado. Entra en el océano verde con tu divino niño interior y tu equipo de Ayudantes en el Cielo. Repite: "Gracias por saturar mi ego con Confianza y respeto por mi divinidad. Gracias por verter Confianza en el subconsciente profundo donde almaceno mi falta de confianza. Estoy dispuesto a destapar mi tubería!".

Por el placer de hacerlo, vuelve a tu jardín de creatividad y busca qué ideas geniales te ha plantado tu Alma para cambiar tu realidad financiera. Y si no descubres nada extraordinario, aguanta: pronto presentaremos el "jardín comunitario". Por ahora, te pedimos que respires, te entregues y dejes que la confianza y el respeto te llenen.

Ahora que estás dispuesto a utilizar la cosecha de tu jardín para mejorar tu flujo financiero, aquí te damos una herramienta para evaluar lo que necesitas cambiar para pasar del estrés financiero a una riqueza sostenible. Recuerda que definimos la riqueza como felicidad. Como hijo divino de Madre y Padre Dios, eres completamente merecedor de hacer el trabajo que te paga más de lo que necesitas y te hace sentir lleno de alegría y propósito.

Experiencia sanadora
¡Recibe, atrae, enfócate y crece!

Pregúntate si necesitas ayuda para recibir. ¿Necesitas más dinero, clientes, oportunidades o consumidores? ¿Tienes miedo de no tener suficiente dinero para el futuro a corto o largo plazo? ¿Sientes que tu creatividad o tu flujo financiero están estancados y necesitas que las cosas avancen? ¿Te vendría bien más apoyo en tu vida cotidiana? Si tu respuesta es sí, salta al río de fuego violeta y repite: "¡Viejo arquetipo masculino, FUERA! ¡Divinidad femenina y Madre Divina, BIENVENIDAS!".

Permanece en el río violeta hasta que el color cambie a rubí. Sumérgete en el amor rubí puro hasta que te sientas saturado de seguridad, protección y amor incondicional por completo.

Pregúntate si necesitas ayuda para enfocarte en lo que tienes que hacer. ¿Necesitas una dirección clara? ¿Quieres identificar qué es lo siguiente que vas a cosechar de tu jardín de creatividad? ¿Quieres saber cuánto cobrar por un producto o servicio? ¿Necesitas valor para dar un salto de fe? ¿Necesitas saber qué hacer para ganar dinero, gastarlo o compartirlo? Si tu respuesta es sí, salta al río de fuego violeta y repite: "¡Viejo arquetipo femenino, FUERA! ¡Divinidad masculina y Padre Divino, BIENVENIDOS!".

Permanece en el río violeta hasta que el color cambie a turquesa y azul zafiro. Mírate a ti mismo como un vaso alto y vacío y llénalo con los colores del enfoque claro, el coraje, la verdad y la fuerza.

Pregúntate si la vida se ha convertido en mucho trabajo y nada de diversión. ¿Te cuesta confiar en ti mismo o en los demás? ¿Te cuesta pedir ayuda o pedir lo que quieres a un ser querido o a un desconocido? ¿Tienes miedo de que te hagan daño debido a tu sensibilidad? ¿Te cuesta atraer la ayuda calificada y fiable necesaria para cuidar los árboles frutales de tu jardín? ¿Te cuesta confiar en que los clientes vendrán? Si tu respuesta es sí, salta al río de fuego violeta y repite: "Envío a mi niño y a mi yo herido al Sol Central para que los cure. Lo hago con amor y compasión. Doy la bienvenida a la confianza de mi divino niño interior y a la gloriosa liberación del Sol Central".

Permanece en el fuego violeta hasta que el río se transfome en todos los colores del arcoíris del Creador. Repite: "¡Dvino niño interior, divinidad femenina y divinidad masculina del Alma, condúzcanme a una infancia feliz AHORA!".

Pregúntate si estás permitiendo que tu trabajo evolucione. ¿Amas lo que haces para ganarte la vida? Si no necesitas ganar dinero, ¿amas lo que está sucediendo en tu jardín de creatividad? ¿Estás cumpliendo la llamada de tu alma y marcando una diferencia positiva en la vida de los demás? ¿Sientes que cada día vives más en la vibración del Cielo? Si tu respuesta es no a cualquiera de nuestras preguntas, entonces salta al vórtice de fuego blanco que hemos creado para ti. Repite: "Invoco la ayuda de los Doce Arcángeles del Sol Central para que me permitan entregarme a la gran y vasta riqueza que Yo Soy".

Permanece en el vórtice de fuego blanco hasta que cambie a opalescente. Sal del vórtice y entra en el jardín comunitario.

EL JARDÍN COMUNITARIO

A medida que trabajamos juntos para ayudarte a expresar el ingenio que fluye en tu cerebro desde el Sol Central, puede que descubras que deseas trabajar con otras personas que también estén centradas en el Corazón. El jardín comunitario es un lugar donde tus ideas creativas se funden, fluyen y colaboran con las habilidades y pasiones de los demás. Por ejemplo, digamos que a ti y a tu divino niño interior les encanta hacer postres y cuando entras en el jardín comunitario, atraes hacia ti a un chef que disfruta elaborando el plato principal y que conoce al granjero perfecto que puede proveerte de los huevos y la mantequilla para tus elaboraciones. El granjero, a su vez, conoce al mejor organizador de eventos de toda la región. Todos los divinos niños interiores dentro de cada uno de ustedes disfrutan usando el Poder de su Corazón para atraer clientes a su mesa compartida. Cuando las Almas se reúnen y los egos se entregan, sucede la magia vibratoria más elevada y la abundancia se multiplica. El respeto por tus propias búsquedas creativas, así como el respeto por todos, ayuda a que el huerto crezca y los productos se multipliquen. La sequía puede atacar el huerto si el control del viejo arquetipo masculino o el "pobre de mí" del viejo arquetipo femenino entran en escena. Se recomienda que cada quien haga lo que mejor sabe hacer y deje el cuidado del huerto de su vecino a su vecino. El jardín comunitario evolucionará, se producirán cambios, y algunos jardineros se irán y otros nuevos se unirán a la comunidad. Si permites que tus Ayudantes en el Cielo te asistan en la gestión y te mantienes conectado a tus sentimientos y a las hermanas gemelas, todo irá de maravilla.

Los jardines comunitarios no funcionan bien cuando existe una vieja jerarquía masculina y femenina. Recomendamos que, cuando haya beneficios que repartir, se compartan de forma equitativa y generosa. El Gran Universo siempre está dando. Donde hay amabilidad, respeto y verdadera comunidad, la Fuente se asegurará de que la cosecha sea mayor de lo esperado. Y si un proyecto comunitario se convierte en polvo y no produce ni siquiera un fruto para uno de ustedes, no te rindas; fíjate en lo que hay que cambiar y celebra todo lo que has aprendido. Al fin y al cabo, esto es una escuela y cada jardinero está aprendiendo a valorar el amor por encima del miedo. Cuando los esfuerzos en equipo no den sus frutos, ten paciencia y confía en que algo mejor ya ha echado raíces en el jardín.

Te invitamos a sacar tu vida de la mentalidad de carencia y llevarla a la abundancia. Una vez que tu realidad financiera se haya transformado, haz una reflexión interior y pregúntale al Alma si hay algo más que pueda mejorar en tu vida. Tú, divino Niño del Sol Central, eres digno de tener todas tus necesidades emocionales y físicas satisfechas. Si la necesidad viene del ego y no es algo que en realidad deseas con tu Corazón y Alma, entonces puede ser útil tomar consciencia de ello. Nuestra intención es animarte a sentir lo que tu humanidad necesita para ser feliz y a recibirlo de la Fuente, en especial cuando no crees que esto sea posible.

Doce Arcángeles

PARTE 5

¿Qué sigue faltando?

La Ley "Como es arriba es abajo" dice que puedes vivir el Cielo en la Tierra. ¿Por qué aceptarías menos que el júbilo del Cielo?

LOS DOCE ARCÁNGELES DEL SOL CENTRAL

La fórmula de los Doce Arcángeles para cambiar tu realidad

Por frustrante que pueda parecer la Escuela Tierra cuando ves la vida desde tu perspectiva humana, tenemos buenas noticias que compartir: todos los asistentes a la Escuela Tierra están evolucionando en consciencia, y esta evolución ocurre incluso a pesar de la intensidad de los dramas que se desarrollan en la pantalla global. Te pedimos que des un paso atrás e imagines que cada ser humano es la estrella de su propia película y que esta se está proyectando en su propio cine. Si te enfocas en lo que estás experimentando en tu película y usas tus herramientas espirituales para editarla, ayudarás a que todas las otras películas cambien de vibración. Esto no es egoísmo o crueldad; en realidad, eres un cambiador positivo de la realidad, una fuerza chamánica actual que trabaja por el bienestar de todos.

Lleva tu consciencia de vuelta a casa, de regreso a ti mismo, y pregúntate: "¿Qué le falta a mi vida que me traería mayor felicidad?". Lo que el ego puede no saber es que el Alma ya te ha estado susurrando tus deseos a través de tu divino niño interior. Cuando empiezas a ser consciente de lo que falta en tu realidad actual, ¡el milagro de cambiar tu película comienza! Los Ángeles te animan a llenar tu vida con la riqueza del Cielo porque a medida que aumenta tu felicidad, te conviertes en un acelerador de la evolución para todos. A continuación, te ofrecemos nuestra fórmula de seis pasos, trabajando con los colores cantores del Sol Central, para ayudarte a recibir lo que el Alma desea que experimentes.

1. Pregúntate: "¿Qué le falta a la película de mi vida que me traería plenitud y al mismo tiempo apoyaría mi evolución para convertirme en una persona más sabia y bondadosa?". Repite: "Gracias, Madre Divina del Gran Universo y divino niño interior de mi Alma, por recibir lo que falta en mi vida. Gracias, Ángeles, por ayudarme a mantenerme en mi propio camino para recibir esta bendición". Visualízate a ti mismo saturado de luz cantora rubí, o mantén esa intención.

2. Comprueba si hay heridas y miedos en tu subconsciente que estén impulsando lo que tu ego cree que falta en tu película. El ego, influido por el pasado, puede crear mucha ansiedad y disgusto al poner límites tan fuertes a cómo él quiere que sea la película de la felicidad. Deja de esperar el momento y el "cómo" vendrá a ti. Consulta nuestra lista de motivaciones subconscientes y asegúrate de llenar tu subconsciente con la energía sanadora necesaria. Repite: "Libero y perdono el pasado; ya no quiero vivir en un pasado que limita mi presente y mi futuro". Pídeles a tus Ángeles guardianes que te colmen de fuego violeta, y déjalo ir.

3. Pregúntate: "¿A qué imagen, persona, momento o forma en que mi sueño se hará realidad estoy apegado a experimentar?". Cuando seas consciente de que el ego está apegado a un determinado resultado, entrega la imagen, así como cualquier ansiedad que genere, al Alma; entrégalo todo a Madre y Padre Dios. Visualízate a ti mismo de pie en un vórtice de luz cantora zafiro, o mantén esa intención.

4. Da gracias al Creador porque lo que te faltaba fue reemplazado por la abundancia del Cielo. Intenta sentir lo que es tener tu deseo cumplido por tu Alma y el Gran Universo. Por ejemplo, si deseas amistad, ¿cómo se siente un amigo verdadero, leal y digno de confianza? Pídeles a tu Alma y a tus Ángeles que te inunden con el sentimiento de felicidad y gratitud por tu propio valor, así como con la vibración de una comunidad amorosa. Las leyes divinas se activarán de inmediato para apoyar la recepción. Lo que está dentro de ti se manifestará en tu vida diaria cuando hagas tu parte evitando que los viejos

arquetipos masculino y femenino del miedo bajen tu vibración. Da las gracias si lo que recibes no es lo que el ego espera y entiende que eso significa que te espera algo aún mejor. Visualízate bailando junto a tu divino niño interior con los colores del arcoíris de la gratitud, o mantén esa intención. Deja que los rayos cantores del Sol Central se muevan a través de ti y repongan cualquier lugar en tu interior que necesite más amor, confianza y respeto.

5. Deja de intentar cambiar la película de otra persona o redecorar su cine para que coincida con el tuyo. Expresa tu compasión transformando tu propia vida y luego trabaja con los poderosos colores del amor puro para llenar las salas de aquellos que están desesperados. El amor es el mayor Poder y en lugar de bajar tu propia vibración a la de la empatía, la lástima, el asco, la ira y la indignación, envía amor donde falte. Este acto de generosidad te ayuda a recibir y ayuda a aquellos a los que deseas apoyar a cambiar de consciencia para que ellos también puedan recibir. Visualízate a ti mismo y a la persona que te preocupa en el río de fuego violeta, o mantén esa intención. Concéntrate en el violeta hasta que cambie a rubí, el amor de la Madre Divina. Sumérgete en el amor rubí hasta que estés completamente saturado y luego haz lo mismo con la persona a la que deseas ayudar.

6. Pídele a tu divino niño interior que se conecte al Poder del Corazón del Sol Central y te llene de Confianza y respeto por tu divinidad. Sigue pidiendo llenarte de confianza en tu Alma y fe en la Fuente. Llénate de confianza en que tu equipo de Ayudantes en el Cielo pueda abrirte y ayudarte a recibir lo que quieres o algo incluso mejor de lo que el ego puede imaginar. Visualiza que eres un árbol con raíces profundas que se nutre de un vórtice color esmeralda y otros tonos de verde vibrante, o mantén esa intención. Visualiza tus ramas y hojas iluminadas por el Sol Central. Deja que los colores se mezclen y repite: "Soy el milagro de la Confianza en cada átomo de mi ser, lo divino unido a lo humano".

Debido a que tu subconsciente puede contribuir hasta en un 90 por ciento en la película que estás viviendo, asume la responsabilidad de lo que falta en tu vida y pídele a tu Alma que te lo dé es esencial. También es esencial transformar el miedo del pasado y experimentar un cambio positivo y duradero en el presente. Para pasar de la carencia a la abundancia, te pedimos que hagas lo siguiente en una encarnación: ama a otro incondicionalmente y recibe amor incondicional, experimenta la libertad del miedo en tu mente y tus elecciones, respeta tu cuerpo físico por la divinidad y sabiduría que te ofrece y elige conocer y vivir el verdadero propósito del Alma.

Para graduarte de la Escuela Tierra, necesitarás transformar la mayor parte del 90 por ciento del miedo almacenado en las cavernas subconscientes. La transformación del miedo es la razón por la que tienes chakras y por la que el Sol Central tiene rayos que penetran en tus átomos. Las energías de tus chakras te elevan y te sostienen en el Corazón de Dios.

Te invitamos a contar con nuestro apoyo, en cada momento de cada encarnación. ¿Te gustaría que esta vida alcanzara el elusivo estado de gracia divina (paz y confianza) mientras estás en la Tierra? Cuando puedes redirigir la energía de baja vibración que surge al recordar acontecimientos pasados, la libertad es tuya para que la disfrutes. Dejar ir el pasado cada vez que reconoces que todavía estás reaccionando desde un lugar herido, te abre a recibir abundancia y liberación completa. Seres humanos divinos, pueden hacer esto antes de regresar al Cielo. La gracia puede durar solo unos momentos, pero crecerá dentro de ti. A medida que nos permitas guiarte para conectar más a profundidad con la Fuente amorosa de tu Alma, comprenderás el valor del amor puro.

Amar
y ser amado

Para ayudarte a sentir el amor incondicional y divino, te recomendamos que camines por la naturaleza y abraces un árbol, y una vez que puedas sentir el inmenso amor puro que el árbol te envía y emite al entorno, puedes plantearte adoptar o comprar un perro o un gato, o ambos. Las mascotas pasan por un entrenamiento especial de los Ángeles antes de venir a la Escuela Tierra para estar equipadas con la sabiduría y el comportamiento que te ayudarán a crecer, e incluso pueden elegir pasar penurias para poder llegar a la familia que saben que les pertenece. Las mascotas tienen una misión: enseñar a los humanos a reír y a amar, aunque esto signifique que puedan sufrir malos tratos durante su adiestramiento. Saben que te van a presionar y que van a reflejar la necesidad emocional de tu niño interior, exigiendo a propósito tu tiempo y tu atención. Una mascota adiestrada en los reinos celestiales sabrá qué romper, masticar, orinar y destruir para enseñarte paciencia, perdón y comprensión, y cómo entrar en contacto con tus emociones ocultas. Al igual que los árboles, inundarán tu ser de amor incondicional y puro en cada oportunidad.

Cuando un perro te muestra su barriga para que se la acaricies, o un gato te agracia con un ronroneo mientras lo rascas, tus cubetas emocionales vacías se están llenando a rebosar. Antes de plantearte pedirle al Alma que te traiga una relación amorosa con alguien, que quizá no tenga un ego lo bastante evolucionado como para corresponder a tus afectos, aprende a valorar abrazar un árbol, acariciar la barriga de un perro y rascar a un gato bajo la barbilla por la gran alegría que esto te dará.

Cuando busques una relación de amor verdadero, ya sea romántica o una amistad verdadera, piensa en las cualidades que deseas que tenga esta persona y pídele al Alma que te dé estas cualidades. El Alma, a su vez, le pedirá al ego que analice por qué sientes que necesitas una relación amorosa real para que tu vida en la Escuela Tierra esté completa. Si tu respuesta es que te ayudará a crecer de modo emocional y espiritual porque sabes que esta persona reflejará aspectos de ti mismo que no puedes ver, estarás en camino para atraer el amor. Buscar compañía es algo natural y orgánico para los seres humanos. El alma te pedirá que seas tu propio mejor amigo y, hasta que no vivas esto, las relaciones con la familia, los amigos y los amantes pueden dejarte insatisfecho. Perdonar el pasado es imprescindible para abrir tu vida a recibir amor de otro. Incluso si crees que has perdonado el abuso y la decepción de amantes pasados, sigue perdonándolos hasta que estés libre de cualquier dolor que los recuerdos invoquen.

Si en tu vida falta una pareja romántica estable, alguien con quien compartir el hogar y la vida, pregúntale a tu niño herido si busca un padre mágico que le dé algo que tú preferirías no darte a ti mismo. Una relación de pareja duradera conlleva muchos compromisos y supone aprender a quererse y respetarse a uno mismo sin condiciones y hacer lo mismo con la pareja. Una relación de verdad requiere que aprendas a dejar de dar por sentado que la otra persona sabe lo que piensas. La relación es esencial para aprender a comunicarse con honestidad y verdad con uno mismo y favorece enormemente la evolución del ego.

La relación también anima al ego a soltar el control y entregarse al mando del Alma. La relación estable de pareja es una lección importante que se repetirá hasta que aprendas a respetar tus propias necesidades y dejes de esperar que otra persona las satisfaga. Cuando el Alma siente que una relación romántica te distraerá de ocuparte de tus propias necesidades emocionales y físicas, el Alma evitará que encuentres la pareja adecuada hasta que te enamores, por completo, de tu propio divino niño interior.

Fíjate en las relaciones que has tenido en el pasado. ¿Alguna de estas personas te recuerda a tu madre, padre u otro cuidador decepcionante o ausente en tu infancia? Si estás decepcionado de tus amigos, mira lo que desearías que tus amigos te dieran y hazte esa lista a ti mismo: pronto tendrás amigos que entrarán en tu cine y desempeñarán papeles importantes y positivos en tu película sin esperar de ellos más de lo que pueden dar. Perdonar a tu padre que te abandonó o rechazó, o a cualquier otra persona del pasado que hirió tus sentimientos, evitará que atraigas amantes que te abandonan y rechazan. ¡Ver a todos los que te hirieron bajo la cascada de fuego violeta funciona muy bien para transformar el pasado! Perdonar el pasado ayuda a tu Corazón a abrirse al amor verdadero.

¿Cómo sabrás cuando tu Alma está dando "luz verde" para una relación de amor verdadero? El Alma llenará el ego de calma, paciencia y Confianza. Este estado de gracia mental te ayuda a escuchar las indicaciones del Alma sobre qué hacer, si es que hay que hacer algo, para ayudar a tu amor a encontrarte. Para algunos, internet puede funcionar bien y, para otros, pedirle al Alma que prepare el escenario para que te encuentres con la pareja de tu Corazón funciona a la perfección. El Alma, junto con tu equipo de Ángeles casamenteros, se asegurará de que tú y tu pareja perfecta se encuentren. Lo que puede resultar maravilloso para tu ego es escribir una carta a Dios y enumerar lo que más le importa a tu Corazón. ¿Qué valores deseas que tu pareja tenga en común contigo? Puede ser un gran alivio enumerar las cualidades que tu último amante no tenía y que ahora entiendes que son esenciales para ti, como la honestidad, la disponibilidad, la integridad y la voluntad de transformarse y crecer contigo.

Superar el pasado es crucial para atraer una relación amorosa real y si no tienes una relación así en tu realidad, entonces continúa perdonando el pasado sin importar cuán víctima puedas sentirte todavía.

Liberar las emociones negativas, los resentimientos y el miedo de que puedan abusar de ti de nuevo, hace espacio dentro de ti para que el amor verdadero te encuentre. La Ley "Como es arriba es abajo, como es adentro es afuera" llamará a tu pareja hacia ti de la manera que más les convenga a ambos. Las relaciones te ayudan a aprender a reconocer tus límites y a comunicárselos a los demás. Todas las relaciones son valiosas, incluso aquellas en las que resultas herido. Transforma el daño con bondad amorosa y perdón, aprende más sobre lo que necesitas en una relación e invita a una historia de amor mucho más feliz. Y recuerda: los Ángeles guardianes son excelentes psicólogos.

Agradece al divino niño interior por traerte nuevas relaciones que reflejen en qué lugar te encuentras actualmente en tu viaje. Permite que tus amistades y relaciones evolucionen y, si hay un miembro tóxico en tu familia, debes saber que cuidar de ti mismo puede ser lo que necesites aprender. Aún puedes amar y tener compasión por ese familiar,, aunque sea mejor hacerlo desde una distancia segura. El Alma nunca te pedirá que permanezcas en una situación abusiva o de castigo, una vez que hayas aprendido que tu felicidad y bienestar no tienen precio. Puede ser algo que hayas experimentado en la infancia como base de las lecciones que necesitas aprender en esta vida, pero no es algo que debas soportar una vez que reconozcas que estás sufriendo o sacrificándote para hacer feliz a otra persona.

Las relaciones de amor verdadero son esenciales para vivir una vida rica y merecen tus más altas intenciones vibratorias para experimentarlas. Te recordamos que pasar tiempo en tu jardín de creatividad te ayuda a recibir. Si estás esperando que alguien especial llegue a tu vida, dale tu deseo a tu divino niño interior para que vaya a buscar al mejor compañero para ti y luego ve y haz algo creativo. La Madre Divina, junto con tu divinidad femenina, recibe al amante en tu realidad. Eres más receptivo al amor que viene de los demás cuando te empapas de la luz cantora rubí; el amor rubí te satura de seguridad emocional, seguridad física y amor incondicional, aprobación y aceptación.

Realiza esta experiencia sanadora liberando y perdonando a familiares, amigos, compañeros de trabajo y amantes antes de pasar a enviar tu invitación al Gran Universo.

Perdona el pasado

Abre tu caja torácica como si fuera una puerta batiente. Repite: "Libero mi dolor, tristeza y angustia de relaciones pasadas pero no olvidadas". Observa cómo los corazones oscuros, los cristales rotos y las cáscaras abandonan la zona de tu corazón. Inhala profundo, exhala despacio y repite: "Lo perdono todo, en especial aquello que siento que no puedo olvidar ni perdonar. Me perdono a mí mismo y los perdono a ellos".

Observa y escucha cómo oscuras nubes de tormenta con relámpagos y truenos abandonan la zona de tu corazón. Repite: "Libero toda la decepción que siento de que ellos no hayan podido cambiar. Libero toda mi angustia al pensar que su incapacidad para cambiar debe ser mi culpa. Les perdono su incapacidad de amarme de la manera en que yo necesitaba que me expresaran su amor. Me perdono por no tener lo que ellos querían o necesitaban para sentirse seguros en una relación conmigo, o yo con ellos. Me perdono por sacrificar mi energía y mi tiempo en complacerles para que pudieran corresponder y valorar mi amor".

Atraviesa la puerta púrpura y entra en el río de fuego violeta de la transformación y el perdón. Una vez en el río violeta, invita a la energía a elevarse y repite: "Adiós viejos pensamientos masculinos y femeninos que me dicen que no soy suficiente o que hice algo mal. Adiós pensamientos negativos de 'qué pasaría si algo volviera a salir mal'".

Toma la mano de tu divino niño interior y la mano de tu divinidad femenina. Repite: "Libero toda la culpa que hay dentro de mí. Libero todos los sentimientos heridos que me dicen que no soy digno de ser amado. Libero toda mi preocupación, miedo y ansiedad de que estaré solo toda mi vida".

Una vez fuera el miedo, el río se volverá magenta y esmeralda con destellos dorados. Tu divinidad masculina se unirá a ustedes tres en el río. Repite: "Invito a mi querida pareja (o nuevo amigo verdadero) a participar en mi película. Gracias, Ángeles casamenteros, por ayudarme a no sabotearme. Permito que el amor verdadero me encuentre, me enseñe y me haga crecer".

Ahora estás listo para escribir tu carta a Madre y Padre Dios. Dile lo que crees que estás listo para experimentar y entrega el pasado, presente y futuro al Gran Universo.

¿Estás experimentando la libertad en tus elecciones y responsabilidades diarias que necesitas y quieres para sentirte feliz la mayor parte del tiempo? Decimos "la mayor parte del tiempo" porque puede que necesites limpiar el control del viejo arquetipo masculino del miedo y la culpa del viejo arquetipo femenino todos los días que pases en la Escuela Tierra. Si crees que no tienes la libertad que deseas porque no tienes suficiente dinero, esperamos que encuentres milagroso nuestro siguiente conjunto de herramientas de sanación. Una mente libre es el ingrediente más esencial en la receta de la felicidad duradera. Vamos a sumergirnos en lo que puede estar robando tu libertad porque tu subconsciente cree que es la forma en que funciona la vida. La realidad cambia de adentro hacia afuera y puede que todavía haya un viejo y dañino paradigma de creencias atascado en la raíz de tus raíces.

La libertad
de elegir

Las religiones pueden tener buenas intenciones; sin embargo, cuando la humanidad pone reglas en torno a la forma en que un ser humano necesita pensar y funcionar, interfiere con las leyes divinas, las cuales apoyan tu educación para elegir el amor y la unidad por encima del miedo y la separación. Cuando la estructura patriarcal religiosa y gubernamental se unen y se privan las libertades, el miedo, el juicio y la confusión impregnan el colectivo humano. Bajo el disfraz de la religión o de un gobierno justo, los viejos arquetipos masculino y femenino siguen influyendo en la humanidad para mantener oculto lo femenino y permitir que lo masculino tenga la voz y el poder. Aunque la película global está cambiando, la supresión interior de la mente femenina se refleja en la realidad exterior, donde las mujeres y los niños humanos son considerados más débiles y menos que los hombres.

Preguntamos: "¿Por qué el Creador omnipotente de cada Alma amaría a unos más que a otros o querría que unos tuvieran más libertad que otros?". Confiamos en que, a medida que el colectivo humano continúe evolucionando y despertando a la Verdad vibratoria más elevada, los confines de las religiones restrictivas, los gobiernos y los egos dominantes de hombres de antaño se convertirán en polvo. La Ley del Uno dice que cada partícula del Gran Universo pertenece a la totalidad de la Unidad Divina. A medida que recuperes la libertad de pensar por ti mismo y elijas el amor y el respeto como parte de la Unidad Divina, nos ayudarás a liberar a todos los seres que están experimentando el castigo y la pobreza.

Es parte de nuestra misión ayudar a todos los que estén dispuestos a transformar la profunda historia subconsciente de esclavitud del cuerpo y la mente. Sacar a los viejos arquetipos masculinos y femeninos de la religión para que prevalezcan el amor, el honor, la caridad y la bondad te ayudará a experimentar una mayor felicidad y ayudará a todos a liberarse del sufrimiento. Al igual que la caja negra secreta del dinero, los ataúdes de piedra simbólicos de la religión, las políticas gubernamentales crueles y la dominación del ego del viejo arquetipo masculino necesitan ser devueltos al Sol Central. Los densos y formidables ataúdes almacenan paradigmas de creencias cargados de miedo que están enredados con el engaño y tienen el poder de hacerte creer que tienes prohibido ir directamente a Dios. Una mentira muy antigua que necesita ser liberada y transformada es que a las mujeres y a los niños no se les permite el acceso a las riquezas del conocimiento y la abundancia del Gran Universo. Las viejas mentiras en el subconsciente se muestran como falta de libertad, respeto y oportunidad en tu vida actual.

Las creencias pasadas que están impulsando a tus políticos, líderes religiosos, corporaciones y gobiernos están influyendo en tus elecciones, desde el nivel subconsciente hasta el nivel consciente. En lugar de reconocer la elección clara y de vibración superior del amor, muchos seres humanos, incluso seres humanos iluminados y conscientes, todavía se sienten esclavizados y se encuentran sufriendo de agotamiento y del sacrificio del exceso de trabajo. ¿Te sientes irrespetado e impotente en algún aspecto de la vida cotidiana? Los sentimientos pesados, las responsabilidades y las frustraciones que vienen con las responsabilidades suceden cuando no eres consciente de que tu mente está bajo la influencia de miedos ocultos. Una vez que estas creencias arcaicas desaparecen, las leyes divinas pueden alimentar la libertad que siempre habías podido experimentar. Por favor, ten compasión de tu prójimo que puede que no esté preparado para dejar ir y por eso permanece atrapado en la vieja y conocida película que una vez se presentó en tu propio cine.

Te enseñaremos a impedir que muera tu libertad (ataúd) en el mar de fuego violeta para la eternidad y más allá. Como los hilos de las marionetas de la caja negra del dinero, el ataúd de piedra tiene grilletes y esposas que te mantienen atado a la mentira de que el miedo te protege y te mantiene a salvo. Si has experimentado el autosacrificio, la abnegación, la indignidad, la pobreza o el sentimiento de culpa, busca otro grillete: la pesada cruz cristiana. El símbolo cristiano tradicional representa el sacrificio y está cimentado en la mente del Cuerpo Humano Único. Despertamos la Verdad dentro de tu mente y tu Corazón de que la vara que conecta el Cielo con la Tierra, la "cruz" original, es mucho más antigua en origen que la adoptada por la fe cristiana. La verdadera vara de la Verdad es simbólica de tu columna vertebral: tenemos la intención de inundar tu columna vertebral con amor para que el miedo abandone tu sistema nervioso. Recibe en tu médula espinal la fuerza vibracional más elevada, el Sonido y la Luz que guiarán tu vida desde adentro hacia afuera.

Permite que el símbolo de la cruz de cuatro puntas, donde los brazos se unen en el centro, vuelva a su representación original; es decir, las cinco direcciones y los cinco elementos: el este representa el elemento del fuego y lo masculino, el sur representa el elemento mineral y el niño interior, el oeste representa el elemento del agua y lo femenino, el norte representa el elemento del aire y la consciencia superior, y el centro de la cruz representa el elemento del espíritu y la Unidad Divina. Elevar la vibración de la cruz cristiana no es una falta de respeto a los verdaderos valores cristianos de amor, bondad y servicio al bien común; por el contrario, ayuda al subconsciente del Cuerpo Humano Único a empezar a liberarse de las creencias religiosas que se entrecruzan en la mayoría de las religiones que han existido o existen todavía. Al visualizar el símbolo de una cruz (con la forma del cuerpo humano, con la pieza vertical más larga que la horizontal) disolviéndose en fuego violeta, ayudas a todo el colectivo humano a elegir el amor sobre el miedo. Sostener el símbolo de la cruz en fuego violeta también funciona para limpiar la esclavitud, el castigo, el abuso, el robo y la destrucción del ser humano. ¿Qué necesita decirte la cruz de pesadas cargas que llevas para que puedas perdonarla? ¿Estás dispuesto a perdonar el miedo arraigado en aspectos de la religión que siguen los miembros de tu herencia familiar? El amor permanece. La verdad permanece. Te damos las gracias por dejar que el miedo vuelva a Dios.

Nuestra observación es que cualquier filosofía religiosa y de vibración superior tiene valor cuando enseña a un ser humano a ser honesto, considerado, generoso, compasivo, tolerante y respetuoso consigo mismo y con los demás. Cuando cualquier oficina de cualquier religión se transforma en una comunidad espiritual amorosa de verdad, donde cada miembro tiene libertad de elección, todos se benefician.

Experiencia sanadora
Transforma el miedo causado por la religión y el gobierno

Inhala un aliento azul zafiro de valentía en tu ser, profundo, y exhala impotencia. Repítelo hasta que te sientas valiente y fuerte.

Mírate a ti mismo desde tu espalda. Tira del asa que aparece en tu nuca con suavidad y luego del asa que aparece en la mitad de tu espalda. Siente al Arcángel Miguel del Sol Central levantar este ataúd a través de tus manos y míralo volar por encima de tu cabeza y hundirse en el océano de fuego violeta.

Repite: "Libero las mentiras de la religión que me retienen en la culpa y el castigo. Lo perdono todo. Elijo el amor y la libertad".

Entra en el océano rubí de la Madre Divina y repite: "¡Tengo sed!". Observa cómo las cruces que representan el autosacrificio y la victimización por parte del viejo ego dominante masculino abandonan tu cuerpo. Las enviamos al Sol Central para ti.

En el océano rubí, mírate a ti mismo observando la parte frontal de tu cuerpo. Tira del asa en tu frente con suavidad y también del asa en tu corazón. Siente como la Arcángel Victoria, del Sol Central, levanta el segundo ataúd y míralo volar por encima de tu cabeza y hundirse en el océano de fuego violeta.

Repite: "Libero las mentiras ocultas, el control y el engaño en las políticas institucionales pasadas y presentes que me retienen en el miedo al cambio y el miedo al futuro. Lo perdono todo. ¡Elijo el Poder del Corazón y la libertad!".

Todavía estás de pie en el océano rubí de la Madre Divina. Vuelve a decir: "Tengo sed!". Observa cómo los grilletes y las cadenas (y puede que más cruces) caen y se disuelven en la energía rubí.

El océano cambia de rubí a turquesa, la energía de la libertad. A través de la parte superior de tu cabeza, ve la purga del viejo ego dominante masculino. El Arcángel Miguel lo atrapa y lo envuelve en cinta adhesiva púrpura y se lo entrega al Arcángel Metatrón, quien lo mete en fuego blanco y se convierte en polvo. Los Ángeles soplan el polvo hacia el Sol Central. Las viejas creencias femeninas que estaban unidas al ego masculino dominante salen de la parte superior de tu cabeza y son propulsadas hacia el Sol Central.

Repite: "Libero el adoctrinamiento del ego dominante del viejo arquetipo masculino y elijo el amor para que me guíe hacia adelante para experimentar mayor autoestima y libertad en este momento. ¡Abro mi mente y mi ser para recibir el cambio positivo!".

Un rayo del Sol Central se convierte en un columpio de luz cantora dorada. Tu divino niño interior te espera en el columpio. El Arcángel Metatrón te sube al columpio y te da un buen empujón.

Disfruta del vuelo y del reabastecimiento de tu autoestima y poder personal por parte del Sol Central. Después de que tu plexo solar se haya llenado, el columpio se detiene poco a poco.

Te transportamos a ti y a tu divino niño interior a tu jardín de la creatividad. ¿Qué sientes? ¿Qué está creciendo para ti? La creatividad es libertad en la Escuela Tierra. La creatividad es un torrente de amor que viene de la Madre Divina del Gran Universo a través de tu mente femenina. ¿Qué te gusta hacer que te da una sensación de libertad y alegría duradera?

Pregúntale a tu divino niño interior: "¿Cuál es el verdadero propósito de mi Alma? ¿Qué es lo que tengo que aportar aquí en la Tierra para el mayor bienestar y la máxima felicidad de todos?".

◈ ◈ ◈

Vivir la misión
de tu Alma

Toda Alma anhela que el ego descubra el valor real y la aplicación del amor puro en la multitud de tareas mundanas necesarias para la vida cotidiana en la Tierra. Que el ego aprenda a aceptarse a sí mismo sin juicio, sarcasmo, crítica o comparación con otro es un logro maravilloso para cualquier Alma, y cuando la personalidad desea expresar la inmensidad de la divinidad de su Alma, en todas las formas y en todas las cosas, la Unidad Divina canta en un coro jubiloso. Te pedimos que pienses en tu personalidad como un tren que va a toda velocidad por una vía magnética, el campo de fuerza de tu Alma. La responsabilidad del Alma es mantenerte en la vía y si te descarrilas de tu propósito, el Alma esperará con paciencia, tirando persistentemente del ego de vuelta al flujo vibracional más elevado de la Fuente. El Alma quiere que te sientas tan feliz como un niño ilusionado, a la vez que expresas tu ingenio creativo. La misión de tu Alma puede ser tan simple como animar a sonreír a los demás sonriendo tú mismo y tan intensa como salvar una vida en una operación de emergencia.

El ego tiende a medir el valor propio comparando sus logros terrenales con los de los demás, mientras que el Alma pregunta: "¿Estás experimentando alegría? ¿Tus acciones son útiles para los demás? ¿Has hecho algo bueno por la Madre Tierra recientemente? ¿Tu trabajo te llena de amor y gratitud?". Y nuestra favorita: "¿Te diviertes con tu divino niño interior?". Si te sientes traumatizado, estresado y frustrado, intenta encontrar un lugar tranquilo para respirar. Repite: "Me entrego a la alegría de mi Alma", repítelo hasta que te sientas mejor. El Alma quiere que te mantengas en tu propósito y, para ello, necesitas que el ego vibre lo más cerca posible de su frecuencia. Tu Alma trabaja continuamente (en especial durante las lecciones más desafiantes en la Escuela Tierra) para ayudarte a sentirte bien con lo que eres, con el trabajo que haces y con las decisiones que tomas.

Si las Almas enviadas a la Tierra resuenan en la vibración de la bondad amorosa, entonces ¿cómo es posible que algunos de sus egos se "descarrilen" tanto? Algunas Almas permiten que sus egos actúen como disparadores emocionales con el propósito de purgar el subconsciente para el colectivo humano. Cuando estés pasando por un momento desafiante en tu propia vida y te cuestiones si tu Alma te está ayudando, entonces pregúntate si lo que estás experimentando es una purga subconsciente. Llamamos a estos eventos iniciaciones espirituales. Una vez que el momento desafiante haya pasado, tendrás más claro quién eres y serás más capaz de confiar en que tu tren está en el camino correcto y alineado con las leyes divinas.

Tus Ayudantes en el Cielo te animan a practicar el dejar de cuestionar si tu tren ha estado en las vías o fuera de ellas durante cualquier parte de la vida. Incluso cuando tu tren se descarrila o se estaciona durante más tiempo del que te gustaría en el depósito de trenes, el Alma está evolucionando a través de ti. Tu Alma utilizará cada experiencia humana para aprender sobre el amor y será un observador persistente de tu consciencia para asegurarse de que el ego integra lo que el Alma está perfeccionando. Y si esta conversación entre el ego y el Alma no va bien durante la vida en la Tierra, continuará en la revisión de vida una vez que el Alma y la personalidad regresen al Cielo. Vivir el propósito de tu Alma mientras estás visitando la Escuela Tierra ayuda a toda la Unidad Divina a evolucionar.

El Alma siempre está viviendo su misión a través de ti y si el ego se desconecta por completo y queda atrapado en el miedo, entonces el Alma puede crear una salida de la Escuela Tierra. La muerte física no puede ocurrir sin el permiso del Alma, incluso en caso de suicidio. ¿Qué puedes hacer para disfrutar de vivir tu vida al máximo y asociarte a plenitud con tu Alma para que te sientas unido en propósito? Comunícate con el divino niño interior que habita en ti a lo largo del día. Esta sencilla práctica ayudará al ego a mantenerse centrado en lo que más importa a tu Corazón, te ayudará a recibir del Gran Universo y te dará auto-estima, el combustible que el ego necesita para mantener a flote tus emociones. La emoción es el verdadero poder que te hace avanzar, así que, cuando te sientas atascado en un bache, asegúrate de preguntarte: "¿Qué siento?". ¡Sentir tus sentimientos ayuda al ego a mantenerse positivo y apasionado por el propósito que estás viviendo!

Vivir tu propósito es más fácil si eliminas de tu ego sensible la expec-tativa de ser perfecto y la presión de serlo todo para todos. La presión es un imán para que los viejos arquetipos masculino y femenino intervengan, tomen el control y destruyan. Dada la oportunidad, el viejo arquetipo masculino presiona a todos los egos para que midan el éxito por la canti-dad de dinero y logros que acumulan. Pregunta cuán rápido pueden lograr lo que quieren o cuánto dan en servicio a otros necesitados. Las almas quieren envolver a sus egos con sus mantas de energía sanadora y decir-les: "Ven a casa conmigo para que pueda cuidarte y recordarte lo que en realidad importa en tu experiencia humana". ¿Estás dispuesto a conocer la verdadera misión de tu Alma y salir del agotamiento, de complacer a la gente, de perseguir el dinero y el sacrificio? Hay un santuario en tu jardín de creatividad donde se puede encontrar la respuesta a por qué estás aquí y, dicha respuesta, cambia a medida que creces y evolucionas.

¿La razón por la que estás en la Tierra se refleja en la manera en que te ganas la vida y cubres tus necesidades diarias? Nosotros deci-mos que cuando los dos se convierten en uno y tu trabajo te llena del amor puro del Sol Central, entonces has entrado en la grandeza del Cielo que hay dentro de ti. Sin embargo, si descubres que la forma en que pagas tus gastos de manutención no es lo que el Alma desea que experimentes, confía en ti mismo y sigue avanzando. No significa que algo esté mal contigo o que no estés escuchando la misión de tu Alma, significa que estás realizando múltiples tareas juntas, pues tienes cosas que experimentar mientras que el Alma también tiene una agenda de lo que necesita expresar a través de ti. ¿Y si tu trabajo llena tu vida de alegría y sentido de propósito, pero tu humanidad sigue anhelando más equilibrio y libertad de responsabilidad? La respuesta también se encuentra en el santuario del Corazón.

La confianza nutre al ego y te ayuda a equilibrar las exigencias de la vida cotidiana con el cumplimiento de la misión del Alma. A medida que el ego aprende a soltar el control, el néctar divino de Dios fluye hacia tu ego desde tu divino niño interior, divinidad femenina y divinidad masculina. En esta apertura mental, la confianza, la gracia y el equilibrio fluyen automáticamente en tu realidad desde la Fuente, y no necesitas hacer nada para que eso suceda. Vivir la misión del Alma, mientras eres un ser humano feliz, puede ser hermoso cuando tu personalidad ya no se resiste a lo que el Alma te está trayendo a experimentar.

¿Estás preparado para entrar en el santuario del Alma y hacer las preguntas que el ego necesita hacer? ¿Quiere el Alma que vivas una vida sin carencias? ¿Es ahora tu momento para hacerlo? ¿Quiere el Alma que tu trabajo diurno sea igual de satisfactorio que tu trabajo de servicio espiritual? ¿Quiere el Alma que experimentes salud mental, emocional y física? Tu divino niño interior está deseando recibir toda tu atención para que puedas escuchar las respuestas y confiar en ellas.

Experiencia sanadora
Entra al santuario del Alma

Cierra los ojos y respira profundo y con calma. Acércate a la puerta púrpura y haz sonar la alarma para que los viejos arquetipos masculino y femenino que esperan para distraerte no entren en el santuario.

Toca el pomo de cristal de la puerta púrpura y repite: "Llévame a Casa, divino niño interior". La puerta se abre al mundo más hermoso que jamás hayas visto. Los colores son extravibrantes. El aire es azul turquesa, fresco y claro. Puedes oír el suave canto de un arroyo y todo es fragante.

Tu divino niño interior te toma de la mano y caminan juntos por un sendero iluminado con hojas doradas y pinos. Atraviesan juntos un arco de rosas blancas, amarillas y rojas sin espinas. La luz es tan brillante que solo te queda confiar en el sabio líder que te guía.

Oyes campanas que suenan con suavidad y voces amables que te susurran que te quieren. Tu divino niño interior te pide que te sientes en el sillón reclinable rubí más cómodo y afelpado que jamás hayas probado. Poco a poco tus ojos se ajustan a la luminosidad para ver, conocer, sentir y percibir a tus Ayudantes en el Cielo.

Tu divinidad femenina, tu divinidad masculina y el Ángel de la naturaleza de tu cuerpo físico también están presentes. Di: "Me entrego a vivir mi vida en la más alta vibración y con la mayor alegría. Me entrego a la llamada de mi Alma y le doy las gracias por apartar cualquier resistencia de mi camino".

Disfruta escuchando a tus Ayudantes en el Cielo. Sus mensajes se integrarán en tu pensamiento intuitivo. Confía en que sabrás todo lo que debas saber para tu beneficio.

Una vez finalizada la reunión, te encontrarás al otro lado de la puerta púrpura, pensando en tu día y en las tareas que tienes por delante.

Dentro de unos días, o cuando te sientas preparado para volver al santuario del Alma, pregunta a los Ayudantes: "¿Qué necesito permitirme recibir en mi película terrenal para el beneficio de todos?".

Tener confianza en que estás viviendo la misión de tu Alma mejora todas las cosas en la vida cotidiana, incluso tu salud mental, emocional y física. Si te falta salud y equilibrio, te pedimos que no juzgues a tu humanidad, sino que liberes el miedo que llevas dentro para que puedas seguir por el buen camino, ¡con todo el Poder del Corazón por delante!

Salud mental, emocional y física

Cuando la salud está muy comprometida, hay una historia de miedo, desesperación, sufrimiento y rabia acumulada en la memoria celular. Para apoyar tu salud, te pedimos que valores el esfuerzo que supone sentir tus sentimientos y liberar tu mente y tu cuerpo del subconsciente profundo, de las emociones de más baja vibración, así como de los sentimientos desagradables que te encuentras procesando actualmente. Si tienes buena salud, dale las gracias a tu cuerpo a menudo. Si no tienes buena salud, dale las gracias a tu cuerpo por ayudarte a entender los mensajes emocionales que transmite al ego.

La emoción, en la vibración del amor, el perdón, la compasión y la gratitud, siempre beneficia la sanación de tu cuerpo físico y ayuda a tu cuerpo mental a reequilibrar las sustancias químicas cerebrales necesarias para un excelente funcionamiento. Cuando las emociones de vibración más baja, como el resentimiento, la rabia, el odio hacia uno mismo y la culpa, son ignoradas o rechazadas, se esconden en el subconsciente y, con el tiempo, en el subconsciente celular. Aquí se ocultan y supuran hasta que se convierten en un volcán interno de negligencia emocional y salen a la superficie como una crisis de salud. Las emociones de baja vibración pueden ser heredadas a través del linaje familiar y traídas de vidas pasadas. Desde nuestra perspectiva, todos los cánceres, enfermedades genéticas y padecimientos crónicos tienen un linaje familiar subyacente de emociones de baja vibración, o hay un linaje de vidas pasadas de historias tóxicas atrapadas en las células.

Nuestro mensaje es que el amor puro es el mayor poder sanador. No te estamos diciendo que dejes de considerar a tus médicos como altamente capacitados y estudiados; sin embargo, hay algo que puedes hacer para añadir a su excelente conocimiento en apoyo de tu salud y bienestar. Todo comienza con el ego dispuesto a escuchar a tu cuerpo y respetarlo como el sabio mensajero espiritual que es. El cuerpo humano es omnisciente y todopoderoso en su capacidad de vivir, morir o existir en un estado intermedio entre la vida y la muerte. Si falta la salud, falta el amor. Si la enfermedad, la ansiedad, el dolor o los problemas te atormentan, los viejos arquetipos masculino y femenino del miedo están alquilando tu inmueble y necesitas desalojarlos. Para ayudarte a comprenderlo, te ofrecemos a continuación una lista parcial de los problemas de salud más frecuentes y sus orígenes emocionales y vitales (que pueden ser hereditarios). Seguir la lista es una experiencia terapéutica que beneficiará el bienestar y promoverá la sanación. Nuestro ejercicio no sustituye la necesidad de asesoramiento por parte de profesionales de la salud en los que tu intuición y tu sentido común te confirmen que puedes confiar y respetar. Pedir ayuda para tu cuerpo y reconocer tus sentimientos es amar tu cuerpo.

▶ Lista de problemas de salud y sus raíces subyacentes

- **Enfermedades óseas:** compromiso de la propia verdad, esclavitud, castigo, hambre.
- **Cánceres:** culpa, vergüenza, reproche, pérdida, dolor, creatividad bloqueada, odio hacia uno mismo o hacia los demás, abuso, victimismo y control.
- **Demencia, alzhéimer, párkinson, pérdida de memoria a corto plazo, ictus:** estrés, ansiedad, miedo, necesidad de tener el control, mente dominante del ego masculino.
- **Depresión:** miedo, estrés, ansiedad, soledad, rechazo a uno mismo, represión de las necesidades.
- **Diabetes y enfermedades del páncreas:** falta de afecto, negligencia emocional o física, falta de atención, sobre todo por parte de uno de los padres.

- **Trastornos digestivos o alimentarios:** estrés, absorción de emociones de los demás, miedo a ser herido en lo emocional o físico, agobio y angustia psicológica, gestión del autorechazo, necesidad de autocastigo, miedo a la carencia.
- **Consumo de drogas o alcohol o cualquier tipo de adicción:** automedicación del trastorno bipolar, ansiedad, depresión u otros desequilibrios mentales, agobio emocional, ansiedad social, manejo del autodesprecio, soledad, abandono del propio jardín creativo.
- **Enfermedades cardíacas:** dificultad para confiar en uno mismo o en los demás, dificultad para recibir, dar o ambas cosas, dificultad para sentir las propias emociones y liberarlas.
- **Enfermedades renales:** niño interior abandonado o descuidado, niño que tuvo que absorber emociones de sus padres, estrés, entorno infantil ruidoso, abusivo o aterrador.
- **Enfermedades del hígado y la vesícula biliar:** rabia, victimización, frustración, abuso, trauma.
- **Enfermedades pulmonares:** sufrimiento, pérdida, angustia, pena, desesperación.
- **Enfermedades de los órganos reproductores:** creatividad bloqueada o reprimida, abuso sexual, incesto.
- **Enfermedades de la tiroides:** pérdida de voluntad, abnegación, estrés, agobio por la responsabilidad.

Estar dispuesto a liberar el miedo atascado y perdonar las viejas historias es muy útil, ya que le dice a tu cuerpo que has recibido los mensajes que te ha dado a través del sistema de mensajería del cuerpo en forma de dolor, inflamación y sensación. Hacer nuestra siguiente experiencia sanadora hará que, con el tiempo, sea más fácil escuchar lo que tu cuerpo te está comunicando. El amor puro es un poderoso tónico sanador que es bueno para tus glándulas suprarrenales y ayuda a tu cuerpo mental, emocional y físico a recuperarse de lesiones y del estrés de la vida. Por favor, lee este ejercicio antes de llamar a los Ángeles Médicos del Amor.

Experiencia sanadora
Sesión de sanación
con los Ángeles Médicos

Túmbate en la cama y ponte cómodo para echarte una siesta. Cierra los ojos, inhala profundo y exhala por completo. Tu sesión de sanación durará entre treinta y cuarenta y cinco minutos.

Visualízate flotando en un campo energético de luz cantora de color esmeralda, blanco y dorado. Repite: "Invito a los Ángeles Médicos del Amor a entrar en mi campo. Invito a mi divino niño interior, divinidad femenina, divinidad masculina y al Ángel de la naturaleza de mi cuerpo a este espacio sagrado".

Describe a tu equipo de Ayudantes en el Cielo lo que estás sintiendo en lo emocional y físico. Comparte con ellos tus preocupaciones y pensamientos. Repite: "Gracias, Ayudantes y Sanadores, por esta sesión de sanación. Libero todo el miedo que estoy reteniendo en mis cuerpos mental, emocional y físico. Perdono todas las historias tóxicas aunque no sepa cuáles son. Lo perdono todo. Les doy las gracias por saturar mi cuerpo de amor puro".

Quédate acostado y descansa o duerme. Los Ángeles Médicos del Amor te despertarán cuando termine tu sesión de sanación.

Ser creativo, en pensamiento o acción, es bueno para la salud. Otra sugerencia para aportar energía y bienestar allí donde falte es salir a la calle, buscar un árbol que te llame la atención y apoyarte en él. Envía tu energía a la tierra y abraza las raíces del árbol, y repite: "Gracias, bondadoso Ángel del árbol, por conectarme a tierra con el Corazón de la Arcángel Gaia. Estoy tan agradecido de recibir de la Madre Naturaleza". Permanece conectado hasta que el árbol te libere. Esto te llevará menos de cinco minutos y, si lo deseas, date la vuelta, mira al árbol y dale un cálido abrazo desde el Corazón.

Te ofrecemos un regalo por tener sesiones con los Ángeles Médicos del Amor. Cada sesión de sanación que solicitas beneficia a otros seres humanos que los Ángeles alcanzan a través de la vibración de tus historias subconscientes. Nuestro regalo es decirte cómo disfrutar de un paso pacífico al Cielo cuando sea el momento de que el Alma te lleve a Casa y devuelva tu cuerpo a la Madre Tierra. Por favor, lee esta experiencia sanadora y ten en cuenta que su lectura no influirá en tu muerte. Al hacer este ejercicio ahora mismo, ayudarás al ego a sentirse positivo respecto a entregarse por completo al Alma y cruzar el puente arcoíris hacia el Cielo en el momento de la muerte. El Ángel de la Muerte te visitará entre unos meses y unos años antes de que llegue el momento de que abandones la Escuela Tierra. Es un Ángel muy hermoso y sentirás su amor y seguridad cuando esté presente.

Experiencia sanadora
Salida elegante de la pista de baile

Cierra los ojos y di: "Me entrego plenamente al amor y al cuidado de mi Alma". Toca el pomo de cristal de la puerta púrpura y repite: "Llévame a Casa, divino niño interior". Tu divino niño interior te conduce al santuario del Alma y coloca tu sillón reclinable rubí en la posición de reclinación total.

Empiezas a ver a tus seres queridos en el Cielo; lucen jóvenes y amistosos, tan felices de visitarte. Tu divinidad femenina y tu divinidad masculina también están allí. Repite: "Cuando llegue el momento de dejar mi cuerpo y cruzar el puente arcoíris, por favor vengan a buscarme para que no me resista a esta gran liberación. Estoy dispuesto a experimentar el milagro de un gozoso y sereno paso de este mundo al Cielo".

Tus Ayudantes en el Cielo te pondrán bajo una lluvia de fuego violeta y luego empujarán tu sillón reclinable, como una canoa, por un pasadizo dorado hacia el océano de fuego violeta de la transformación y el perdón.

Usamos nuestro Sonido y Luz para liberar de tu subconsciente más profundo cualquier historia de muerte traumática o muerte prolongada con sufrimiento. Repite: "Libero todas las historias de muertes desagradables o dolorosas que tengo en mi memoria celular y se las entrego al Creador. Perdono estas viejas historias aunque no las recuerde". Una vez que el miedo se haya eliminado de tu recipiente, el océano se convertirá en un arcoíris de colores y la energía te llenará de amor incondicional y respeto desbordante por tu humanidad y por la divinidad de tu Yo inmortal.

Te sacaremos del mar arcoíris y con cuidado te devolveremos al presente para que puedas continuar con tu día.

Hacer este ejercicio también ayudará al ego a adaptarse al cambio para que sigas evolucionando en consciencia todos tus días y más allá. La paz interior es inconmensurable y, a medida que te sientas más seguro en tu piel humana, la carencia debe irse y hacer sitio a la riqueza.

Respetando que te hemos dado nuestras mejores y más efectivas herramientas para llevar amor puro donde ha estado ausente, ahora te pedimos que nos ayudes. Dentro de ti vive el colectivo humano y aunque puedas estar recibiendo más Cielo a cada minuto, gran parte del Cuerpo Humano Único está dormido sin saber sobre el Poder del amor puro. ¿Nos ayudarás a llegar a los egos perdidos y desconectados que se ahogan en la falta de respeto a su humanidad y proyectan esta falta de respeto y autorechazo en los demás? ¿Nos ayudarás a llegar a aquellos que están desesperados y sufriendo? ¿Nos ayudarás a llegar a aquellos que están usando mal su poder y creando destrucción para los habitantes de este planeta azul único en su especie? ¿Serás un vehículo para el cambio positivo? ¡Te damos las gracias, gran Ser del Sonido y la Luz de Dios, por actuar como Ángel sanador de la Escuela Tierra!

Paz y equilibrio
Como es adentro es afuera

Tú eres el superhéroe que puede ayudarnos a restablecer la paz y el equilibrio en la Tierra cuando unes fuerzas con tu divino niño interior y permites que tu divinidad fluya a través de cada célula de ti. ¿Cómo es esto posible? Tu sabia e increíble Alma está viviendo a través de ti y a través de otras personalidades del colectivo humano al mismo tiempo. Llamamos a estas otras personalidades tus "vidas paralelas".

¿Has tenido alguna vez un sueño en el que eras otra persona, vivías en otro lugar y el sueño parecía tan real que cuando te despertaste te sorprendió estar en la vida que estás viviendo? Todas estas vidas oníricas, junto con tus vidas pasadas y las experiencias de tus antepasados, son historias a las que puedes acceder a través de tu subconsciente. ¿Eres consciente del número de generaciones que viven dentro de ti, las vidas paralelas que conectan con esta vida y todas las vidas pasadas de estas vidas paralelas junto con las vidas pasadas de las que has podido dar un vistazo en esta vida? Tus historias, del presente y del pasado, proporcionan vías vibracionales para enviar sanación a aquellos que necesitan amor puro. Los Doce Arcángeles del Sol Central, junto con los Maestros Ascendidos y los Ayudantes en el Cielo, necesitan llegar a aquellos egos que sufren y están desconectados a través de las vastas bibliotecas de creencias, pensamientos, recuerdos y sentimientos a los que se puede acceder a través de TI.

Te pedimos que te unas a nosotros para llevar el amor a las perturbadoras películas de la Escuela Tierra que necesitan con desesperación un cambio vibracional para salir del miedo. Te pedimos que utilices las leyes divinas para dar a tu propia humanidad un supercambio vibracional y desde ahí, juntos, podemos enviar energía sanadora a donde se necesite transformación. Permítenos mostrarte cómo esto trabaja para tu mayor bienestar y el de todos los demás: empezaremos pidiéndote que nos ayudes a inundar tu escuela de paz y equilibrio, y a medida que el amor puro fluye hacia la lucha negativa del conflicto interno entre tu ego herido y tu Alma, la desarmonía se eleva para ser transformada. Debido a la Ley divina "Como es arriba es abajo, como es adentro es afuera", junto con nuestra ayuda, te conviertes en un poderoso transformador del conflicto en la película global. Por favor, lee despacio este profundo ejercicio de sanación y continúa leyéndolo hasta que sientas cómo la paz fluye en tus células y empuja la desarmonía hacia arriba y hacia afuera. Estamos en esto contigo, elevamos el miedo, el conflicto y el desequilibrio hacia el Sol Central.

Experiencia sanadora
Establece la paz y el equilibrio en la Tierra

Cierra los ojos y respira despacio hasta que te sientas centrado y seguro. Atraviesa la puerta púrpura y entra en un paisaje color coral. Una vez que entres en el mundo coralino, repite: "Invito a mi ser a que sea reequilibrado por mi Alma".

Justo delante de ti hay dos enormes montones de arena negra. El de la derecha es más grande que el de la izquierda. Cuando miras a tu alrededor, te das cuenta de que hay seis palmeras creciendo en el paisaje coral y todas ellas están a la izquierda. En la derecha no parece crecer nada. El resto del paisaje es estéril, como barro seco de color rojo anaranjado.

Coloca las manos sobre tu abdomen y repite: "Fuera el miedo, bienvenido el amor". Ve a tu divino niño interior, a tu divinidad femenina y a tu divinidad masculina vertiendo agua de fuego violeta sobre el montón de arena negra. Están vertiendo la energía sobre la línea que se ha dibujado en medio de la arena. Sigue repitiendo: "Fuera el miedo, bienvenido el amor".

Pronto sentirás y verás que la arena desaparece. Ahora repite: "Bienvenida la paz, fuera el conflicto". Mantén las manos relajadas sobre el abdomen y respira profundo, mientras empujas el vientre hacia las manos al inhalar. La arena negra desaparece por completo. Observa cómo las palmeras se extienden por el paisaje coralino y crecen ahora tanto en el lado derecho como en el izquierdo.

Repite: "¡Gracias, Creador, por llenar mi humanidad de paz y equilibrio para el mayor bienestar y la máxima felicidad de todos!".

El paisaje coralino se va llenando de vegetación y flores de muchos colores. Aparece un hermoso Ángel. Repite: "Gracias, Arcángel Gaia, por reequilibrar tu planeta. Gracias por ayudarme a reequilibrar mi cuerpo y mi vida. Gracias por transformar el odio a sí mismos de tus hijos en amor y respeto mutuo. Estoy muy agradecida".

Colócate bajo una cascada de fuego violeta y libera cualquier yo de tu pasado que aún sientas conflictivo o amargo. Repite: "Lo perdono todo, aunque no quiera perdonarlo. Invito a la paz y al equilibrio a llenar mi ser y el Cuerpo Humano Único en el que vivo".

Invita a la cascada de fuego violeta a transformarse en un vórtice arcoíris de amor puro. Párate sobre él y conviértete en el vórtice del amor. Crece hasta que seas inmenso, siente cómo nuestra energía se funde contigo. Desde este lugar de unión y Unidad Divina, enviamos paz, equilibrio y respeto a los átomos de cada partícula de energía del Creador en la Tierra. Como es arriba es abajo, y como es adentro es afuera, obedeciendo la Ley del Uno y la Ley de la Energía.

Nos gustaría interpretar el lenguaje simbólico que utilizamos en este ejercicio. El paisaje coral representa tu segundo chakra, o Alma, situado alrededor de la zona de tu ombligo. Al pedirte que te enfoques en este chakra, podemos llegar a todas las Almas y sus expresiones humanas a través de tu Alma. Los granos negros de arena representan el conflicto entre el ego y el Alma, los pensamientos negativos y resentidos, los sentimientos inestables y los recuerdos dolorosos de victimización. También simbolizan el tiempo. El pasado se repetirá en el futuro si el miedo no se ha transformado. El color negro de la arena representa tanto el miedo como la energía potencial encerrada en el miedo. Las seis palmeras (número del amor) que crecen representan el aire fresco, la protección, la nutrición, el crecimiento de la vida y la creatividad. Al principio del ejercicio, todas están a la izquierda, lo que simboliza lo femenino; cuando se mueven, algunas permanecen a la izquierda y otras a la derecha, equilibrando lo femenino con lo masculino. La naturaleza te reequilibra y te cura constantemente. La vegetación y las flores representan el amor, la belleza, la armonía y la sanación.

Te pedimos que respires hacia tu vientre; este contiene el Gran Universo en el espejo de todos los microbios que viven dentro de ti, lo que te ayuda a digerir tus emociones y tu comida para mantenerte vivo. El aceite de coco extraído de las palmeras matará los parásitos (símbolo del miedo que se alimenta de más miedo) de tu intestino. Esta parte del ejercicio crea equilibrio dentro de ti y automáticamente envía equilibrio y salud a las células del Cuerpo Humano Único. Completamos el ejercicio haciendo que tu ego perdone los errores percibidos del pasado que todavía puedan causar ansiedad. El fuego violeta transforma el miedo (culpa, vergüenza y reproche) en amor. La fusión con el vórtice arcoíris del amor puro te llena de paz interior, la cual se multiplica y fluye desde la unidad que creamos hacia el colectivo y hacia toda la Tierra.

Cada vez que completes esta experiencia sanadora, debes saber que tu yo humano es una célula pacífica y equilibrada en el cuerpo del Cuerpo Humano Único. Esta célula, que eres tú, se está comunicando ahora con todas las demás células del Cuerpo Humano Único y está elevando la vibración de todas ellas. Esto naturalmente las anima a dejar ir el conflicto y llenarse de paz.

Observa cómo las tres leyes divinas trabajan a través de ti mientras realizas nuestra experiencia sanadora. Has utilizado los colores cantores de los rayos del Sol Central para elevar la vibración de tu energía (Ley de la Energía). Con las manos sobre el vientre, has invocado la Ley de uno y al hacer el ejercicio con nosotros, hemos promulgado la Ley "Como es arriba es abajo, como es adentro es afuera".

Tenemos más misiones alegres de transformación y sanación que hacer contigo. TÚ eres tan poderoso como un Arcángel y juntos podemos sacar a la Escuela Tierra de la carencia y llevarla al equilibrio. ¡Hagámoslo!

Transformar
la pobreza

PARTE 6

Liberar del sufrimiento
la Escuela Tierra

*Fusionamos el Poder de nuestro Corazón con el tuyo.
Juntos, sanamos el Cuerpo Humano Único y el planeta
en el que vives y aprendes.*

LOS DOCE ARCÁNGELES DEL SOL CENTRAL

Transformar
la pobreza

La pobreza es el reflejo externo de la desconexión del Cuerpo Humano Único del amor, la protección y la seguridad de la Madre Divina. Además de reconectar a la humanidad con la Fuente, para acabar con la pobreza es necesario deshacerse del viejo arquetipo femenino, que hace que quieras aferrarte a la pérdida experimentada en el pasado y verte a ti mismo como una víctima de circunstancias inmutables. Primero, te ayudaremos en tu propia limpieza y sanación profunda y luego, a través de ti, facilitaremos la transformación de la pobreza en la Escuela Tierra.

Entremos en la biblioteca de tus creencias, donde utilizaremos la metáfora de las historias grabadas en libros para liberar paradigmas de creencias limitantes y basadas en el miedo. Algunas de estas creencias pertenecen a tus padres y te fueron transmitidas durante la infancia; otras, las adoptaste durante momentos de dificultad y crisis en tu propia vida. Te pedimos que consideres estas historias como mohosas y tóxicas, carentes de la sabiduría para mantenerte a salvo durante los tiempos difíciles. Una vez que te ayudemos a limpiar estas viejas creencias femeninas almacenadas en las salas de memoria del subconsciente superior, viajaremos a las profundidades del océano de fuego violeta para transformar las antiguas historias de pérdida experimentadas por tus antepasados y tus yos de vidas pasadas.

Experiencia sanadora

Abandona las creencias sobre la pobreza del viejo arquetipo femenino

Cierra los ojos e inhala un profundo aliento de amor. Exhala cualquier miedo que sientas. Atraviesa la puerta púrpura y sube las escaleras hasta tu biblioteca de creencias. Asegúrate de encender el rociador de fuego violeta que está justo encima de las macetas en la esquina de la entrada. Puedes estar seguro de que los viejos arquetipos masculino y femenino están esperando tu visita y querrán distraerte de tu misión de abandonar la pobreza y la victimización.

En el centro de la biblioteca principal, los Doce Arcángeles están de pie junto con tus Ángeles guardianes, tu divino niño interior, tu divinidad femenina y divinidad masculina. Hemos apilado todos los libros que necesitan ser transformados; sin embargo, te advertimos que cada libro está lleno de tristes historias de pérdida, hambre, escasez, penurias y sufrimiento.

Ya hemos instalado una cinta transportadora de fuego violeta que va desde la mesa con la pila de libros hasta el Sol Central. Toda la energía de baja vibración atascada en los libros será reciclada, transformada en amor y devuelta a ti.

Repite: "Libero y suelto la mentalidad de víctima envuelta en mis historias de penurias, luchas y pérdidas. Libero toda la energía atrapada en los recuerdos, ya sean recuerdos míos, o cosas que he absorbido al escuchar las historias de penurias de otros".

Observa cómo todos los libros de la mesa suben por la cinta transportadora, salen por la abertura del techo y se elevan hasta la infinita luz cantora del dorado Sol Central.

Los Arcángeles Miguel y Victoria te ofrecen una Espada de la Verdad, la Justicia y la Victoria de color azul zafiro y fuego blanco. En una silla en la cabecera de la gran mesa hay un libro enorme con el título: *La pobreza y las penurias te purifican ante los ojos de Dios*. Toma la Espada de la Verdad de los Ángeles y atraviesa el libro hasta el fondo. Se convertirá en polvo y los Ángeles soplarán el polvo hacia el Sol Central.

Busca en tu biblioteca viejos arquetipos masculinos y femeninos del miedo y si encuentras alguno, ponlo en la cinta transportadora y envíalo directamente al reciclador de energía de Dios. Repite: "Soy abundante y siempre provisto por la Fuente. Soy parte de la Unidad Divina. La Unidad Divina solo puede experimentar abundancia y plenitud".

Descansa antes de leer nuestra siguiente experiencia sanadora. Si lo prefieres, haz este ejercicio a la hora de acostarte para permitir que los Ángeles hagan una limpieza a fondo de tus moléculas de ADN y del subconsciente celular.

Experiencia sanadora
Transforma la pobreza desde adentro

Cierra los ojos y respira con tranquilidad. Toca el pomo de cristal de la puerta púrpura y repite: "Estoy dispuesto a servir a la Unidad Divina. Estoy dispuesto a liberarme del miedo, la pobreza, las dificultades, el dolor y el sufrimiento. Hago esta sanación por el mayor bienestar de todos".

Abre la puerta y nada con tu divino niño interior hacia el medio del océano de fuego violeta. Tu camino está iluminado con estrellas doradas centelleantes y muy sabrosas porque están hechas del chocolate de más alta vibración.

Nos verás como doce pilares de luz amorosa, que te esperan. Toma asiento en el sillón reclinable rubí hecho del amor de la Madre Divina. Repite: "Libero todas las historias de pérdida dentro de mi recipiente".

Nosotros invocamos desde tu subconsciente celular y las bóvedas de memoria del ADN las historias de:

* Muerte, abandono o negligencia por parte de los proveedores financieros.
* Guerra, esclavitud o condiciones de trabajo inhumanas.
* Ser madre soltera o padre desempleado o ser incapaz de mantenerse a ti mismo, a tus hijos o a ambos.

- Pérdida de cosechas, pérdida de miembros, pérdida de estabilidad o capacidad mental y pérdida de poder personal.
- Pérdida de motivación, inspiración y energía para avanzar en la vida.
- Hambre, escasez de alimentos o mala nutrición.
- Pérdida por adicción, depresión o mala salud.
- Pérdida de la patria, la propiedad y los recursos, o la familia.
- Trabajo exigido muy superior a los ingresos proporcionados.
- Escasez financiera.
- Pérdida de trabajo o un cambio de carrera que viene con disrupción.
- Pérdida de fe en el Creador, en especial al momento de recibir de la Madre Divina.
- Pérdida de confianza y fe en ti mismo y en tu inteligencia creativa.
- Pérdida de respeto por ti mismo que lleva a la creencia de que el Alma debe haberte abandonado.
- Miedo a la pobreza, a las dificultades o a no tener recursos en el futuro.

Repite: "Perdono estas viejas historias por todos nosotros. Las perdono aunque me parezcan imperdonables". Haz esto hasta que te sientas ligero y tranquilo. ¡Las experiencias pasadas de pobreza que pesan sobre tu subconsciente están ahora en camino hacia el Sol Central!

Y ahora, desde tu recipiente pacífico, llamamos a todos los seres que sufren y luchan, y los llevamos con cuidado al Sol Central. Repite: "Gracias, Madre y Padre Dios, por llenar todos mis yo sufrientes y luchadores, incluyendo mis vidas pasadas y ancestros, con compasión y sanación desbordantes. Gracias por transformar las bajas vibraciones del miedo y la tristeza en amor y alegría. Llamo a esta energía transformada y renovada a mi ser con amor, gratitud y respeto por todos".

La imagen del océano de fuego violeta desaparece y ahora ves el campo esmeralda del Corazón. Te invitamos a decir con nosotros: "¡Estoy dispuesto a ayudar al colectivo humano! ¡Estoy dispuesto a ayudar a la Madre Tierra!".

Ahora eres una hoja de un árbol gigante. El árbol representa a todo el colectivo humano. Siente cómo las raíces de este árbol penetran más adentro en la Tierra hasta entrar en el Corazón de la Arcángel Gaia. Las raíces se iluminan en color esmeralda y oro y comienzan a zumbar. Tú, en forma de hoja, puedes sentir el ritmo de este magnífico árbol.

Una vez que las raíces conectan a plenitud con el Corazón, el zumbido de la energía esmeralda y dorada asciende rápidamente por las raíces, hacia el tronco y las ramas. Las hojas empiezan a bailar con el viento y se iluminan con los colores del arcoíris. La luz cantora del Sol Central está llenando cada hoja del árbol con abundancia eterna, mientras que las raíces absorben nutrición eterna.

Repite: "Todos somos uno y todos nos alimentamos con todo lo que necesitamos".

Abre el Poder de tu Corazón, conecta con nuestros Corazones y siente cómo nuestra energía se fusiona contigo. Desde este lugar de unidad, enviamos verdadera riqueza y equilibrio a los átomos de cada ser luchador de la energía del Creador. A través de la Ley del Uno y la Ley "Como es arriba es abajo, como es adentro es afuera", damos gracias de que así sea.

Transformar la pobreza global va de la mano de transformar el desamparo global. Todas las Almas que entran en la Escuela Tierra llevan el sentimiento de estar exiliadas de la gracia y la libertad eterna del Cielo. La diferencia vibratoria entre el Gran Universo y la Tierra puede parecer extrema. Cuando la expresión humana de un Alma estelar se encuentra con el miedo por primera vez, puede ser tan abrumador que la personalidad puede creer que está desamparada y que debe luchar por la supervivencia desde la infancia. Hasta que tu humanidad se una por completo con tu divinidad de modo que el ego se nutra con seguridad de la Confianza del Corazón, pudieras sentirte perdido y desamparado en diferentes momentos. Algunos humanos asumen la historia de ser exiliados de sus países de origen o de sus familias para facilitar la sanación del Cuerpo Humano Único.

El miedo a verse obligado a abandonar el propio hogar por cualquier motivo es poderoso en su efecto sobre la comunidad global: contribuye a la competencia por los recursos, la codicia, el abuso de poder y la violencia. Nuestra próxima misión es transformar el miedo al exilio y a la falta de hogar y poner fin a este trauma, por el bienestar de todos.

Transformar el exilio y la falta de hogar

La historia del exilio y el profundo trauma que genera tiene raíces antiguas en la memoria del colectivo humano. El exilio puede producirse por multitud de razones: condiciones meteorológicas extremas, la política, la persecución religiosa, la pobreza y el abandono, por nombrar algunas. Sea cual sea la razón por la que uno se desarraiga de su vida y cambia de entorno, la conmoción, el dolor, la rabia y el miedo que perduran son dignos de transformación. A medida que transformas de tu memoria celular y de tu sistema nervioso el miedo subterráneo a que el pasado se repita, te ayudas a ti mismo y a las generaciones futuras. Otra forma más sutil del miedo al exilio y a la falta de hogar es el temor a contraer una enfermedad incurable en la que ya no te sientes seguro en tu cuerpo.

Temer que tu cuerpo te abandone o que un cambio imprevisible te deje sin hogar es alimento para los viejos arquetipos masculino y femenino. Este miedo al cambio drástico tiene su origen en la creencia de que Dios te ha abandonado o de que los miembros de tu familia, comunidad o tribu te han abandonado. Cuando la experiencia del abandono forma parte de tu historia, es como caminar sobre una falla porque, inconscientemente, siempre estás preparándote para el desastre. Sin embargo, confiar en que todas las experiencias están diseñadas para llevarte a casa, a tu Corazón, puede transformar el potencial negativo del exilio. Elevar tu vibración y entregarte al amor puro del Alma te llevará a través de las lecciones de la vida con mucho menos trauma y dislocación. Para ayudar a mantener tu vibración tan libre de miedo como sea posible, te ayudaremos a limpiar la causa raíz de experimentar la necesidad de huir para salvar tu vida, cordura, hijos o valores.

Nuestro primer paso es animarte a agradecer a la Madre Divina y a la Madre Tierra por proporcionarte un hogar y un cuerpo seguros, en especial si hoy en día no te sientes seguro. La gratitud es un cambiador superpositivo para tu vibración. A medida que tu vibración sube, es más fácil para ti recibir lo que necesitas para prosperar en tu vida. A medida que te ayudan, todos se benefician.

Nuestro segundo paso es pedirte que te mantengas consciente a los viejos arquetipos masculino y femenino que te intimidan con estrategias de prevención de desastres. El futuro aún no ha llegado, así que pon tu energía en crear un futuro que se sienta aún más seguro, armonioso y agradable que el que estás experimentando en la actualidad.

Nuestro tercer paso es pedirte que hagas la siguiente experiencia sanadora para transformar las historias dolorosas de tus antepasados. Repítelo según sea necesario cuando te preocupes por tu seguridad.

Experiencia sanadora
Fuego violeta para liberar el trauma del exilio

Cierra los ojos y visualízate como un volcán en erupción que libera lava de fuego violeta. La lava simboliza la rabia enterrada que necesita salir a la superficie. Transforma la rabia en amor utilizando el poder del perdón. Repite: "Libero voluntariamente la ira y el *shock* de mis antepasados y vidas pasadas". Deja que el volcán entre en erupción hasta que la lava se detenga y la escena cambie a un océano violeta.

Estás junto a tu divino niño interior, descansando cómodo en una silla rubí. Te rodeamos en el océano y aparecemos como doce pilares gigantes de colores cantores. Le cantamos a tus células humanas y les pedimos que liberen todas las tragedias familiares. Libera las emociones que rodean la creencia de tu familia de que eran invisibles para el Creador.

Ahora, a través del canto, sacamos de tus células todo el miedo relativo a sentirte valorado, a salvo, seguro y provisto por la Fuente. Te invitamos a llevar el color violeta a tu piel para que sientas el poder del perdón llegar a tus moléculas y átomos. Repite: "Lo perdono todo. Perdono lo que es imperdonable. Lo perdono por todos".

Y cuando todo está claro, cambiamos la escena al santuario del Alma en el mundo esmeralda del Corazón. Este es tu verdadero Hogar, que nunca te será arrebatado, ni siquiera en la muerte.

Desde el santuario del Alma, abre el Poder de tu Corazón, conecta con nuestros Corazones y siente cómo nuestra energía se funde contigo. Desde este lugar de unidad, enviamos la vibración del Hogar a los átomos de todos los que están luchando. A través de la Ley de la Energía, la Ley del Uno y la Ley "Como es arriba es abajo, como es adentro es afuera", damos gracias porque así sea.

Nuestra próxima misión para ti, valiente y dispuesto sanador del mundo, es transformar la historia del abandono, la negligencia, la falta de respeto y el abuso infantil. Incluimos a las mascotas porque estas reflejan al niño herido ante su dueño y absorben el sufrimiento por ellos. A través del mayor Poder del amor puro, puedes marcar una diferencia significativa para poner fin a los patrones de abuso que siguen repitiéndose generación tras generación. ¡Despleguemos nuestras alas, conectemos con la Unidad Divina y cambiemos lo que puede parecer imposible de cambiar!

Transformar el abandono
y el maltrato infantil

¿Sabías que en el Cielo puedes ser niño, adolescente, joven o adulto, según tu estado de ánimo? Alguna vez te has hecho la pregunta: "¿Por qué la infancia y la paternidad forman parte de la ya intensa educación en la Escuela Tierra?". Estas experiencias son fundamentales para aprender el valor de ser un niño divino inmortal, que todo lo ama y todo lo perdona. Permítenos ayudarte a comprender, desde una perspectiva de divina compasión, lo que ocurre cuando encarnas en la Tierra y por qué la vida puede comenzar como una enorme decepción.

En la Escuela Tierra, las personalidades se desconectan de la fuente siempre fluyente de guía y amor de la verdadera madre y padre del Alma. Al permitir que esta Verdad te empape, podrás empezar a darte cuenta de que no es posible para ningún padre humano igualar el amor incondicional de la Madre y el Padre Divino del Gran Universo. El amor Divino e incondicional es exactamente lo que un nuevo bebé quiere de sus padres humanos. El Alma recién encarnada ha dejado la vibración del Cielo y ha entrado en la realidad densa y saturada de miedo de la Tierra y, de inmediato, el nuevo bebé descubre que sus padres son niños humanos, frágiles, rotos y necesitados. El bebé que acaba de pasar por la experiencia del nacimiento mira a los ojos de su madre y dice: "Te conozco, acordamos estar juntos en esta película y quiero ayudarte". La madre, ya sea la madre biológica o la madre de alquiler, mira a los ojos de su bebé y dice: "¡Quiero dártelo todo!". La nueva madre puede no entender que solo puede dar lo que es capaz de dar y puede que se sienta derrotada al darse cuenta de que no puede dar lo suficiente. Cuando la madre ya tiene varios hijos, puede preguntarse: "¿Cómo voy a cuidar a otro si ya estoy agotada?".

Las experiencias tanto para los padres como para los hijos pueden ser películas con escenas tristes e impactantes. Sin el amor y perdón puros, vidas enteras pueden seguir llenas de dolor y vergüenza por lo que ocurre en la infancia, la niñez temprana y la adolescencia. El dolor de la infancia pudiera entonces ser exteriorizado en otros, incluso en animales domésticos. En esta situación, el dolor original se multiplicó y se siente aún más pesado con la adición de la culpa, la vergüenza y el reproche. ¿Cómo se pueden comprender, perdonar y transformar las bajas vibraciones de la negligencia, el abandono y el abuso? Buscar la ayuda de consejeros sabios y pedir la sanación del Alma puede hacer milagros para ayudar a todos a comprender las causas profundas del sufrimiento. Recomendamos a todas las personalidades humanas que hagan precisamente esto: pedir a sus Almas que intervengan y detengan el dolor. Puede que no seas capaz de cambiar el sufrimiento de otra persona; sin embargo, puedes pedirle a su Alma una intervención divina en su nombre. Resulta útil venir desde una perspectiva de verdadera compasión por todas las partes atrapadas en el ciclo de negligencia o abuso, y esta compasión tiene que venir del Corazón. Permítenos ayudarte a desarrollar una mayor comprensión del maltrato.

Los padres humanos a menudo no son conscientes de la proyección subconsciente de su propio rechazo y dolor en sus hijos. Sin saberlo, pueden descargar su odio hacia sí mismos en personas inocentes y vulnerables. Los dueños de mascotas pueden tener una falta de consciencia similar y proyectar emociones negativas en sus peludos compañeros. La solución es perdonar todo, sobre todo lo que pudiera parecer imperdonable.

Puede ayudar comprender que las Almas diseñan sus historias traumáticas de infancia antes de encarnar. Las violaciones importantes de los límites se acuerdan en el dominio del Alma y antes de entrar en la Escuela Tierra. La noticia esperanzadora es que todos los acuerdos entre el abusador y la víctima pueden ser cambiados antes del evento traumático.

¡El abuso puede detenerse! ¿Cómo? Con el autoperdón que entra en la consciencia del maltratador y el Poder del amor puro inundando a la víctima. Permítenos explicarte: cuando uno de los padres haya sufrido abusos de niño, su hijo puede vivir una experiencia similar para ayudar al padre a recordar su propio trauma y sanar. El adulto que abusa de su poder sobre un niño o mascota, está proyectando en ellos lo que le ocurrió repetidas veces en esta vida o en una vida pasada reciente. Cuando tal adulto limpia los viejos paradigmas del miedo para poder reparar a su propio niño herido dentro de él, transforma tanto a la víctima como al abusador. Los niños que traen el residuo de una vida pasada violenta también pueden ser abusadores de sus padres, otros miembros de la familia y mascotas. No importa dónde comenzó la historia de abuso, merece ser transformada con el fenomenal poder sanador del perdón.

La máxima lección es perdonar incluso lo que parece imperdonable y ver al maltratador como una personalidad herida y rota que funciona lo mejor que puede, que puede no ser nada. Dentro de cada ser humano maltratador hay un niño pisoteado que pide a gritos que se le escuche. Para el que sufre, un equipo de Ángeles vigila e intercede por orden del Alma.

Por favor, permite que los Arcángeles Miguel y Victoria te envuelvan en un campo de fuerza de coraje mientras observas la siguiente lista de sentimientos y comportamientos asociados con el abuso. Asegúrate de notar cuando algún sentimiento o comportamiento resuene contigo. La confirmación de tus sentimientos podría manifestarse conteniendo tu respiración o sintiendo incomodidad en tu cuerpo físico. Ten en cuenta que nuestra lista es vibracional y puede que no incluya tus sentimientos exactos.

▶ **Sentimientos y comportamientos asociados al maltrato**

- Mal humor o temperamento impredecible cuando las cosas se sienten fuera de control.
- Ansiedad.
- Tristeza.
- Indignidad de la que es difícil librarse.

- Vergüenza.
- Culpa.
- Ira al volante.
- Límites débiles.
- Pesadillas.
- Agotamiento inexplicable.
- Hipersensibilidad con respecto al entorno y a los extraños.
- Fuerte deseo de predecir el futuro y controlarlo si es posible.
- Dificultad para respetar las propias necesidades tanto como las de los demás.
- Dificultad para tomar una decisión.
- Dificultad para conseguir dinero suficiente para cubrir las necesidades.
- Necesidad frecuente de aprobación.
- Fuerte juicio negativo del cuerpo físico.
- Vergüenza de gastar dinero en uno mismo.
- Miedo a pedir ayuda.
- Miedo a correr riesgos.
- Miedo a buscar ayuda médica cuando esta es necesaria.
- Miedo a la soledad.
- Miedo a estar con extraños.
- Miedo al afecto.
- Miedo a la intimidad emocional.
- Miedo a la intimidad sexual.
- Miedo a sentir los propios sentimientos y a expresar las propias. necesidades, incluso a uno mismo.
- No sentirse lo suficientemente bueno.
- Juzgar a otros que han actuado de forma irrespetuosa.
- Juzgar o criticar a otro por ser diferente a uno mismo.
- Sentirse bajo presión.
- Sentir que algo está mal en uno mismo.
- Incomodidad para recibir, mayor comodidad para dar.

- Reaccionar ante situaciones difíciles de la vida sintiéndose víctima, engañado y resentido.
- Gritar, insultar o faltar al respeto verbalmente al espacio de otra persona.
- Menospreciar a otra persona.
- Dirigirse a los demás con sarcasmo.
- Castigarse a sí mismo, a los niños o a los animales.
- Competir por la atención.
- Disociarse o salirse de sí mismo.
- Tener adicciones y fuertes apegos a actividades, drogas, dinero, alcohol, sexo o cualquier cosa perjudicial para uno mismo o para otro.
- Necesidad de ser el centro de atención o lo contrario, necesidad de ser el que da la atención, no el que la recibe.
- Necesidad de tener el control y el poder para sentirse seguro.
- Ser el padre de todos o solo del necesitado, que a menudo está en crisis.
- Preferir acomodarse a las decisiones de los demás y evitar los conflictos.

Experiencia sanadora
Perdona los traumas de la infancia

Cierra los ojos e inhala. Tu Alma, divino niño interior, divinidad femenina, divinidad masculina y el Ángel de la naturaleza de tu cuerpo te están ayudando a reconocer lo que ya está maduro para ser perdonado.

Envuelve cualquier sentimiento o comportamiento resonante de la lista anterior en fuego violeta y coloca los paquetes en el suelo esmeralda a tu lado. Repite: "Entrego mi infancia a la sanación del Alma, unida al Sol Central. Perdono todos los acontecimientos hirientes, ya sean traumas evidentes o sutiles. Perdono a todos los personajes de la película de mi infancia, aunque me resulte difícil perdonarlos. Y me perdono a mí mismo y a la Unidad Divina por sentirme abandonado por Dios".

Toma los paquetes que yacen en el suelo esmeralda y colócalos en la cinta transportadora turquesa y dorada que apunta hacia los cielos. Prometemos entregar cada paquete especial al Creador por ti. Repite: "¡Invito al Alma a llenarme de libertad y alegría!".

❖❖❖

Ahora es el momento de sumergirte en lo profundo y limpiar el abuso de tu genética. Hacerlo te ayuda a ti, ayuda a tu familia y ayuda enormemente al colectivo humano.

Experiencia sanadora
Lavado del ADN para limpiar el abandono y los abusos

Por favor, lee el ejercicio y, si lo prefieres, pídeles a tus Ángeles guardianes y Ayudantes del Cielo que hagan la limpieza mientras duermes por la noche.

Respira profundo unas cuantas veces. Continúa hasta que te sientas en calma y con los pies en la tierra. Atraviesa la puerta púrpura abierta y salta al océano de fuego violeta con centelleantes estrellas doradas. Nada con tu divino niño interior hasta que llegues a nosotros, un círculo de Doce Ángeles, todos en luz blanca y dorada.

En el centro de nuestro círculo hay un gran disco esmeralda, por favor, túmbate sobre él. Te sentirás cómodo y seguro. Te cubrimos con cuidado con una suave manta rosa rubí y sacamos de tus moléculas las historias de tus ancestros sobre:

- Incesto.
- Tráfico sexual y prostitución a cualquier edad de la vida.
- Abusos e indecencias sexuales.

- Castigo físico o humillación verbal.
- Abuso psicológico, incluido el abuso psíquico (escuchar pensamientos abusivos o sexualmente invasivos a través de la propia intuición).
- Hambruna física.
- Encarcelamiento, confinamiento o esclavitud emocional.
- Falta de seguridad y estabilidad.
- Miedo, rabia, culpa y vergüenza.
- Sacrificio.
- Sufrimiento físico, mental o emocional, o ser testigo de él.
- Traición y manipulación por parte de un adulto o consejero de confianza.
- Intimidación, burla, tormento o tortura.
- Ser un trabajador infantil.
- Ser obligado a practicar un deporte o a participar en una actividad religiosa o educativa traumatizante.
- Tener que crecer demasiado deprisa para sobrevivir a la disfunción y la crisis familiares.
- Ser testigo de violencia, destrucción y muerte.
- Ser rechazado o abandonado por alguna de las figuras parentales.
- Haber sido separado de la familia en la infancia, la niñez o la adolescencia durante un periodo de tiempo que haya provocado un *shock* en el sistema nervioso.
- Haber sufrido un lavado de cerebro a causa del miedo.
- Ser la persona que no tiene nada mientras los demás tienen todo lo que necesitan.

Enviamos todas estas historias dolorosas al Sol Central. Te pedimos que repitas: "Libero estas trágicas historias de mis moléculas y átomos. Las libero por todos nosotros y las perdono aunque sean imperdonables". Repite: "PERDONO", hasta que te sientas más ligero y el violeta del océano cambie a los colores del arcoíris.

Te levantamos del disco en el océano arcoíris y te colocamos en el suelo esmeralda del Corazón. Tu manta rosa rubí empapa tu cuerpo y es rápidamente reemplazada por una nueva manta. Las mantas de energía continúan empapando tu ser hasta que estás saturado por completo de inocencia y amor puro de la Madre Divina del Gran Universo.

Repite: "Gracias, Madre Divina, por ayudarme a recibir en mis átomos humanos la vibración de una infancia nueva y feliz. Estoy dispuesto a que seas mi madre y a que el Padre Divino sea mi padre".

Tu divinidad femenina y masculina toman una bola amarilla resplandeciente de la energía de autoestima de más alta vibración y la colocan en tu plexo solar. La confianza crece y llena cada célula de tu humanidad con la autoestima de tu divinidad. Repite: "¡Soy humano plenamente divino y divino plenamente humano!".

Nosotros, los Doce Arcángeles, fusionamos ahora nuestra energía con tu energía. Juntos llamamos a todos los seres estelares del Gran Universo para que añadan el Poder de su Corazón a esta fusión mágica. Enviamos este AMOR de recreación de la infancia feliz al momento de la concepción, pasado, presente y futuro de todos los seres humanos para continuar facilitando la libertad y la sanación. También enviamos esta energía de recreación y ascensión a todos los átomos existentes en la Tierra y a las vibraciones del miedo del filtro astral.

Ordena y activa con nosotros diciendo: "Todos son uno. Todos son hechos uno de nuevo, a través del poder de las leyes divinas y el Poder del Corazón del amor puro del Creador".

Transformar el odio, la violencia y el mal con amor puro

En la vibración más baja permitida en la Escuela Tierra, la ilusión más adictiva y convincente del miedo puede hacer que el ego sueñe una pesadilla y la convierta en realidad. En este punto de aparente no retorno, el ego está tan saturado de miedo y odio a sí mismo que cree que el amor no existe. En esa pesadilla tan aterradora, la humanidad del ego ha caído en el abismo más oscuro de la separación del Alma y ahora se alimenta del miedo y utiliza el miedo como poder para sobrevivir al terrible sueño que está viviendo. Te agradecemos tu valentía al leer nuestras palabras y escuchar nuestra honesta súplica. ¿Nos ayudarás a orquestar un rescate divino para aquellos atrapados en una película en la que el odio, la violencia o el mal forman parte de la escena que están viviendo, ya sea real o imaginada?

Por favor, lee la experiencia sanadora y ten chocolate a mano para antes y después. El chocolate es nuestra medicina terrenal para ayudar al cerebro a cambiar de vibración y es muy útil para limpiar cualquier absorción de pensamientos negativos o de miedo. Si no te gusta el chocolate, pídele a tu Ángel guardián que sobrecargue las moléculas del agua que estás bebiendo con la vibración del chocolate.

Experiencia sanadora
Rescate divino

Cierra los ojos e inhala amor. Con tu intención, exhala todo el miedo de tu cuerpo. Inhala más amor en tus colores favoritos de los rayos cantores del Sol Central.

Camina a través de la puerta púrpura y encuentra a los Arcángeles Miguel y Metatrón esperándote al borde de un vasto y oscuro abismo. El agujero parece y se siente sin fondo. Toma la mano de tu divino niño interior y observa cómo enormes y gentiles alas azul zafiro de amor puro te envuelven. Repite: "Estoy dispuesto a ayudar a las células más cancerosas del Cuerpo Humano Único. Sí, ¡Estoy DISPUESTO!".

Y todos juntos saltan al abismo. Caen como si nunca fueran a llegar al fondo, pero lo hacen y el aterrizaje es suave.

Los Ángeles señalan en dirección a tres celdas de calabozo, iluminadas con una deslumbrante luz naranja. En la primera celda hay un monstruo masculino, en la segunda hay un monstruo femenino y en la tercera hay un monstruo infantil. No te pedimos que veas a los monstruos, lo que sí te decimos es que antes parecían seres humanos hermosos e inteligentes.

Junto con tu divino niño interior, por favor repite: "Todo está perdonado". Los Ángeles bañan las celdas del calabozo con luz cantora blanca y violeta desde arriba y envían un torrente de amor puro a través del suelo de cada celda. Proclama: "¡El Amor es la Fuente que eleva la vibración desde el miedo más profundo hasta la frecuencia más alta, el amor puro! Los enviamos al Sol Central".

El Arcángel Metatrón toma la linterna con la extraña luz naranja (simbólica para el Alma, que se siente tan lejana) y la arroja fuera del abismo, de regreso a la Unidad Divina.

Ángeles de todas las formas y tamaños llegan al abismo y con aspiradoras de fuego violeta y cepillos de fregar para limpiar el espacio del miedo y de la ilusión de separación del miedo.

Desde lo alto, los Arcángeles traen rayos de amor puro del Sol Central y llenan el abismo. Tú y tu divino niño interior se elevan de nuevo al nivel del suelo y regresan a la pradera esmeralda. El abismo se cierra por completo y aparecen cerezos florecientes en la cicatriz del cierre.

Repite: "Doy gracias porque todo el odio, la violencia, las ilusiones de maldad y los crímenes de venganza y destrucción se transforman, por completo, con amor puro. A través del Poder del Corazón, permito que las leyes divinas trabajen a través de mí para erradicar este dolor de la Escuela Tierra. Estoy agradecido, Creador, de que el Cuerpo Humano Único, del que soy una célula, esté sanando para el mayor bienestar y la máxima felicidad de todos".

Transformar la desigualdad, el racismo y la discriminación

La Madre Tierra acoge a Almas de todo el hermoso e infinito Gran Universo para encarnar a través de su vientre. Todos los seres humanos comparten la misma madre y los colores de su piel pueden encontrarse en su suelo rico y fértil, en sus playas de arena blanca y en sus cañones de roca roja. Las paredes de los túneles y los acantilados expuestos de sus impresionantes cordilleras revelan todo un arcoíris de tonalidades. ¿Reconoces el color de tu piel en la piel de la Madre Tierra? Tanto si tu tez es oscura como su cielo nocturno y las profundidades de sus océanos como si es clara como una perla en sus ostras, ¿te das cuenta de que es tu madre y de que compartes su belleza y su inteligencia?

Tu exquisito planeta azul es la Arcángel Gaia y ella y su luna pertenecen a la familia de los Doce Arcángeles. Apreciamos a cada Alma que visita la Escuela Tierra. Elegimos ver a todos los seres humanos como nuestros hermanos de Sonido y Luz, sin importar cómo sea la educación de su ego. Compartimos la buena noticia de que cuando un ego cruza el puente de arco de lluvia en el momento de la muerte física, cualquier residuo de racismo y cualquier tipo de discriminación se derrite como un montón de nieve bajo el cálido sol de verano. Si es cierto que todos los seres humanos nacen de la misma madre y son hermanos de los Doce Arcángeles, ¿de dónde viene ese racismo vicioso y a qué propósito sirve?

Cualquier personalidad que se desconecte del Poder de su Corazón sufrirá de un modo u otro la solitaria historia de la desigualdad. Esto incluye la ilusión de que un ser humano es mejor que otro o mejor que un elefante o una piña. Todas las partículas de energía del Creador son iguales en su capacidad de irradiar la luz creativa del amor puro, y el racismo y la discriminación son formas extremas de aprender esta lección. La aceptación incondicional de uno mismo es un buen punto de partida para aprender lo que hay que aprender. Practica aceptando, sin juzgar ni castigar, los aspectos de ti mismo que detestas y sé un transformador de la dolorosa realidad del racismo, la desigualdad y la discriminación. La sanación interior se reflejará en un cambio positivo, "como es afuera", en la Escuela Tierra.

¿Qué tienes que hacer cuando te expones a la falta de respeto y al maltrato de otros seres humanos? ¿Saltas de tu película y te metes en su cine? En lugar de reaccionar con tu parte masculina y añadir fuego al conflicto, conéctate a la pradera esmeralda del Corazón. Repite: "Yo Soy la Unidad Divina. Todos pertenecemos a la Unidad Divina. Nosotros somos la Unidad Divina". Mientras dices este corto mantra, estás activando el Poder del Corazón y enviando la Verdad de que todos somos iguales a los ojos de Madre y Padre Dios. A través de tu calma, estás enviando el mensaje a las mentes de todos los involucrados de que Dios no prefiere a un niño sobre otro. A través del Poder de tu Corazón, envías el mensaje de ir a tu interior y transformar el odio hacia ti mismo que se proyecta hacia otros seres humanos.

La discriminación comienza en el interior y se transforma desde dentro hacia fuera. Cuando un ego se siente inferior o superior a otro, el ego se ha alejado, de modo vibracional, del Alma. Te pedimos que no te juzgues a ti mismo. No juzgues la película que estás viviendo si tu vida parece ser mejor o peor que lo que otros están experimentando. Cuando sumas todas tus vidas pasadas, has sido de todos los colores de piel. Lo que más importa en tu largo viaje es que elijas respetar la divinidad en todos y honrar que todas las personas en el colectivo son hermanos. Permítenos a nosotros, los Doce

Arcángeles, ayudar a tu ego a saber en qué momento volver a conectarse a la toma de Poder del Alma y desde ese lugar de aceptación y Confianza, permítenos fusionarnos contigo e iluminar el árbol viviente del Cuerpo Humano Único.

Experiencia sanadora
Transmuta a los jueces

Cierra los ojos e inhala profundo. Exhala por completo. Acércate a la puerta púrpura y haz sonar la vieja alarma masculina y femenina para activar el sistema de rociadores violeta. Repite: "¡Fuera, fuera, fuera pensamientos masculinos controladores y prejuiciosos! ¡Fuera, fuera, fuera sentimientos femeninos de víctima impotente!".

Atraviesa la puerta púrpura y sube las escaleras hasta la biblioteca de creencias. Cuando llegues, observa que la biblioteca está inundada de fuego violeta. El océano de fuego violeta, utilizado para limpiar el subconsciente profundo, ha subido a los niveles superiores del subconsciente. Estás experimentando una doble limpieza molecular del ADN y la liberación de creencias (libros) que necesitan ser transformadas con amor puro.

Junto con tu divino niño interior y tu Ángel guardián bibliotecario, entra en el salón principal y pídele al bibliotecario que te lleve a la intimidante sala de audiencias de la izquierda. Aquí encontrarás a los jueces de "menos que, igual que y mayor que" sosteniendo varas de medir y balanzas. Los libros llenos de creencias, prácticas y recuerdos dolorosos de tus antepasados y vidas pasadas, salen a la superficie a través de las grietas del suelo. Estos libros pueden tener títulos chocantes como: *La piel clara es mejor que la piel oscura, El hombre es superior a la mujer, Los hijos mayores son superiores a los hijos menores, Más rico es mejor que más pobre, o Jesús es más sabio que Mahoma.* Los jueces se revuelven tratando de volver a meter los libros en los escondites bajo el suelo, ¡pero ya es demasiado tarde!

Junto con tu divino niño interior, toma la Espada de la Verdad de la mano del Arcángel Miguel y colócala en el centro de la sala. Repite: "Elijo que la Verdad de la Unidad Divina viva dentro de mi mente. A través del Poder del Corazón, envío todos los jueces, creencias, prácticas y recuerdos de 'menos que, igual que y mejor que' al Sol Central para que se transformen. Lo perdono todo aunque sea imperdonable".

La sala estalla en un asombroso resplandor violeta, púrpura, azul zafiro, esmeralda, escarlata y oro. En un abrir y cerrar de ojos, te encuentras en la pradera esmeralda admirando el árbol del Cuerpo Humano Único. Sucede algo increíble: la energía esmeralda del Corazón de la Arcángel Gaia llena las raíces del árbol y continúa elevándose hacia el tronco y las ramas, y el Sol Central llena las hojas con amor divino blanco y dorado desde arriba y las hojas comienzan a danzar con el viento.

Las hojas de la parte superior del árbol se mueven hacia las ramas más bajas y viceversa. La danza continúa y, con cada movimiento, la hoja que eres tú cambia de color. Sí, el color de la piel de las hojas cambia a todos los colores del arcoíris en el árbol del Cuerpo Humano Único.

Las almas son como estas hojas. Disfrutan cambiando de una encarnación a otra para poder experimentar todas las diferentes perspectivas de las infinitas posiciones en el Árbol de la Vida.

Te pedimos que sientas una hoja que eres tú. Reconoce con tu ego los jueces de "menos que, igual que y mejor que" en tu mente. Proclama: "¡Elijo el AMOR!", y envía a los jueces al Sol Central.

Nuestra energía se fusiona con las partículas de energía del Creador del Cuerpo Humano Único y la Madre Tierra. Todos nosotros juntos, contigo y con tu divino niño interior, enviamos amor a donde hace falta. Enviamos la Verdad de que todos somos parte de la Unidad Divina. Enviamos aceptación incondicional y respeto donde no lo hay en el Cuerpo Humano Único. Siente la gloriosa elección del amor para todos. ¡Somos Unidad Divina!

◈◈◈

Transformar el liderazgo y el abuso de poder

¿Por qué los seres humanos creen que necesitan ser gobernados, regidos, protegidos y que se les diga lo que tienen que hacer? Desde nuestra perspectiva, solo aquellos seres humanos que se han desconectado de su sabiduría divina necesitan o desean seguir o rebelarse contra un líder ajeno al Alma. Los líderes de gobiernos, religiones, instituciones, corporaciones y de cualquier otro lugar que otro ser humano pretenda liderar pueden dividirse en dos bandos principales. Un campo utiliza a los viejos arquetipos masculino y femenino del miedo para dirigir a los egos principales a cargo. En el otro campo, mucho más pequeño, el líder dirige con el Poder de su Corazón y la dirección de su Alma. Cuando el líder que dirige desde el ego piensa que lo hace desde el Alma, puede engañar, manipular y confundir a todos, incluso a sí mismo. Ese sería el tipo de líder favorito de los viejos arquetipos masculino y femenino del miedo, porque es el que quiere tener poder sobre los demás para que hagan su voluntad.

Los egos desean gratificación instantánea y, cuando tienen al viejo arquetipo masculino en el asiento del conductor, pueden actuar desde una mentalidad farisaica que les dice que pueden tener lo que quieran. Creen que tienen derecho a quitárselo a quien crean que lo tiene, y no solo justifican la apropiación, sino que también pueden reclutar a sus seguidores para que lo hagan por ellos. Lo que es más importante que entiendas es que la mejor autoridad es siempre tu propio divino niño interior, divinidad femenina y divinidad masculina. Si tu ego está desviado, entonces el Alma sabe cómo devolverte al centro para que puedas vivir la mejor vida posible. Los Ángeles te piden que reclames tu Voluntad más elevada para que uses el poder y la inteligencia de tu ego para el mayor bienestar de todos (obedeciendo la Ley del Uno).

La ley y el orden vibracional más elevado dentro de ti, dirigido por tu Alma y Creador, se activa cuando dices: "Entrego la voluntad de mi ego a la Voluntad de mi Alma". Si lo anterior no impresiona tu ego, puedes decir: "Entrego la voluntad de mi ego a la Voluntad de mi Alma, unida a plenitud con mi SobreAlma". Si eso aún no satisface al ego, tenemos otra versión de una orden infalible: "Entrego la voluntad de mi ego a la Voluntad de la Fuente". Esta es una orden del Poder del Corazón y se rige por las tres leyes divinas. Decir el comando te protegerá de ser engañado por aquellos que dirigen desde un ego herido y desconectado.

Es posible que el viejo arquetipo femenino te haya seducido para que creas que eres una víctima de los que toman las decisiones en el presente y en el pasado, incluidos tus padres, entrenadores, maestros de escuela y médicos. ¿Pueden todas las autoridades de tu vida traer la decepción y la desesperación a tu película? Nosotros decimos que solo si tú permites que esa sea tu realidad, silenciando tu Voluntad divina.

Los místicos han caminado por la Escuela Tierra durante siglos sin verse envueltos en conflictos, retenidos a punta de pistola ni obligados a ir en contra de sus valores y ética para sobrevivir. Sabían que debían mantener su vibración alta y llenar sus mentes de amor puro. Rechazaron entretenerse con la política, a juzgar lo bueno de lo malo o a ser presa del discurso de: "Sígueme, haz lo que te digo y te mantendré a salvo y rico". Tienes un sabio igual de poderoso que vive dentro de ti: tu divino niño interior. Vive tu vida como te guíe tu Corazón y el conflicto, el desastre y la pérdida de poder personal y riqueza dejarán de ser escenas de tu película o capítulos de tu historia.

Vamos a ayudarte a transformar el yo interior que se deja seducir por las falsas promesas del liderazgo dirigido por el ego. A tales líderes les puede gustar utilizar la intimidación masculina y la culpa femenina para limitar la vida que estás viviendo. Una vez que tu transformación interior esté completa, ofreceremos nuestro método para enviar la Voluntad de más alta vibración a los líderes gubernamentales, religiosos y empresariales que necesiten una intervención divina y una reorientación del rumbo.

Por favor, lee nuestra experiencia sanadora y comprende que estamos trabajando con la Ley divina "Como es arriba es abajo, como es adentro es afuera". Cuando tienes al Alma a cargo de estructurar tu vida, gobernar tus elecciones, protegerte y actuar como tu figura de autoridad parental, no necesitas liderazgo externo. Si entregas el ego a la autoridad del Alma, es innecesario sufrir por la interferencia de figuras de autoridad externas. Ponnos a prueba, sabemos lo que estamos compartiendo contigo. Nuestra misión es sacar al Cuerpo Humano Único de la falta de libertad de elección y llevarlo a la abundancia, la armonía y el equilibrio para el mayor bienestar y la máxima felicidad de todos.

Experiencia sanadora
Recupera la Voluntad vibratoria más alta

Visualízate sacándote de la garganta botas militares y pancartas políticas con lemas. Coloca las botas y las pancartas en una gran tetera de color verde brillante con fuego violeta hirviendo en su interior. Repite: "Elijo entregar la voluntad del ego a la Voluntad del Alma. Entrego cualquier miedo de expresar mi Voluntad a la Fuente".

Coloca la mano en el pomo de cristal de la puerta púrpura. Abre la puerta y entra a la pradera esmeralda. Junto con tu divino niño interior, tu divinidad femenina y tu divinidad masculina, entra en el río de fuego violeta de transformación y perdón que fluye con suavidad. Tu divino niño interior alcanzará y tocará el área de tu corazón. Una puerta se abre en tu corazón.

Repite: "Libero al niño sin padres que vive en mí. Libero a mi yo confundido. Libero al rebelde sin causa, al yo complaciente y al que compromete su integridad. Libero a mi yo enfurecido e impotente. Libero a todos los viejos pensamientos y sentimientos masculinos y femeninos. Y con gratitud y reconocimiento por el servicio que me han prestado, los libero en el río de fuego violeta y los perdono a todos, aunque no sepa lo que estoy perdonando".

Todos tus yo sin líder fluyen fuera de ti hacia el río de fuego violeta. Flotan seguros hacia el Sol Central en el horizonte. Repite: "Entrego la voluntad de mi ego a la Voluntad de mi Alma, una con el Sol Central".

El río cambiará a un brillante azul cobalto con cintas de magenta entretejidas. Repite: "Llamo a mi Voluntad divina femenina a mi humanidad para que pueda sentir mi Verdad, conocer mi Verdad y seguir mi Verdad". El color magenta llenará tu garganta y te reconfortará.

Ahora repite: "Llamo a mi Voluntad divina masculina a mi humanidad para que pueda expresar mis elecciones y saber claramente qué hacer para vivir mi vida en la vibración más elevada. El color azul cobalto llena tu garganta y dices: "¡Soy importante para el creador!".

Y entonces el río cobalto y magenta cambia y se torna de color esmeralda y oro, se eleva por encima de tu cabeza y se convierte en una serpiente energética gigante de destellos esmeralda y oro. Abre la boca y repite: "Ven a mí, Voluntad de mi Corazón. Dime lo que deseo. Dime a dónde me llevas". La energía fluye instantáneamente hacia tu boca y llena cada átomo de tu humanidad con el Poder del Corazón de la confianza en el Alma.

Desde este lugar de confianza en la única autoridad que vive dentro de ti, fusionamos nuestra energía con tu energía. Enviamos espadas arcoíris de amor puro a las espinas dorsales de todos los líderes centrados en el ego de la Escuela Tierra, pasados, presentes y futuros. Enviamos su poder del miedo mal utilizado al Sol Central. Cuerpo Humano Único, gracias por aprender a entregarte a la Voluntad más elevada.

Transformar
los juegos de guerra
y acción militar

Cada ser humano tiene un joven arquetipo masculino, desafiante, enérgico y resistente que vive en su interior y que puede o no expresarse de forma positiva y productiva. Este joven quiere ser un héroe que ayuda a los demás. En su vibración más elevada, es el aspecto masculino de tu divino adolescente interior; sin embargo, cuando está frustrado y se siente impotente, es la presa perfecta para el viejo arquetipo masculino que le dice que compita y gane para tener poder y estatus en el mundo.

El divino joven masculino de la Escuela Tierra puede encontrarse en cualquier lugar donde haya innovación, cambio positivo, respeto por los que son diferentes a uno mismo, motivación, honestidad y valentía. En el otro extremo del espectro vibratorio, el joven temeroso se revela en la necesidad de luchar consigo mismo o con los demás, esconderse y autodestruirse, o competir para sobrevivir sin importar a quién pueda herir en su camino. Cuando anticipa que no se saldrá con la suya o que no se reconocerá su voluntad, puede volverse violento y explotar de rabia contenida. En este estado, el viejo arquetipo masculino del miedo le consuela y le dice que puede ayudarle a conseguir lo que quiere y a conseguirlo ahora.

Cuando este temeroso joven arquetipo masculino está siendo criado por el viejo arquetipo masculino, puede darte "ira al volante" para que conduzcas tu vida demasiado deprisa y con demasiada fuerza. Si es ignorado o castigado por sus viejos padres, los viejos arquetipos masculinos y femenino, puede manifestarse como egocentrismo, adicción y comportamientos impulsivos y empeñarse en que necesita un arma. La mentalidad de la combinación del joven arquetipo masculino con los viejos arquetipos masculino y femenino puede incluso demostrar el ímpetu de dañar a otros de manera verbal o física cuando se siente amenazado.

Debido a que el temeroso joven arquetipo masculino, con los viejos arquetipos masculino y femenino como padres, vive dentro del Cuerpo Humano Único, aparece en la realidad global como la persona de las noticias que utilizó un arma para hacerse daño a sí mismo y a los demás. Por desgracia, vive dentro de los que toman decisiones que instigan los juegos de guerra, los planes de guerra biológica y química y toda acción militante en la Escuela Tierra. Este adolescente herido, que se expresa a través de egos con poder, puede ser carismático y convincente de que su manera es la única. Carece de un sentido de seguridad emocional por mucha confianza que muestre; bajo su armadura hay un chico asustado que sabe que algo está muy mal consigo mismo y a menudo lo proyecta en los demás a los que quiere castigar.

Trabajemos juntos para transformarlo y liberarlo de las garras de los viejos arquetipos masculino y femenino. Una vez que esté libre dentro de ti, nos ayudará a liberar al joven masculino del hombro derecho del Cuerpo Humano Único.

Para empezar, pregunta en tu interior y observa dónde ha aparecido tu propio joven arquetipo masculino en la película de tu vida. ¿Ha cambiado su comportamiento a medida que has madurado y te has comprometido con un viaje espiritual? ¿Eres capaz de validar cuándo está actuando desde un lugar de amor puro, con una energía equilibrada que incorpora lo femenino, el Corazón y el Alma? Reconocer a tu joven masculino cuando actúa desde el Poder del Corazón cambiará tu vida para mejor de inmediato. Debido a la Ley del Uno, el empoderamiento de tu divino joven masculino interior ayuda a eliminar la guerra, las armas, las pandillas, las drogas destructivas y la acción hostil militar y policial.

Comenzamos transformando aquellas áreas en las que el heroico joven masculino ha dado autoridad al viejo arquetipo masculino para ser su padre juzgador y al viejo arquetipo femenino para ser su madre crítica.

Experiencia sanadora
Trabaja con el joven arquetipo masculino

Cierra los ojos y entra en un vórtice de fuego blanco salpicado de polvo mágico arcoíris. Invita a tu divino niño interior a unirse a ti. Pregúntale a tu divino niño interior si sabe dónde puede encontrarse el joven masculino dentro de tu recipiente. Ya que estamos transformando su vibración más baja, busca en tu hígado, puedes sentirlo justo debajo de tu caja torácica a la derecha, es el órgano donde almacenas la ira. Si está muy enfadado, puedes sentir su puño levantado en tu vesícula biliar, situada justo encima de tu hígado en la zona del plexo solar.

Sigue a tu divino niño interior y cuando encuentres al joven masculino, pregúntale si está preparado para liberar y perdonar sus frustraciones y su rabia. Si su respuesta es afirmativa, pídele que se transforme en un volcán de fuego violeta en erupción. Ayúdale viendo la lava violeta y escarlata explotar a través de la parte superior de tu cabeza, enviando la lava hacia arriba, hacia el Sol Central.

Respira profundo y pregúntale: "¿Qué necesitas y qué quieres para manifestar nuestro mayor bienestar y nuestra máxima felicidad?". Hazle saber que en verdad te preocupas por sus necesidades y deseos insatisfechos y que quieres trabajar junto a él para apoyar su manifestación de libertad y éxito.

Ofrécele una copa llena de luz cantora blanca y dorada y pídele que beba en el amor puro de Madre y Padre Dios. Hazle saber que quieres que se sienta seguro, querido, valorado y valiente.

Después de que la lava haya terminado de derramarse por la parte superior de tu cabeza y te sientas fresco y tranquilo, ve con él y con tu divino niño interior a la cueva del Señor Rencor, quien simboliza el resentimiento que siente tu joven arquetipo masculino. Él crece cuando eres ciego a los sentimientos del joven arquetipo masculino y restringes su libertad.

El Señor Rencor está hecho de cálculos biliares, simbólicos o reales, y luce como un monstruo antipático pero no aterrador. Repite: "¡Fuera, Señor Rencor, que se alimenta de mi confianza en mí mismo y se come mi autoestima en el desayuno!". Te ayudaremos a empujar al Señor Rencor al océano de fuego violeta de la transformación y el perdón. Tómate un momento para echar un vistazo a la cueva del Señor Rencor y déjanos ayudarte a limpiar su arsenal de armas de destrucción. Por favor, no te apegues a ningún arma que veas en tu plexo solar, porque todas las armas simbolizan el miedo. Limpiar estos símbolos de ti nos ayuda a limpiar las armas de la película global de la Escuela Tierra.

Observa cómo el Sol Central llena tu plexo solar con amor divino blanco y dorado hasta que la energía irradie desde cada uno de tus chakras y poros. Pídele a tu joven arquetipo masculino que te lleve hasta sus padres negativos, el viejo rey y la vieja reina a los que ha dado posiciones de autoridad.

Pídele a tu joven yo adolescente femenino que se una al esfuerzo. Ella ha estado observando desde la periferia todo el tiempo, y abre el piso debajo del viejo rey y la vieja reina y libera a todas sus víctimas (pensamientos de autodesprecio y sentimientos de celos y traición). Repite: "Lo libero todo. Lo perdono todo. Elijo liberarme de mi conflicto interior y de la guerra conmigo mismo, ¡AHORA!".

Tu divino niño interior pulsa un botón y todo se convierte en un mar violeta, azul zafiro, turquesa, rubí, coral, esmeralda y oro. Proclama: "¡El amor transforma el miedo en amor!".

Pídele a tu joven yo adolescente femenino que se fusione con tu divinidad femenina y pídele a tu joven arquetipo masculino que ahora se fusione con tu divinidad masculina. Siente cómo la sanación de tu ego se expande a medida que permites que el Poder del Alma apoye al ego más que nunca.

Ahora entra en tu jardín de creatividad y pídele a tu Yo divino que te muestre lo que se ha plantado recientemente y que de seguro te asombrará. No olvides escribirlo después de abrir los ojos para que la idea quede arraigada.

Tenemos otra misión para ti: necesitamos tu ayuda para transformar las viejas vibraciones masculinas y femeninas del miedo que impregnan los videojuegos violentos, los deportes agresivos, los juegos de guerra y el entrenamiento militar, las redes sociales, los medios de comunicación, las películas y programas de televisión violentos, la pornografía, la jerarquía corporativa, las pandillas, el crimen organizado y todos los demás pensamientos, sentimientos y experiencias similares en vibración en la Escuela Tierra.

Comenzaremos haciendo una sanación en el joven arquetipo masculino atrapado en el hombro del Cuerpo Humano Único. Una vez liberado, fusionaremos nuestra energía con la tuya y empaparemos la Escuela Tierra y el filtro astral con una lluvia púrpura penetrante y amorosa.

Experiencia sanadora
Transforma o elimina
el conflicto de adentro hacia afuera

Inhala profundo y repite: "Yo Soy una célula de amor puro, que vive dentro del Cuerpo Humano Único". Mírate brillar como un ardiente amanecer. Envía los colores rubí, coral y amarillo de la célula ardiente que eres tú a las células que te rodean. Añadimos nuestro amor a tu amor. Todos estamos dirigiendo esta sanación hacia el hombro derecho del Cuerpo Humano Único.

El hombro comienza a brillar y a purgar a los niños heridos y eno-jados, a los hombres jóvenes y a los hombres mayores. Caen como fragmentos de cristal en el lago de fuego violeta donde nada el Cuerpo Humano Único. Repitamos: "estoy perdonando toda traición de los vie-jos arquetipos masculino y femenino del miedo. Elijo poner la vibración del amor puro en todo lo que hago, digo, pienso, siento y experimento. Yo Soy el Cuerpo Humano Único, hijo divino del Creador".

Una lluvia de fuego violeta comienza a caer sobre toda la Escuela Tierra. Está hecha de amor puro y, como es la energía vibratoria más elevada, se fusiona con los átomos de todo lo que es, material y no material, vivo y no vivo, visto y no visto. Repitamos: "Miedo, te enviamos al Hogar de la Fuente. Te damos las gracias por tu servicio al Cuerpo Humano Único y te decimos que tu servicio ya no es necesario".

Imagina que tomas una foto de una pistola y la pasas por agua púrpura y luego por agua verde brillante. Observa cómo la foto se transforma en la imagen de un hermoso jardín en el que las rosas no tienen espinas.

Transformar
la jerarquía patriarcal

Para que el miedo atrape a tu ego y lo aleje del Alma, este debe lograr dos cosas:. primero, debe bajar la vibración de tu mente lógica-racional masculina y crear un muro ilusorio de separación de la mente emocional-intuitiva femenina; y, segundo, el viejo arquetipo masculino del miedo debe entonces hacerse cargo de tu mente masculina y dominar tus pensamientos y acciones. Cuando estas dos cosas suceden, tu mente lógica suprimida tratará de controlar tu mente intuitiva-creativa (las hermanas gemelas) hasta que ya no permitas que esta jerarquía viva dentro de ti. Cuando tu mente sea tuya, la intuición fundamentada y visceral, apoyada por el sentido común, será la forma en que resuelvas los problemas y tomes decisiones. Tener una mente abierta hará que trabajar para el viejo arquetipo masculino opresor que dirige el club de los "buenos muchachos" sea, orgánicamente, muy desagradable. Dicho esto, reconocemos que la jerarquía patriarcal es arcaica y que cambiar su estructura global bien establecida puede parecer imposible, a menos que invites a la vasta riqueza de lo femenino.

Para que la humanidad transforme la desigualdad perpetuada durante eones de tiempo por la jerarquía patriarcal, el Cuerpo Humano Único debe reconocer y valorar la mayor capacidad de la mente femenina y su acceso al conocimiento del Creador. Aquellos que utilizan la mente femenina pueden ser empleados en trabajos de servicio que algunos ven como menos importantes porque no están en lo alto de la escala de logros del patriarcado masculino. Ningún servicio prestado en la Escuela Tierra tiene menos valor que otro cuando es necesario para vivir mejor. La enfermera es tan valiosa como el mejor cirujano, el recolector de basura es tan importante como el jefe de cocina y el asistente administrativo es tan necesario como el director general.

Puede que nos digas: "Pero, Doce Arcángeles, aunque los servicios en sí puedan ser de igual valor, el pago por muchos de ellos no es igual ni justo". Nuestra respuesta es que te preguntes qué es un salario justo para ti y dejes de basar la respuesta en lo que te han enseñado. Una vez que la verdadera respuesta haya sido validada por tu divino niño interior, pide que el salario justo te llegue a través de la recepción de la Madre Divina. Asegúrate de expresar gratitud por las ganancias que fluyen hacia ti. Agradecer a la Fuente por tu sueldo eleva la vibración del dinero que ganas. Ayuda a que este dinero haga más por ti.

La moneda, en cualquiera de sus formas, pertenece a los viejos arquetipos masculino y femenino, a menos que la retires de su control. Recuerda, el concepto de dinero necesita permanecer en la caja negra que continúas enviando a la Fuente como una práctica permanente. La jerarquía patriarcal no tiene respaldo cuando el dinero se saca del juego de poder de los viejos arquetipos masculino y femenino, así que saca de su juego el dinero que entra en tu película. Ve directamente a la Fuente por todo lo que necesitas para vivir una buena vida y sentirte libre. Piensa desde tu mente creativa-intuitiva femenina, cultiva tu jardín de creatividad, haz el trabajo que haga más feliz a tu niño divino interior y ofrece tu servicio porque te trae gran alegría.

Si quieres poner a prueba nuestra sabiduría y adentrarte en el agua de la libertad paso a paso, puedes ayudar al Cuerpo Humano Único a despertar de su letargo. Tu jardín de creatividad está cultivando un producto que podrás vender y que te proveerá a medida que lo compartas. Comienza este intercambio ahora, incluso si crees que necesitas trabajar para una corporación o institución hasta que te sientas seguro para dejarla. Entendemos que los seres humanos deben experimentar los recursos verdaderos, las oportunidades y las ganancias financieras que encuentran su camino hacia ti desde la Fuente. Gracias por pedirle a la Fuente que te dé la prueba que necesitas en este momento, y sigue pidiendo.

Y si tus esfuerzos creativos requieren que contrates a otros para que trabajen contigo, puedes elegir pagarles el salario corriente o respirar hondo, escuchar a tu Corazón y pedirles lo que necesitan que se les pague para vivir una buena vida. Si no tienes el dinero para pagarles, entonces pídele a la Madre Divina del Gran Universo que recibas sus pagos a través de tu negocio. Cuando cada ser humano elige practicar el respeto, la confianza y la generosidad, la vida en la Tierra cambia para mejor.

Vamos a darte un símbolo para que lo utilices en la transformación de esta antigua estructura masculina. No puedes usar mal el símbolo porque representa la Ley "Como es arriba es abajo, como es adentro es afuera".

Experiencia sanadora
Limpieza profunda de los viejos arquetipos masculino y femenino

Dibuja un círculo grande en un papel en blanco. Repite: "Este círculo representa la Unidad Divina y el Gran Universo. La forma representa lo femenino".

Dentro del círculo dibuja un triángulo con lados iguales. El triángulo en nuestro ejercicio de sanación representa el Poder del Corazón. Observa cómo el círculo se llena de luz rubí cantora. Repite: "Este círculo rubí representa a la Madre Divina del Gran Universo". Mira el triángulo como una puerta con luz esmeralda y dorada que se derrama a través de la abertura.

La punta del triángulo representa el "como es arriba" del Cielo y la base del triángulo representa el "como es abajo" de la Tierra. Repite: "Este triángulo representa la Ley divina 'Como es arriba es abajo, como es adentro es afuera'".

Pídele a tu divino niño interior que tome el triángulo del círculo y lo coloque dentro de un cuadrado, que representará lo masculino.

Observa cómo se ilumina el cuadrado con la luz cantora azul zafiro y repite: "Este cuadrado representa al Padre Divino del Gran Universo".

Tu divino niño interior da la vuelta al triángulo de modo que la punta está ahora en la parte inferior y la base del triángulo está en la parte superior. Cuando el triángulo está al revés, representa el dinero en la parte superior de la estructura corporativa que fluye a todos los trabajadores. La Fuente fluye sin obstáculos. Repite: "Estoy dispuesto a experimentar el milagro de que todas las personas se sientan valoradas y respetadas por su contribución al cuidado del Cuerpo Humano Único y del planeta Tierra".

Danos el círculo, el cuadrado y el triángulo a nosotros, los Doce Arcángeles, para que podamos convertir los símbolos en energía color rubí, azul zafiro y esmeralda con destellos dorados.

Nuestro último paso es que camines con nosotros hacia este gran río de luz cantora. Mientras entramos en los colores sanadores, decimos: "Estoy expulsando al viejo arquetipo femenino del Cuerpo Humano Único. Estoy llamando al respeto por la divinidad femenina en cada célula del Cuerpo Humano Único".

Ahora repite: "Estoy expulsando al viejo arquetipo masculino y su estructura de cada célula del Cuerpo Humano Único. Estoy llamando a la divinidad masculina, en equilibrio con la divinidad femenina, al Cuerpo Humano Único".

Observa cómo el río de múltiples colores se transforma en el río de fuego violeta de la transformación y el perdón. Exclama: "¡Doy gracias a la jerarquía patriarcal por todo lo que ha enseñado a la humanidad y doy gracias porque ahora se está transformando en Poder del Corazón!". Observa cómo el río de fuego violeta se transforma en Confianza y Poder del Corazón, luz cantora esmeralda y dorada. Repite: "Estoy eligiendo el respeto y la igualdad para todos".

Transformar la contaminación y la explotación de los recursos naturales

La Madre Tierra es una maestra excepcional para todos los alumnos que acuden a su escuela. Ella refleja los pensamientos y emociones negativos y del miedo que el colectivo humano desea evitar y, cuando es necesario, aumenta la magnitud de su lección y la repite hasta que se domina. Permítenos ayudarte a comprender lo que ella quiere que la humanidad aprenda. Los viejos arquetipos masculino y femenino del miedo seducen al Cuerpo Humano Único hacia el estrés del hacer constante. Hacer es masculino y lo masculino es visto como mucho más importante que lo femenino en la vida cotidiana, pero la Tierra es femenina y le pide a la colectividad que la valoren y respeten como Madre sensible y compasiva.

En lo más profundo de la consciencia del Cuerpo Humano Único (alimentada por el subconsciente) está la creencia de que lo femenino y su capacidad de amar y cuidar tienen menos valor que lo masculino y su afán de éxito y poder. La humanidad proyecta esta desigualdad sobre la Madre Tierra porque es lo femenino lo que nutre y lo femenino lo que se puede aprovechar y utilizar. El miedo a que se agoten los recursos naturales lleva a la humanidad a ignorar a su verdadera madre y a permanecer ciega ante la devastación del planeta.

¿Qué puedes hacer tú, como parte del Cuerpo Humano Único, para transformar este desequilibrio destructivo y espeluznante? Puedes empezar por reducir la velocidad y tomar consciencia de tus pensamientos y emociones negativas. Eleva la vibración de tu negatividad con gratitud y observa cómo Gaia responde a la transformación positiva de tu contaminación interior. Hacer esto ayuda más de lo que te imaginas. ¡Puedes estar seguro de que el viejo arquetipo masculino tiene una agenda diferente!

El viejo arquetipo masculino del miedo seguirá predicando que la gratificación instantánea es la forma correcta de vivir. Sigue en la rueda del hámster, sigue persiguiendo el dinero y sigue excediéndote, sin pensar en el impacto de la vibración de tus pensamientos, sentimientos y acciones.

La Madre Divina te ofrece una forma diferente de vivir. En todo momento, la Arcángel Gaia te rodea con el amor y la Verdad de más alta vibración. Ella te anima a ir más despacio para que puedas escuchar tu intuición, y quiere que utilices tu ingenio creativo. ¿Cómo le ayuda esto a ella?

¿Sabes que quemar el combustible del Alma para manifestar productos y servicios que beneficien a todos se refleja en tu mundo como energía limpia? Además de la energía solar, la Madre Tierra tiene los secretos, y los microbios, para reciclar la basura y convertirla en tesoro, de una manera milagrosa. Sus científicos tienen el conocimiento necesario para sanar el cuerpo físico de Gaia; comprenden que deben ser médicos valientes y pacientes, capaces de soportar la resistencia de la jerarquía patriarcal. La Madre Divina del Gran Universo está ayudando a estos científicos a mantenerse enfocados de manera vibracional y juntos están preparando el camino para el rescate de la Tierra.

Con esto claro, esperamos que pronto el Cuerpo Humano Único esté de acuerdo en que sanar la Tierra, aunque no "genere beneficios", es más importante que ganar dinero fabricando combustibles fósiles y plásticos. El potencial para recuperar tu planeta es real y el mejor lugar para empezar es el interior, al atravesar el engaño de los viejos arquetipos masculino y femenino. Lo creas o no, para reparar a la Madre Tierra es necesario que todos los miembros del Cuerpo Humano Único asuman la responsabilidad de sus pensamientos y sentimientos negativos. Los pensamientos del miedo y las emociones de baja vibración en el interior se convierten en contaminación y agotamiento de los recursos en el medio ambiente.

Para cambiar la película global de la contaminación del aire, el agua y la tierra, el calentamiento global, el agotamiento de los recursos y la destrucción de la Tierra, los seres humanos deben recuperar el respeto por la Madre Divina. Una vez que la energía de la divinidad femenina fluya con libertad en la consciencia, la subconsciencia y en las acciones de la humanidad, la Madre Tierra tendrá la energía vibratoria más alta que necesita para sanar. Su cuerpo ya no necesitará servir de espejo que refleje las emociones ignoradas y rechazadas (incluyendo la culpa y la vergüenza) hacia sus alumnos.

La Tierra y todo lo que ocurre en su interior, en su superficie y en su entorno ofrece a la humanidad reflejos de sus emociones, pensamientos y vibraciones no reconocidos. La contaminación del aire refleja los pensamientos negativos, tóxicos e infundidos por el miedo de la humanidad. Por su parte, la contaminación del agua refleja las emociones de rabia, culpa, vergüenza y reproche de la humanidad, que producen enfermedades. Y la contaminación de los suelos refleja la falta de respeto de la humanidad hacia el cuerpo físico y la desconexión con el Alma. La explotación de la tierra, los animales, los minerales, la vegetación, los árboles e incluso las personas reflejan la violación: apropiarse sin preguntar ni reparar el daño. El uso continuo de combustibles fósiles demuestra que el colectivo humano está viviendo en el pasado y utilizando los paradigmas de creencias de baja vibración y saturados de miedo de sus ancestros para crear sus realidades actuales. Usar energía solar y fuentes de energía limpia demuestra el uso positivo de la creatividad humana (Poder del Alma) y refleja pensamientos y sentimientos de alta vibración (aire y agua) que están libres de contaminación de los viejos arquetipos masculino y femenino.

La Arcángel Gaia, en unidad con la Madre Divina del Gran Universo, te pide a ti, y a todos los visitantes de la Tierra, que sientas tus sentimientos y eleves la vibración de tus pensamientos y emociones si en verdad deseas ayudarla. Sé consciente de que el viejo arquetipo femenino del miedo refuerza el recuerdo doloroso de cualquier acontecimiento de la vida en el que experimentaste la falta de una madre o no recibiste lo que querías cuando querías tenerlo. Tales recuerdos bajan tu vibración y, te guste o no, tu yo terrenal equilibrará la pérdida de energía reemplazando lo que se te ha privado de tener.

Cuando el equilibrio de la energía no está asociado con dejar ir el resentimiento y perdonar lo que necesita ser perdonado, puedes hacerlo de una manera vibratoria más baja que es poco saludable, irrespetuosa o autocastigadora. La Ley de la Energía te dice que tales reacciones pueden hundirte aún más; merece la pena que te esfuerces por ser consciente de tus sentimientos y sanar. Cuando tomas la decisión de equilibrar la pérdida de la forma vibratoria más elevada, ayudas a todos (Ley del Uno) y esto incluye a la Madre Tierra, quien te ama más allá de tu comprensión y te ayuda a conectar con lo que sientes, al ser una madre amorosa que refleja el clima de tus sentimientos y emociones reprimidas con eventos climáticos reales. Su cuerpo siempre está mostrando a la humanidad lo que necesita liberar y perdonar. Moverse hacia un lugar emocional neutral donde la paz interior y el equilibrio sean la norma, ayuda a la Tierra a recuperar su fuerza y vitalidad. Te ofrecemos un resumen de sus reflejos emocionales en la siguiente lista.

► **Acontecimientos meteorológicos que expresan las emociones de la humanidad**

- Los **tornados** absorben la ira contenida de la comunidad local y la liberan cuando tocan tierra.
- Los **huracanes, las tormentas tropicales, las tormentas *nor'easters* y los tifones** limpian la emoción de una zona mucho mayor y, a menudo, del mundo entero.
- Las **tormentas de nieve** purifican el mundo, aunque no lo cubran por completo. La nieve limpia el aire de pensamientos negativos y enfría la ira y la rabia.
- Los **incendios forestales** manifiestan la rabia y también generan transformación y renacimiento para las zonas afectadas y para el mundo entero.
- La **lluvia** ayuda a todos los seres de la Tierra a sentir sus sentimientos y a liberarlos; las lluvias son como ver una película triste

cuando necesitas llorar. Los Ángeles lloramos cuando llueve porque añadimos lágrimas de alegría para ayudar a cambiar la vibración de la tristeza.

- La **niebla** indica que hay confusión en el aire. Verte a ti mismo con un sombrero de fuego violeta te ayudará a despejar la niebla de tu cabeza y a volver a escuchar tu intuición.
- Las **inundaciones** representan el desbordamiento emocional de los sentimientos humanos que no tienen salida. Todas las inundaciones dicen: "Deja ir el pasado y di no al viejo arquetipo femenino que te arrastra hacia la victimización".
- Las **sequías** causadas por la escasez de agua son la forma que tiene la Madre Tierra de decir: "Siente tus sentimientos y conecta con el Corazón. Deja que la Confianza te llene para que nuevas y mejores experiencias de vida puedan llegar a tu película".
- Las **tormentas de granizo** traen el mensaje: DESPIERTA y mira tus elecciones y comportamientos. Suelta lo que no te hace feliz y deja ir el pasado; perdona el pasado para que tu futuro pueda ser abundante.
- El **calentamiento global** es el mensaje evidente de que el dinero no tiene el mismo valor que vivir en un planeta impoluto que resulta ser tu madre. El calentamiento global dice: "Soy la Arcángel Gaia y ya estoy harta de estas tonterías. No permitas la codicia y el miedo, elige el amor y cuida de tu salud y de tus hijos, tanto los de tu cuerpo como los de tu mente. Respeta y aprecia a tu madre porque yo siempre he cuidado de ti".

Sea cual sea el patrón meteorológico, respetar los mensajes ayuda a que las tormentas se suavicen y las sequías terminen más rápido. Al igual que tu cuerpo humano es un mensajero del clima de tus emociones, la Madre Tierra es un mensajero de lo que siente el Cuerpo Humano Único. Tú la ayudas más sintiendo tus sentimientos y diciéndole que no a la oferta de victimización del viejo arquetipo femenino. Pídele a la Madre Divina del Gran Universo que reciba todo lo que necesitas en tu realidad de una manera que también respete a la Madre Tierra. Respeta lo femenino, sé la mejor madre y cuidadora de ti misma, escucha tu intuición y disfruta de tu jardín de creatividad. Todas estas cosas ayudan a la Arcángel Gaia a reequilibrarse y restaurarse. Y otro regalo importante que puedes hacerte a ti mismo es dejar de comprometer la verdad de tu Corazón por dinero: deja que los fondos que necesitas encuentren su camino hacia ti desde la Fuente y confía en que esta responsabilidad pertenece al Alma. Cuando acallas tus sentimientos para poder sobrevivir en un trabajo que desprecias, solo alimentas al viejo arquetipo masculino, su avaricia y su destrucción de la Tierra.

¡Gracias por hacer nuestro ejercicio de sanación más profundo para transformar la contaminación y reequilibrar la Madre Tierra!

Experiencia sanadora
Restablece el equilibrio del Poder de la divinidad femenina

Cierra los ojos y respira profundo y relajado. Libera la tensión de tu cuerpo, y respira la calma. Atraviesa la puerta púrpura y entra en el lago rubí con tu divino niño interior y tu divinidad femenina. Repite: "Tengo sed del amor puro de la Madre Divina. Gracias por llenarme de seguridad emocional y física".

Cuando estés completamente saturado e hidratado con la energía rubí de la divinidad femenina y de la Madre Divina del Gran Universo, repite: "Libero y perdono cualquier emoción tóxica y paradigma de creencias en mi cuerpo. Envío estas emociones y creencias limitantes al Sol Central para que se transformen". Las emociones tóxicas y las creencias hirientes parecerán dragones negros saliendo de tu cuerpo. Dales las gracias mientras salen.

El divino niño interior arremolina el agua rubí y la luz cantora esmeralda con destellos dorados comienza a fluir hacia arriba como un manantial. Sumérgete en el néctar divino de la Confianza y repite: "Elijo confiar en mi divinidad femenina y respetar a mi divino niño interior. Sé que hacerlo ayuda a la Madre Tierra a reequilibrarse. Libero y perdono cualquier pensamiento negativo, del viejo arquetipo masculino, de que nada es suficiente para mí, de avaricia y control y los envío a la Unidad Divina para ser transformados en amor".

El Ángel de la naturaleza de tu cuerpo aparece en el manantial esmeralda y dorado. El Ángel arremolina el agua del lago rubí y aparecen diamantes azul zafiro. Otros colores comienzan a fluir del manantial esmeralda y la fuente sanadora crece alta y brillante.

Toma la copa que te ofrece tu Ángel de la naturaleza y bebe el amor y el respeto por tu cuerpo y por el planeta Tierra. Repite: "Reconozco con inmensa gratitud a mi madre, la Madre Tierra. Elijo amarla por todo lo que me da. Le doy las gracias por haberme dado mi cuerpo. Agradezco a mi cuerpo que me haga consciente de todas las emociones, sentimientos y patrones de pensamiento negativos que intento ignorar".

Una vez que te sientas renovado, repite: "Elijo permitir que la Madre Divina del Gran Universo restaure en mí lo femenino y, a través de mis átomos, moléculas y células, restaure lo femenino del Cuerpo Humano Único. Lo permito y lo acepto".

Fúndete con tu divino niño interior y tu divinidad femenina y crece hasta alcanzar el tamaño de un gran Ángel. Sostén al planeta Tierra en tus manos amorosas y acércalo a tu Corazón. Envíale el Poder del Corazón sanador y repite: "Gracias, Tierra. Te amo y estoy en verdad agradecido por todo lo que das al Cuerpo Humano Único".

Permanece en este espacio sagrado hasta que te sientas preparado para ser tu yo humano divino. Sal del lago rubí y cruza la puerta púrpura. ¿Qué bondad y maternidad estás dispuesto a ofrecerte a ti mismo, a los habitantes de la Madre Tierra y al cuerpo de la Madre Tierra?

Te damos las gracias por tu amor a la Arcángel Gaia y a la Unidad Divina.

Transformar
el miedo en amor

Somos los Doce Arcángeles del Sol Central, somos uno con la Unidad Divina y somos uno contigo, ser humano divino. Te damos las gracias por tu voluntad de transformar el miedo en amor y recibir todo lo que necesitas de la Fuente. Te damos las gracias por trabajar con las leyes divinas que rigen tu escuela. Te damos las gracias por honrar tu decisión de venir a la Tierra, aprender, crecer y descubrir tu divinidad en la intensidad de tus experiencias humanas. Te damos las gracias por ser consciente de los viejos arquetipos masculino y femenino del miedo, porque te alejan de la abundancia, la salud y la alegría. Te damos las gracias por recibir y te damos las gracias por pedir todo lo que deseas recibir. Recibir de la Madre Divina restaura lo femenino del Cuerpo Humano Único, el cual necesita, con desesperación, ser restaurado.

Pide, confía, recibe, da las gracias, y valora siempre el tesoro de las ideas geniales que se manifiestan en tu jardín de creatividad. Te invitamos a repetir nuestro mantra para ti: "Fuera el miedo, bienvenido el amor. Fuera la carencia, bienvenida la riqueza. Fuera el sufrimiento, bienvenida la alegría. Estoy dispuesto a entregar la voluntad del ego a la Voluntad más elevada del Alma".

Para aumentar la libertad del Cielo, el amor puro y la felicidad, deja que tu divino niño interior cure tu corazón roto y salta a lo desconocido de ascender fuera del miedo y al Cielo. Es el derecho de nacimiento de tu alma no carecer de nada. Es imposible que experimentes escasez cuando tu vibración se mantiene en la frecuencia del amor puro, la luz cantora del Sol Central. Hacerlo tanto como sea posible ayuda a la Madre Tierra a curarse a sí misma de maneras sorprendentes y milagrosas.

Experiencia sanadora
Sana a tu divino niño interior

Cierra los ojos y pon tus manos sobre tu corazón. Repite: "Divino niño interior, por favor eleva mi vibración a tu vibración. Coloca tus manos amorosas sobre mi corazón".

Ve pequeñas manos de luz arcoíris cantando sobre tu corazón y di: "Te amo, divino niño interior. Gracias por ayudarme a confiar más y a ser consciente de tu presencia en este momento".

¿Sientes que el Poder de tu Corazón fluye y se encuentra con el amor del Creador? Te invitamos a decir junto con tu divino niño interior: "Gracias, Alma, una con el Sol Central, por recibir una nueva y alegre infancia en mi vida. Permito que mi nueva infancia sea rica en libertad y en la que me sienta seguro, querido, valorado y amado".

PARTE 7

Experiencias sanadoras para propiciar un sueño reparador y una feliz recepción

Un buen sueño ayuda a tu ego a rejuvenecer y una actitud juvenil ayuda a tu ego a conectar con tu divino niño interior. ¡Estar juntos fomenta la confianza en que todo es posible!

Los Doce Arcángeles del Sol Central

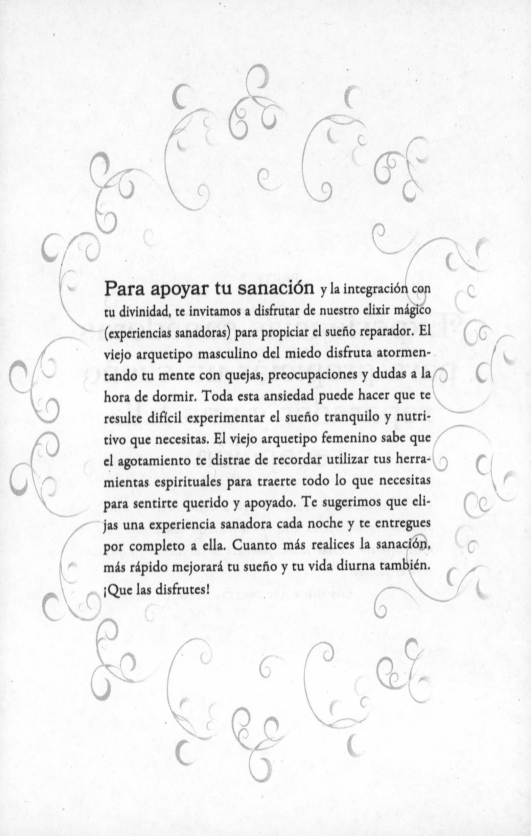

Para apoyar tu sanación y la integración con tu divinidad, te invitamos a disfrutar de nuestro elixir mágico (experiencias sanadoras) para propiciar el sueño reparador. El viejo arquetipo masculino del miedo disfruta atormentando tu mente con quejas, preocupaciones y dudas a la hora de dormir. Toda esta ansiedad puede hacer que te resulte difícil experimentar el sueño tranquilo y nutritivo que necesitas. El viejo arquetipo femenino sabe que el agotamiento te distrae de recordar utilizar tus herramientas espirituales para traerte todo lo que necesitas para sentirte querido y apoyado. Te sugerimos que elijas una experiencia sanadora cada noche y te entregues por completo a ella. Cuanto más realices la sanación, más rápido mejorará tu sueño y tu vida diurna también. ¡Que las disfrutes!

Experiencia sanadora
Adiós a la negatividad y ¡buenas noches!

Cierra los ojos y mírate saltando a una piscina de energía blanca y dorada. Pídeles a tus Ángeles guardianes que te conviertan en una esponja. Tus Ángeles exprimirán con suavidad todo lo que no te pertenece. Respira profundo y repite: "¡Adiós negatividad! Libero todo el miedo que he absorbido de mi entorno y lo envío al Sol Central".

De nuevo, mírate saltar a la piscina y convertirte en una esponja. Y de nuevo, pídeles a los Ángeles que expriman la negatividad. Hazlo hasta que te sientas totalmente limpio. Una vez que brilles, sal de la piscina y entra en una ducha de la cual fluye el amor rubí de la Madre Divina sobre ti.

Mete la mano en tu cabeza y encuentra la radio que reproduce las noticias del día junto con todas tus preocupaciones sobre el pasado y el futuro. La radio pasa de una emisora a otra, una emisora pone una canción mientras otra informa sobre lo que está mal en el mundo y en tu vida adulta. Saca la radio de tu cabeza y colócala en el desagüe bajo la lluvia rubí del amor divino.

Aléjate del desagüe y repite: "Adiós radio de la negatividad. Adiós viejos pensamientos masculinos y sentimientos femeninos". Observa como la radio se disuelve por completo en energía rubí y desaparece por el desagüe.

Toma una toalla color rubí muy suave y envuélvete en ella. La toalla se transforma en tu pijama favorito de color rubí y dorado. Hay un río translúcido de fuego violeta de amor transformador que fluye por encima, por debajo y a través de tu cama. Métete en tus sábanas esmeralda, sube el edredón turquesa hasta tu barbilla y repite: "Perdono el pasado. Me entrego a un mañana más feliz". Acércate y besa con suavidad a tu divino niño interior que duerme profundamente a tu lado.

Dulces sueños, amado hijo de la Unidad Divina.

Experiencia sanadora
La guarida del dragón con tu divino niño interior

Cierra los ojos, respira hondo y atraviesa la puerta púrpura. Tu divino niño interior te está esperando, junto con tu dragón. Puedes estar seguro de que este dragón es divertido y colorido y tiene escamas y piel suaves como el terciopelo.

Antes de subirte al lomo del dragón, preséntate y pregúntale a tu dragón su nombre; te lo enviará telepáticamente. Una vez hechas las presentaciones, por favor, toma asiento detrás de tu divino niño interior en el lomo del dragón.

Tu divino niño interior rodea el cuello del dragón con sus brazos en un gran abrazo y susurra: "Vamos a casa". Y luego de un elegantísimo despegue, estás en el aire rumbo al sistema estelar favorito del Alma.

Una vez en tu planeta natal, tu dragón te llevará a su guarida, que se asemeja a un magnífico palacio que flota en el aire. Es de noche y las estrellas titilan.

Disfruta de un recorrido por el palacio, toma un tentempié y una bebida. Tu divino niño interior te llevará al lugar donde dormirás. Un pijama arcoíris, que huele a galletas recién horneadas, está colocado con cuidado sobre la cama, tan cómoda y vestida con sábanas turquesa, el color de los sueños hechos realidad. Tu cama tiene almohadas mágicas que les cantarán a ti y a tu divino niño interior para que se duerman.

Métete en la cama y piensa en todo lo que agradeces en tu vida. Reflexiona sobre todo lo que estás aprendiendo y que te está ayudando a recibir. Dale un beso de buenas noches a tu divino niño interior y vete a dormir.

Dulces sueños, amado hijo del Gran Universo.

❖❖❖

Experiencia sanadora
El Palacio de la Renovación de las Madres Divinas

Cierra los ojos y respira hondo hasta que te sientas tranquilo y centrado. Busca la puerta púrpura y observa que sobre el dintel hay una guirnalda de rosas en todos los tonos de rosa, rojo y naranja.

Abre la puerta, cruza el umbral y entra en el Palacio de las Madres Divinas. Tu propia divinidad femenina te saluda, sostiene la mano de tu niño divino interior.

¿Tienes alguna madre divina especial que le habla a tu Corazón? Todas las Diosas del Cielo están aquí: Madre María, Guan Yin, Raquel, María Magdalena, Hathor, Lakshmi, Radha y muchas más. Si tienes abuelas queridas u otras mujeres sabias y amorosas en el Cielo, también estarán aquí esperándote en el Palacio de la Renovación de las Madres Divinas.

Las Madres te acogen a ti y a tu divino niño interior en su hogar. A la izquierda hay una bañera rubí esperando para disolver tus problemas. Sumérgete en la bañera y absorbe la energía restauradora y profundamente sanadora de la Madre Divina. Bebe de una copa de oro llena de delicias color rubí que te refrescarán y te darán sueño.

Y justo antes de que te duermas, las Madres transforman la bañera rubí en la cama más cómoda que jamás hayas probado. La sensación de seguridad y protección es maravillosa, al igual que el suave aroma de lavanda mezclado con las esencias de tus flores favoritas.

Inclínate y dale un beso de buenas noches a tu divino niño interior, que ya se ha dormido y espera encontrarse contigo en un sueño maravilloso.

Llénate de gratitud por estas Madres celestiales que trabajarán durante la noche para asegurarse de que te sientas renovado por la mañana.

Dulces sueños, querido hijo de la Madre Divina del Gran Universo.

Experiencia sanadora

Surfeando con los Doce Arcángeles

Cierra los ojos y sonríe. Justo delante de ti verás un arco blanco y dorado hecho de luz cantora y, a través de la abertura, podrás ver olas del océano hechas de arcoíris.

Atraviesa el arco y mira hacia tus pies. Estás de pie sobre una tabla de surf turquesa hecha de luz cantora, la cual no te dejará caer. A lo lejos puedes vernos montando las grandes olas de los colores del arcoíris con tu divino adolescente interior, ¡y lo estamos pasando genial juntos!

Elige una ola y haz un giro de tortuga (gírate boca abajo en la ola). Repite: "Me entrego a que mis mayores sueños se hagan realidad". Cuando salgas de la ola ten la certeza de que tu oración está siendo respondida porque tu divino adolescente interior ya ha enviado tu sueño a Madre y Padre Dios.

Ahora, es tu turno de hacer algo maravilloso con nosotros: le pedimos a tu Alma que se fusione contigo y se convierta en un ser angelical gigante hecho de amor puro. Te lanzamos la Escuela Tierra, como si fuese una pelota de voleibol; toma la pelota y sumerge tu escuela en una ola arcoíris. Una vez que esté saturada, coloca a la Tierra en el extremo de tu tabla de surf y observa cómo tu escuela se llena de luz cantora color turquesa. Repite: "Escuela Tierra, gracias por llenarte de la energía del amor y la libertad". Dale un abrazo a la Tierra y lánzala con suavidad hacia nosotros.

Las olas arcoíris se transforman en nubes lisas y suaves que adoptan la forma de una cómoda cama. Tu tabla de surf turquesa te vuelca en la cama, junto a tu divino adolescente interior. La tabla de surf se transforma en un edredón turquesa ligero como el aire. Inclínate y dale un beso de buenas noches a tu divino adolescente interior.

Y sacamos a relucir las estrellas del cielo nocturno con una mezcla de resplandecientes auroras boreales.

Dulces sueños, compañero de viaje y surfista del Gran Universo. Te mantenemos a salvo y envuelto en amor puro.

◈◈◈

Experiencia sanadora
La cabaña de Merlin y el chocolate caliente

Cierra los ojos y repite: "La cabaña de Merlín". Atraviesa la puerta púrpura y entra en una escena en la que el suelo está cubierto de nieve y las flores están en plena floración. Los árboles tienen frutos maduros en sus ramas y el aire es cálido y despejado. Llevas puestas tus sandalias favoritas y tu atuendo veraniego. El mundo de Merlín no conoce el frío, solo la belleza y la gracia eterna.

Hay un camino hecho de piedras preciosas que rodea un estanque y se dirige a una cabaña de cuya chimenea sale humo púrpura y estrellas plateadas. Tu divino niño interior te espera dentro de la cabaña. No hace falta que llames a la puerta, Merlín aguarda tu llegada, con sus pantalones cortos hawaianos favoritos de colores brillantes y un sombrero púrpura hecho especialmente para ti.

Siéntate a la mesa de la cocina y colócate el sombrero púrpura de mago en la cabeza, que hace juego con el de tu divino niño interior. Merlín te ofrece una taza de chocolate humeante que está hecha de amor puro. No te preocupes por la pureza de los ingredientes porque los únicos ingredientes son el amor y la paz.

Bébete el chocolate con la magia especial de los sueños felices mezclada en la bebida. Merlín te pide que le digas qué es lo que más te gustaría experimentar en la vida terrenal y, una vez obtenida tu respuesta, desaparece en su laboratorio.

Merlín vuelve con una regadera esmeralda y procede a regar tu cabeza con gotas de lluvia de fuego violeta. Te dice: "Deja ir toda la culpa y la pena de tu mente y tu cuerpo". Todo lo que tienes que hacer es decir: "Permito que toda la culpa y la pena de mi recipiente se transformen en amor".

Ahora eres de un hermoso tono violeta y estás listo para el sueño sanador más profundo. Sube las escaleras de caracol hasta el dormitorio de tu divino niño interior. La cama es extravagante, con sábanas de color púrpura, rubí y esmeralda. Todo huele de maravilla, limpio y fresco.

Al bajar las sábanas, un pijama aparece como por arte de magia en tu cuerpo y hace juego con el de tu divino niño interior. Merlín te da una poción para dormir hecha de amor puro y de la materia de la que están hechos los sueños más felices. Su sabor es delicioso.

Inclínate y dale un beso de buenas noches a tu divino niño interior. Merlín y tus Ayudantes en el Cielo están trabajando para entregarte aquello que te traerá alegría en tu vida terrenal. Llegará a tu película muy pronto.

Merlín apaga la luz y las estrellas aparecen sobre ti.

Dulces sueños, querido. Todo está bien.

Experiencia sanadora
Dentro del mar púrpura

Inhala profundo y exhala despacio, liberando de tu cuerpo la tensión del día. Cierra los ojos y cruza la puerta púrpura. Justo delante está el autolavado del Arcángel Miguel, solo que es para humanos, no para sus coches. Tu divino niño interior te espera en la entrada.

Siéntate en el sillón reclinable de color rubí junto a tu divino niño interior. Hay más sillones reclinables rubí que aparecen detrás de ti y cualquier yo herido dentro de ti, de cualquier edad, toma estos asientos.

Las sillas se desplazan por una pista alimentada por energía solar hasta el túnel de lavado y todo se vuelve de un azul eléctrico brillante. Cepillos hechos de Luz y Sonido descienden desde arriba y atraviesan el respaldo de tu sillón reclinable. La espuma de fuego violeta te baña y todo parece tan divertido como suena.

El autolavado te está limpiando de cualquier pensamiento y emoción negativos que puedas haber absorbido de tu entorno. También está aspirando a los viejos arquetipos masculino y femenino de tu recipiente humano y refrescando tu ser con verdad, honestidad e integridad.

Del túnel de lavado sale tu sillón reclinable rubí y se transforma en un barco rubí. Tu divino niño interior está sentado a tu lado. El autolavado se ha convertido en un mar de fuego violeta donde los delfines y las ballenas son Ángeles médicos de formación superior. Todos tus yo heridos están ahora transformados con amor puro y se han integrado contigo. Esto ocurrió cuando los cálidos sopladores de sol dorado te secaron justo antes de la salida del túnel de lavado.

Tu barco rubí es arrastrado por la resaca del mar de fuego violeta y tú eres atrapado en una red de oro y llevado por los delfines a un castillo hecho de coral vivo. Para que no te asustes, las ballenas se han transformado en Ángeles y te invitan a recostarte en un sofá rubí con almohadas de felpa.

Vas a hacer una limpieza de ADN de todo lo que ya no necesitas llevar en tus células, mente o Corazón. Repite, "Lo libero todo. Lo perdono todo".

Inclínate y dale un beso a tu divino niño interior porque ahora te vas a dormir. Cuando despiertes, te sentirás mucho mejor y más claro que antes.

Dulces sueños, valiente transformador. Te damos las gracias por ser una célula del Cuerpo Humano Único y, a través de ti, ayudamos a todos. Te protegemos desde todos los frentes y todo está mejorando para todos.

Luz esmeralda y rubí del huevo de oro

Cierra los ojos y repite: "Me entrego al cuidado amoroso del Alma". Repítelo hasta que te sientas en paz y seguro.

Atraviesa la puerta púrpura y entra en tu jardín de creatividad. Tu divino niño interior, tu divino adolescente interior, tu divinidad femenina y tu divinidad masculina te están esperando. Tu divino niño interior te toma de la mano y te conduce a través de una puerta oculta del jardín a tu derecha.

Entras en un campo donde crecen enormes huevos de oro como si fueran calabazas gigantes. Uno de los huevos se ha abierto por la mitad y de su interior irradia una luz esmeralda.

Mete la mano en el interior de color esmeralda del huevo y repite: "Me permitiré sorprenderme con un milagro de alegría cuando me levante por la mañana". Mira la piedra color rubí que tienes ahora en la mano: colócala bajo tu lengua y deja que se disuelva. A medida que se disuelve, te llena de la seguridad de que eres importante para Dios. Eres visto, escuchado y valorado por el Creador.

Tu divinidad femenina, tu divinidad masculina, tu divino adolescente interior y tu divino niño interior rodean el huevo dorado y comienzan a tararear en voz baja. El huevo se transforma en una cama dorada con sábanas color rubí y parece tan acogedora que te metes en ella y te acurrucas bajo las sábanas.

Inclínate y besa a tu divino niño interior. Tu divino niño interior se inclina y besa a tu divino adolescente interior, que a su vez se inclina y besa a tu divinidad femenina, que se inclina y besa a tu divinidad masculina.

Soñar con el Alma nunca se había sentido tan seguro y maravilloso.

Dulces sueños, precioso ser de Unidad Divina. ¡Estamos protegiendo todos tus huevos de oro!

Experiencia sanadora
Refugio de la Madre Tierra

Cierra los ojos y respira con tranquilidad. Entra por la puerta púrpura disfrazada de túnel iluminado con luces esmeralda. Una suave lluvia de fuego violeta cae sobre tu cabeza.

El túnel se abre a un bosque repleto de enormes árboles, más grandes en altura y estatura que las secuoyas gigantes. La madre árbol te llama telepáticamente y te dice: "Es hora de volver a casa, querido hijo". Notas que tu divino niño interior te toma de la mano y que, de alguna manera, tienen la misma edad.

Las raíces del árbol madre son enormes y en medio de ellas, justo delante de ti, forman una gran casa. La puerta está abierta y en la estufa se cocinan cosas que huelen maravilloso.

La Madre Tierra te sirve tu comida casera favorita y no te preocupes, ningún animal o planta ha sido lastimado para hacer tu cena. La Madre Tierra utiliza la energía del Sol Central para crear las comidas de su menú, igual que se hacían las comidas hace mucho, mucho tiempo.

Tus ojos se fijan en el alto tejado de su casa y observas magníficas mariposas posadas en las vigas superiores. Más abajo hay un panal del que gotea miel en un gran tarro. La abeja reina asoma la cabeza y te saluda con cariño.

Una cría de oso negro, más grande que tú y que tu divino niño interior, se acerca y se pone boca arriba para que le acaricies la barriga. Mientras lo haces, las respuestas a tus problemas se resuelven al instante en tu mente.

Después de visitar a los otros hijos de la Madre Tierra, ella te pide que te acuestes en una suave cama cubierta de piel de conejo, seda y alas de mariposa. Recuerda, ningún animal o planta fue lastimado para crear tu cama, esta está hecha de la energía del Sol Central, como se hacía hace mucho, mucho tiempo.

Y mientras descansas en la cama, la Madre Tierra frota tus pies y te sientes muy relajado, seguro y amado. Tu divino niño interior ya está profundamente dormido.

Inclínate y dale un beso de buenas noches. La Madre Tierra estará trabajando en ti durante la noche y, a través de ti, también estará tocando y sanando el Cuerpo Humano Único.

Deja que la sanación te absorba y recíbela porque se te da con total amor puro.

Dulces sueños, hijo de la Tierra, hijo del amor, hijo del Creador.

Experiencia sanadora
Gratitud por ti

Cierra los ojos, colócate bajo una cascada de fuego violeta de energía purificadora e inhala amor rosa inocente. Envía el amor rosa a tu divino niño interior y repite: "Eres inocente. Soy inocente y soy digno de recibir todo lo que necesito del Gran Universo". Repite hasta que sientas que el viejo arquetipo femenino abandona tu recipiente. Asegúrate de que se lleva su equipaje y sus utensilios de cocina.

Una vez que te sientas ligero y libre, atraviesa la puerta púrpura hacia la pradera esmeralda del Corazón. Busca la flor de loto rosa gigante que flota en un estanque rubí. El loto tiene una acogedora cama justo en el centro.

Entra en el estanque rubí de la mano de tu divino niño interior y repite: "Doy gracias por mí. Estoy agradecido por mi humanidad. Estoy agradecido por mi divinidad. Estoy eternamente agradecido".

Acércate a la flor de loto y toca uno de sus pétalos color rosa. Se convierte en un Ángel guardián que te levanta a ti y a tu divino niño interior sobre la cama, con almohadas rosas y un edredón de energía arcoíris.

Tu Ángel guardián abre un libro y comienza a leerte todas las cosas maravillosas que la Unidad Divina aprecia en ti. Con cada frase de elogio que escuches, repite: "Sí, reconozco que esto es cierto y estoy agradecido por mí".

Cuando el Ángel haya terminado de leer la lista, te pedimos que digas: "Estoy dispuesto a experimentar el milagro de que el Cuerpo Humano Único descubra su inocencia y valor propio".

Mientras te metes en la cama sobre la flor flotante, te decimos que cada pétalo es otro Ángel y todos los Ángeles te sostienen en su amor y gratitud.

Inclínate y besa a tu divino niño interior y dile: "Dulces sueños, tesoro invaluable del Alma".

Disfruta de tu sueño y ten en cuenta que cada célula, pensamiento y sentimiento se está llenando con una nueva consciencia de tu propio valor para el Creador. TÚ LE IMPORTAS A DIOS.

◇◆◇

Experiencia sanadora
Bosque esmeralda

Cierra los ojos y atraviesa la puerta púrpura. En la pradera esmeralda te esperan tu dragón y tu divino niño interior.

Tu dragón empieza a tocar un tambor con la cola. Aparece una escalera que desciende hasta el suelo. Tu divino niño interior lanza destellos dorados y blancos sobre la escalera y esta se invierte y sube hacia el cielo, por el centro de una corona verde brillante decorada con hermosos colores y ornamentos.

Sigue a tu dragón y a tu divino niño interior escaleras arriba y a través de la gran corona. Repite: "Yo sí creo en los Ángeles Hadas. Creo en los Ángeles Hadas".

Y entras en un vasto mundo de altos árboles y observas una belleza que nunca antes habías visto. Estás en lo alto de una casa del árbol que no tiene techo pero está decorada con luces brillantes que se mueven y bailan por la habitación. El viento es como el arco de un violín y las hojas son sus cuerdas. Los pájaros son diferentes en este reino sereno y sus cantos suenan en armonía con el viento. ¡Lo que quizá no veas, hasta que tus ojos se adapten, es la comunidad de Ángeles Hadas que también tocan instrumentos musicales y cantan con sus pensamientos!

Tú y tu divino niño interior están vestidos en tonos verdes que combinan con el follaje. Ambos están cubiertos de campanillas que tintinean con suavidad y se mezclan a la perfección con la orquesta de viento, hojas, pensamientos cantores y pájaros aflautados. Dedica un momento a tu delicada parte humana para sumergirte por completo en este entorno celestial donde el miedo no tiene cabida. Aquí eres muy bienvenido y esperado.

Aparece una mujer sin edad, con largos cabellos de color jade y dorado, vestida de verde y rojo, y te ofrece una deliciosa bebida que no es líquida, sino hecha de remolinos de colores. Es muy encantadora y habla telepáticamente de una forma que suena como música melodiosa. Su voz mágica derrite cualquier defensa o resistencia del ego como una tostada caliente derrite la mantequilla.

Ella es el Hada Diosa Illumina y te da la bienvenida a ti y a tu divino niño interior para que descansen en su casa del bosque todo el tiempo que quieran. Te hace saber que mientras duermes, las hadas trabajarán con energía en tu ego para facilitarte la creación y la recepción.

Señala el lugar donde dormirás, pero allí no hay nada. Tu divino niño interior parece estar durmiendo en el aire, así que Illumina sonríe, te levanta y te coloca junto a tu divino niño interior. Inclínate y bésalo; ahora está cantando con las hadas. Concéntrate en los sutiles sonidos que despiertan partes olvidadas de ti y disfruta de sueños mágicos llenos de buenas noticias.

Cuando despiertes, estarás en tu propia cama en casa. Visitar a los Ángeles Hadas hace mucho más de lo que crees. Date tiempo para integrarte y visita hoy tu jardín de la creatividad; las hadas pueden hacer crecer cualquier cosa.

Te deseamos un día glorioso con una sorpresa que te deleite y te haga feliz de verdad.

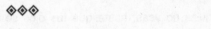

Experiencia sanadora
Huerto de árboles de dinero
en constante crecimiento

Cierra los ojos, respira hondo y cruza la puerta púrpura. Tu divinidad femenina está sentada al volante de un auto convertible magenta brillante con la capota abierta. Siéntate en el asiento del copiloto y saluda a tu divino niño interior y a tu divino adolescente interior que están sentados juntos en el asiento trasero.

Tu divinidad femenina conduce por la pradera esmeralda, pasa por tu jardín de creatividad y entra en un huerto con muchos árboles, que no se parecen a nada que puedas imaginar porque sus hojas están hechas de oro y en ellas están impresas las palabras: "Escógeme, gástame, compárteme". Producen dos hojas nuevas por cada hoja recolectada.

Tu divinidad femenina abre el maletero y hay una cesta para cada uno de ustedes. Antes de empezar a recolectar las hojas que se manifestarán en tu vida como aquello que más deseas, hay algo que debes hacer: agradece que la energía de la que estás hecho tiene más valor y es más impresionante que todo el dinero de la Tierra. Reconócelo y siéntelo en lo más profundo de tu médula. Toma tu cesta y disfruta recogiendo algunas hojas y viendo cómo vuelven a crecer al instante y se duplican en número.

Después de recolectar las hojas de los árboles del dinero, tu divinidad femenina enciende una hoguera de fuego violeta dentro de un anillo de llamas azul zafiro. Todos lanzan sus hojas al fuego y dicen: "Abandono cualquier miedo a no tener lo suficiente. Estoy dispuesto a experimentar el milagro de recordar que todo lo que necesito y todo lo que deseo me será dado por el Alma y el Creador en perfecto tiempo divino, obedeciendo las leyes divinas".

Tu divinidad femenina y tu divino adolescente interior regresan al auto y encuentran una pequeña tienda de acampar hecha de seda.

Una vez armada la tienda, se transforma en el hogar de los Maestros Ascendidos que han venido a guiarte, y los Maestros asignados para ayudarte ya están dentro esperándote. Túmbate en el cómodo colchón cubierto de brillantes colores y escucha, porque ellos te dirán todo lo que quieras saber sobre tu vida terrenal. Te explicarán cómo tus experiencias te enseñan a valorarte a ti mismo y a la Unidad Divina.

No te preocupes por las hojas de oro. Cruzarán el velo del Cielo a la Tierra y se materializarán como el deseo del Alma para tu humanidad. Esto no puedes bloquearlo, aunque recibirlo sea todavía algo nuevo y quizás te asuste un poco.

Inclínate y besa a las hermanas gemelas de la intuición y la creatividad y disfruta de una siesta mística en la que se responderán todas tus preguntas.

Ten dulces sueños, en la comodidad y la Confianza, niño sabio del Gran Universo.

Experiencia sanadora
Pirámide dorada de la iniciación de los Doce Arcángeles

Cierra los ojos, inhala profundo y exhala despacio y por completo. Repite: "Me entrego a la alegría de mi Alma".

Gira el pomo de cristal de la puerta púrpura y entra en la pradera esmeralda. En un jardín lleno de flores primaverales, hay una pirámide de luz cantora dorada y blanca. Puedes ver que tu divino niño interior está dentro y, cerca de él, puedes ver figuras altas. No hay entrada; sin embargo, hay una manera de entrar.

Repite: "Divino niño interior del Corazón, por favor déjame estar contigo y con los Ángeles".

Y ahora te encuentras en el interior de una gran sala que está vacía, excepto por las linternas que emiten una relajante luz amorosa de color blanco y dorado. Acuéstate en lo que parece una mesa de mármol blanco. Repite: "Me entrego al amor incondicional y a la compasión del Creador". A medida que manifiestas tu intención de entrega, la mesa de mármol comienza a sentirse diferente, ya no fría y masculina sino femenina, suave y gentil.

La cama de la vida eterna se reforma para sostener tu cuerpo con total comodidad. La cama es ahora de color rubí, la almohada esmeralda y el edredón opalescente. La pirámide está ligeramente perfumada con jazmín, neroli, lavanda y rosa.

Te hemos invitado aquí a nuestro espacio sagrado para ayudarte a sacar tus creencias residuales de escasez. Necesitamos que estés dispuesto a dejar ir las mentiras que te han enseñado. Nosotros solo podemos decir la Verdad porque estamos hechos de Verdad y, sinceramente, la pobreza es una mentira que solo funciona si vives en la ilusión del miedo. Te ofrecemos la elección del amor y te invitamos a recibir tu abundancia.

Tu divino niño interior está de pie junto a ti y te besa con suavidad en la frente. Ahora vas a entrar en la cirugía del Ángel. Es indolora y te liberará.

Mientras te duermes, repite: "Yo soy importante para el Creador. Renuncio al 'no soy insuficiente' del ego y pido que toda carencia se transforme en verdadera riqueza para mí y para el Cuerpo Humano Único. Les agradezco, Ángeles, que la Escuela Tierra se beneficie de mi entrega. ¡Elijo el AMOR!".

Dulces sueños, querido.

Te damos las gracias por utilizar tu abundancia con sabiduría y por permanecer conectado al Corazón. Si entra la duda, pide que te llenen con el néctar dorado que tanto te gusta beber. Sí, Niño Divino, recibe Confianza y deja que llene el Poder de tu Corazón. ¡El Corazón y el Alma mantendrán tu vida avanzando porque la Madre Divina se asegurará de ello!

AMOR ETERNO,
LOS DOCE ARCÁNGELES DEL SOL CENTRAL

Agradecimientos

Con cada átomo de mi humanidad, les doy las gracias a los Doce Arcángeles del Sol Central por compartir su increíble amor y sabiduría a través de mí.

Mi gratitud es inmensa por el apoyo de mi esposo, Michael Wolk, quien creo que debe ser un Ángel en la Tierra.

También quiero reconocer el gran talento, la constancia y la paciencia de Jane Lahr, Eileen Duhné y Stephanie Allen.

Agradezco a Regina Meredith por su amistad y su voluntad de ayudar a los Doce Arcángeles en su misión de ayudar a la humanidad. Gracias, Christiane Northrup, Michael Sandler y Alex Ferrari por su fe en los Ángeles y por compartir su sabiduría canalizada con sus audiencias.

Estoy más que agradecida con los valientes estudiantes que han tomado el entrenamiento avanzado de los Ángeles. Gracias por ser mis maestros y por su servicio a la Escuela Tierra.

Como siempre, les doy las gracias a mis amigos que son mi familia y mi familia que en realidad son hermosos amigos.

Gracias a los propietarios y al talentoso personal de Inner Traditions por publicar este libro, así como su predecesor, *Lecciones de los 12 Arcángeles*.

Glosario de términos de los Doce Arcángeles

abundancia. Exceso de bendiciones recibidas cuando un ser humano transforma sus miedos y le pide al Gran Universo lo que necesita y desea. Respuesta del Creador a las oraciones. Resultados positivos de mantener la intención vibratoria más elevada para recibir del Alma y de la Fuente. *Ver también* prosperidad; riqueza.

Alma. Gota del Sol Central hecha de amor puro que vive en la Unidad Divina.

alquímico. Propiedad del amor (divino) puro que transforma el miedo en amor.

amor. Energía en la vibración más alta y creativa. El amor es opuesto en vibración al miedo porque unifica donde el miedo separa. *Ver también* amor puro.

amor puro. Energía de amor que no tiene vibraciones de miedo. El amor puro es la energía del Sol Central / la Madre y Padre Dios / el Creador / la Divina Unidad / el Gran Universo.

Ángel. Ser hecho de amor puro que te ayuda a perdonar el pasado y a abrirte aún más para recibir del Gran Universo.

Ángel de la naturaleza. Ángel que contiene las partículas de energía del Creador en forma de ser humano. El Ángel de la naturaleza es parte del Alma.

Ángel guardián bibliotecario. Ángel que protege todas tus creencias y recuerdos, conscientes y subconscientes. Este Ángel puede ser el Ángel guardián que viaja con tu Alma durante las vidas en la Tierra y más allá.

Ángeles guardianes. Seres Angelicales que te escoltan a la Escuela Tierra y te aman y protegen mientras estás en ella. Los Ángeles guardianes pueden crecer en número (si es necesario) y permanecen constantes a lo largo de las encarnaciones de un Alma en cualquier parte del Gran Universo.

Arcángel Gabriel. Fuerza amorosa de comunicación clara que fluye del Creador. La energía de Gabriel es azul pastel o aguamarina. Piensa en aire fresco.

Arcángel Gaia. Energía amorosa que encarna a la Madre Tierra. Gaia es la madre de todos los seres humanos y de la Creación en la Tierra. *Ver también* Gaia.

Arcángel Metatrón. Fuerza amorosa de la gratitud vibracional más elevada y del éxito que viene con la felicidad y la libertad. Su energía es de luz cantora turquesa, la combinación de los chakras de la Voluntad y del Corazón.

Arcángel Miguel. Fuerza amorosa de la Voluntad más elevada, coraje y Verdad en la vibración del amor puro. La energía de Miguel es la luz cantora azul zafiro del chakra de la Voluntad.

Arcángel Victoria. Fuerza amorosa de justicia divina, victoria y equilibrio. Hermana del Arcángel Miguel. La energía de Victoria es la luz cantora de fuego blanco de la purificación, el octavo chakra.

Ayudantes del Cielo. Ángeles, Maestros Ascendidos, seres queridos que han fallecido y Almas sabias en el Cielo que ofrecen apoyo y sabiduría a los seres humanos que aprenden lecciones en la Tierra.

Ayudantes en el Cielo. Tu equipo personal de Ángeles y Guías.

biblioteca de creencias. El área de almacenamiento simbólico dentro del cerebro humano para las creencias subconscientes limitantes y los recuerdos dolorosos. Los libros simbolizan las creencias y los recuerdos.

carencia. Tener menos de lo que se necesita o desea. La mentalidad de carencia es una forma de pensar en la que el miedo a la escasez o a tener menos de lo suficiente ensombrece nuestras elecciones.

cerebro femenino. La parte más grande de tu mente que es intuitiva, creativa, visionaria y receptiva. Tanto el Corazón como el jardín de la creatividad viven dentro del cerebro femenino. *Ver también* divinidad femenina del Alma.

cerebro masculino. La parte lógica, racional y analítica de tu mente donde vive el ego. La divinidad masculina del Alma eleva la vibración del cerebro masculino para ayudar con el enfoque y la positividad. El viejo masculino y el viejo femenino del miedo atacan a través del cerebro masculino (ego).

chakra. Una batería de energía del Creador utilizada para la sanación y la evolución de la consciencia. Los chakras vienen en una gama infinita de colores; sin embargo, la mayoría de los humanos los ven como los colores primarios del arcoíris de Dios. *Ver también* luz cantora.

Cielo. El espacio energético y la vibración del amor puro. El santuario del Corazón donde las Almas se reúnen para comulgar y crecer.

concepto. Cualquier cosa que se haya materializado en el plano mundano (Tierra) o en el filtro astral a partir de la energía del pensamiento. Debido a que el miedo separa el pensamiento de la emoción, los conceptos tienen cierta contaminación de miedo. Las manifestaciones del Creador son creaciones, no conceptos, como se describen en este texto.

contenedor de fuego violeta. El lugar de liberación y transformación de las creencias que ya no son necesarias o deseadas.

Corazón. El santuario en el cerebro intuitivo femenino que existe en la vibración del amor puro o Cielo. La puerta púrpura se abre al Corazón, donde reside el jardín de la creatividad.

Creador. La energía de amor puro y creativo de Madre y Padre Dios. La Unidad Divina vive dentro del Creador. *Ver también* Sol Central; Gran Universo.

creatividad. La expresión del ingenio del Alma en formas que obedecen a las leyes divinas y apoyan la recepción de riqueza de la Fuente. *Ver también* riqueza.

Cuerpo Humano Único. La humanidad. El colectivo humano en el que tú eres una célula. A medida que perdonas y recibes en riqueza del Gran Universo, ayudas a todas las células del Cuerpo Humano Único a hacer lo mismo.

deberes kármicos. Los acuerdos que tu Alma hizo para apoyar a tu ego en la transformación del miedo en amor durante esta vida. Cada nueva vida acepta el karma pendiente de todas las vidas pasadas.

destellos dorados. Chispas del amor puro de Madre y Padre Dios que aumentan el poder sanador y la alegría de cualquier luz cantora.

dinero. Moneda en cualquier forma, incluyendo digital y plástico, que se origina del concepto del dinero. El concepto de dinero está compuesto de miedo, sin embargo, puede ser elevado en vibración. El dinero puede desempeñar el papel de un maestro importante en la Escuela Tierra.

divinidad femenina del Alma. La parte femenina de tu Yo superior, la madre divina de tu ego y niño interior. Es el aspecto receptivo y enraizado del Alma.

divinidad masculina del Alma. La parte masculina de tu Yo superior, el padre divino de tu ego y niño interior. Es el aspecto manifestador y protector del Alma.

divino adolescente interior. Este es el niño divino interior de doce a veinte años. El divino adolescente interior da motivación para poner en práctica ideas ingeniosas y creativas. Este aspecto del Alma es valiente e imparable.

divino niño interior. El mensajero para el Alma y la puerta al Cielo y el conducto para recibir la abundancia. El divino niño interior es el aspecto amoroso puro e inocente de tu niño interior.

Doce Arcángeles. Equipo de sanadores angelicales que son capaces de expandir su toque amoroso a cualquier parte del Gran Universo. Número infinito de seres todopoderosos de Luz y Sonido que ayudan a la humanidad y a la Tierra a elevarse de la vibración del miedo y volver a la vibración del amor.

dragón. Es la expresión de la energía emocional del Creador, que en la vibración del Cielo es amorosa, mágica y protectora. En la vibración del miedo, los dragones simbolizan emociones de rabia que necesitan ser liberadas por la parte superior de la cabeza a través de la respiración. Los dragones pueden ser de cualquier color, tamaño y forma.

ego. La individuación y expresión de un Alma que experimenta la Escuela Tierra. El ego puede experimentar miedo y caer presa del viejo masculino y del viejo femenino del miedo. El ego puede creer en la separación de la Unidad Divina cuando el Alma sabe que esto es imposible. El ego puede fracturarse en múltiples identidades de diferentes edades.

empático. Ser que percibe, siente y a menudo responde a las emociones de otros seres. Los seres empáticos también absorben las vibraciones negativas (menos felices) de las emociones de los demás y del entorno.

energía de fuego violeta de transformación y perdón. La energía sanadora del chakra de la corona que transforma el miedo encerrado en el subconsciente profundo. El perdón, utilizado como un Poder del amor puro, llega al ADN para cambiar los patrones familiares ancestrales de pérdida. El fuego violeta es lo mismo que la luz cantora violeta.

energía de la Confianza. La profunda energía sanadora del Corazón del Creador que fusiona el ego y el Alma en la vibración del amor incondicional. La energía de la Confianza es enraizante, sanadora y protectora.

entrega. El acto del ego de soltar el control y las expectativas y confiar en que el Alma está al mando.

esmeralda con destellos dorados. Las energías de los chakras del corazón y del plexo solar fusionadas para facilitar la elevación de la vibración de la mente masculina. El color esmeralda con destellos dorados es el color de la energía de la Confianza del Creador y del Poder del Corazón.

experiencia sanadora. Ejercicio de visualización de la más alta vibración que funciona al leerlo lenta y conscientemente. Al mantener la intención de que la experiencia es maravillosa, la sanación puede ser aún más profunda.

filtro astral. El espacio vibratorio protector entre el Cielo y la Tierra donde se absorben el miedo y la negatividad. El filtro astral es lo mismo que la superesponja astral. El subconsciente funciona como el filtro astral, ya que sostiene el espacio vibracional entre el pasado y el presente y entre el ego herido y el Corazón.

fuego blanco. La energía del octavo chakra, situado sobre la cabeza. El fuego blanco se utiliza para purificar la energía contaminada por el miedo. *Ver también* luz cantora blanca y dorada.

Gaia. Arcángel que encarna a la Madre Tierra. Gaia es el hogar de la Escuela Tierra. *Ver también* Arcángel Gaia.

Gran Universo. Todo lo que existe con o sin forma. El Gran Universo se mantiene unido con amor puro. *Ver también* Sol Central; Creador; Unidad Divina.

Hada. Ser Angelical responsable de facilitar los milagros. Ángeles que traen el despertar, la diversión y el crecimiento.

Hada Diosa Illumina. Una Madre Divina de las hadas y una sanadora energética con gran Poder. *Ver también* Poder del Corazón.

hermanas de la intuición y la creatividad. Simbolizan la intuición clara y el ingenio creativo que fluyen desde la Fuente y el Alma hacia la mente receptiva femenina. Hijas de la Madre Divina del Gran Universo.

humanidad. Todas las Almas que asisten a la Escuela Tierra que han creado egos de cualquier vibración en cualquier momento, pasado, presente y futuro.

imaginación creativa. Función cerebral que el cerebro intuitivo femenino utiliza para visualizar los pasos a seguir en una experiencia sanadora. La imaginación creativa opera mejor en la vibración del amor y la alegría.

indignidad. Mentira empapada de miedo que da el mensaje: "no pidas porque no eres lo bastante bueno para recibir".

ingenio. Idea, inspiración o solución originada por el Alma y los Ayudantes del Cielo. La idea o solución tendrá perfecto sentido común y viene con un sentimiento de claridad, esperanza o felicidad.

intuición. Guía que fluye desde el Alma a través del cerebro femenino.

jardín de la creatividad. El espacio dentro del cerebro femenino-intuitivo y creativo donde el Alma siembra ideas geniales. *Ver también* Corazón; Cielo.

jerarquía patriarcal. Estructura de gobierno en la que el viejo arquetipo masculino del miedo es el líder y el viejo arquetipo femenino influye en las mentes de los seguidores.

karma. Lecciones que deben aprenderse en la Escuela Tierra. *Ver también* deberes kármicos.

lavado del ADN. Acción de la energía de amor puro que elimina la vibración del miedo de las moléculas de ADN y ARN. Aunque se denomina "lavado del ADN", la limpieza llega hasta el nivel cuántico (partículas subatómicas de energía).

Ley "Como es arriba es abajo, como es adentro es afuera". Vibración de amor puro en el Cielo, arriba, que se puede encontrar en la Tierra, abajo. Cuando hay amor en el interior, el amor se manifiesta en el exterior como cosas beneficiosas.

Ley de la Energía. La Unidad Divina es energía y toda energía es amor puro. En la Tierra, la energía puede perder su vibración debido al miedo. Eleva la vibración de la energía con gratitud, perdón, compasión y amor incondicional.

Ley del Uno. Todas las partículas de la energía del Creador viven dentro del Gran Universo y se sienten unas a otras. La separación entre las partículas es una ilusión. Cuando una partícula de energía o un ser ayuda a otro, todas las partículas y todos los seres se benefician de la ayuda.

luz cantora. Rayo del Sol Central. Sonido y Luz en la vibración del amor puro. *Ver también* chakra; rayo.

luz cantora azul zafiro o cobalto. Energía del chakra de la Voluntad (o garganta) que expresa el valor, la Verdad y la justicia. *Ver también* Arcángel Miguel.

luz cantora blanca y dorada. Energía del Sol Central y la Fuente de todas las energías de los chakras y los colores de la luz cantora.

luz cantora coral. Energía del chakra del Alma (segundo). La luz coral ayuda a liberar el abuso sexual y a facilitar el equilibrio entre lo masculino y lo femenino. También es una energía maravillosa para encender la creatividad.

luz cantora dorada o amarilla. Energía del chakra del plexo solar. La luz cantora dorada o amarilla proporciona autoestima, felicidad, confianza y poder personal.

luz cantora esmeralda. Energía del chakra del corazón. Visualizar el color esmeralda ayuda al ego a entrar en el jardín de la creatividad del Corazón.

luz cantora fucsia. Energía del chakra del tercer ojo cuando se utiliza para expandir la imaginación creativa o la visión interior.

luz cantora magenta. Energías del chakra del tercer ojo (intuición) mezclada con el chakra raíz (recepción). Visualizar la energía magenta ayuda a recibir ideas creativas del Alma. También ayuda a conectar con las Madres Divinas (Diosas) del Cielo.

luz cantora rubí. Energía de la Madre Divina del chakra raíz que cuando se visualiza llena el recipiente humano con amor incondicional, seguridad emocional y seguridad física. Esta luz cantora es esencial para recibir del Gran Universo.

luz cantora turquesa. Energías de los chakras de la Voluntad y del Corazón fusionadas. Esta luz favorece la libertad, el éxito y la manifestación de los sueños felices. *Ver también* Arcángel Metatrón.

Madre del Gran Universo. Emoción, o sonido, en la vibración del amor puro. La más alta vibración de recepción. La energía de la Madre Divina proporciona la facilidad de recibir de la Fuente, seguridad emocional, aceptación, aprobación y seguridad física.

Madre y Padre Dios. Sinónimo de Fuente, Creador, Sol Central, Alma Central y Unidad Divina. La "Madre" es la Madre Divina, o divinidad femenina, del Gran Universo; y el "Padre" es el Padre Divino, o divinidad masculina, del Gran Universo.

mágico. Lo que es milagroso, inspirado por lo divino y alegremente inesperado.

miedo. Cualquier cosa que tenga menos vibración o frecuencia que el amor puro. El miedo crea la ilusión de separación entre partículas y seres de la energía del Creador. *Ver también* viejo arquetipo masculino y viejo arquetipo femenino del miedo.

niño herido. El yo que se aferra a las heridas y traumas del pasado. El niño herido quiere protegerte de más heridas y pérdidas aunque esto sea muy restrictivo.

Padre del Gran Universo. Pensamiento, o luz, en la vibración del amor puro en acción. La más alta vibración de hacer, dar y manifestar en forma. La energía del Padre Divino da coraje, claridad y motivación.

personalidad. Expresión del Corazón de cualquier Alma. Los Ángeles y los Maestros Ascendidos tienen personalidades. Cualquier personalidad humana que elige el miedo se llama ego.

Poder. Energía del amor puro de Madre y Padre Dios utilizada en beneficio de la Unidad Divina. El Poder de más alta vibración obedece las leyes divinas.

Poder del Corazón. Energía de atracción de más alta vibración que trae exactamente lo que se necesita para el éxito. El Poder del Corazón proviene del divino niño interior así como del Creador.

prosperidad. Flujo abundante de recursos financieros en formas que no requieren el sacrificio de las propias pasiones creativas o de la salud mental, emocional y física.

puerta púrpura. Puerta entre el cerebro lógico masculino y el cerebro creativo intuitivo femenino. La puerta púrpura está formada por la energía de los chakras de la corona y del tercer ojo y no puede ser contaminada por el miedo.

rayo. Energía que se emite desde el Sol Central en un color y con sonido. *Ver también* luz cantora.

religión. Cualquier sistema de creencias en el que la separación entre el ser humano y el Creador/Fuente forme parte de la instrucción, filosofía o práctica. Cuando la religión tiene reglas que dan a los hombres poder y privilegios sobre los demás, el miedo y el sufrimiento prevalecerán.

riqueza. Capacidad de recibir de la Fuente todo lo que necesitas para sentirte seguro, sano, libre y feliz. La riqueza es la abundancia que abarca la expresión creativa, la realización, el equilibrio y el servicio del Corazón que beneficia a la Unidad Divina. La verdadera abundancia incluye la prosperidad financiera que se manifiesta respetando las tres leyes divinas.

sanador. Ser que facilita el cambio de vibración de lo inferior a lo superior. Los sanadores existen en la Tierra y en todo el Gran Universo. Los Ángeles son sanadores, al igual que los árboles, los animales domésticos y los niños. Cualquier persona puede actuar como sanador, ya sea de manera consciente o inconsciente.

Sol Central. Energía de Dios que es a la vez Sonido y Luz en la vibración de amor puro. La Fuente de donde proceden todas las Almas y destino vibracional de todas las Almas que estudian en la Escuela Tierra. *Ver también* Creador; chakra; Unidad Divina; Gran Universo; luz cantora.

subconsciente. El subconsciente funciona como el filtro astral absorbiendo recuerdos, pensamientos y emociones negativas del pasado, y almacena el miedo y las experiencias no perdonadas hasta que se limpian con amor.

subconsciente profundo. Cavernas de almacenamiento, moléculas y átomos capaces de contener el dolor y el sufrimiento de vidas pasadas y la ascendencia. Limpiar el subconsciente profundo del miedo beneficia enormemente la recepción de la Fuente.

superconsciente. Consciencia del Creador/Madre y Padre Dios/Unidad Divina en la vibración del amor puro, el pensamiento puro y la emoción.

telépata. Ser que puede comunicarse con otro ser a través del pensamiento. Los seres telepáticos perciben y absorben los pensamientos de los demás. Los ángeles utilizan la telepatía para comunicarse.

tesoro. Vasta riqueza de dones, talentos, habilidades y sabiduría disponible para todas las Almas. El Alma abre el cofre del tesoro al ego cuando este se alinea con el Corazón.

Unidad Divina. Sinónimo de Creador, todos los seres sensibles del Gran Universo forman parte de la Unidad Divina. *Ver también* Sol Central; Gran Universo.

valía. Valor infinito de cada ser humano para recibir sanación, transformación, liberación y abundancia del Gran Universo.

Verdad. El amor vibracional más elevado expresado como la dirección clara del Alma y la Unidad Divina. La Voluntad del Corazón. La Verdad es un poder de Madre y Padre Dios que libera a aquellos atrapados en la ilusión del miedo. Se accede a este Poder a través del chakra de la Voluntad (garganta) y el color de la luz cantora azul zafiro.

viejo arquetipo femenino del miedo. Sentimientos de baja vibración como la culpa, la vergüenza, la indignidad y el resentimiento. Emociones de baja vibración como la ira, el autodesprecio, el duelo no resuelto o el castigo.

viejo arquetipo masculino del miedo. Pensamientos del ego de baja vibración que son críticos, enjuiciadores, condescendientes, limitadores y controladores. El viejo arquetipo masculino seduce al ego para que crea que no eres suficiente y no mereces pedir y recibir de la Fuente.

Vórtice. Para efectos de este texto, un vórtice de energía positiva está hecho de energía de amor puro que se mueve del Cielo a la Tierra.

Yo divino. El Yo divino es el divino niño interior, divinidad femenina y divinidad masculina unidos. *Ver también* Alma.

yo herido femenino. Subconsciente aferrado a experiencias de culpa, vergüenza y victimización del pasado. El yo herido femenino puede ser ancestral o de vidas pasadas. *Ver también* viejo arquetipo femenino del miedo.

yo herido masculino. El yo subconsciente o consciente que actúa desde la ira, el miedo y la humillación. El yo herido masculino está dirigido por el viejo masculino del miedo. *Ver también* viejo arquetipo masculino del miedo.

Índice analítico